中央司法警官学院特色专业系列教材

监狱工作口才训练

Prison Eloquence Training

高海平　主　编
穆　伟　副主编

法律出版社
LAW PRESS·CHINA
北京

图书在版编目(CIP)数据

监狱工作口才训练 / 高海平主编 ; 穆伟副主编. -- 北京 : 法律出版社, 2022

ISBN 978 - 7 - 5197 - 7200 - 0

Ⅰ. ①监… Ⅱ. ①高… ②穆… Ⅲ. ①监狱－警察－口才学－中国 Ⅳ. ①D926.7

中国版本图书馆 CIP 数据核字(2022)第 191191 号

监狱工作口才训练
JIANYU GONGZUO KOUCAI XUNLIAN

主　编 高海平
副主编 穆　伟

责任编辑 慕雪丹
装帧设计 汪奇峰

出版发行 法律出版社
编辑统筹 法商出版分社
责任校对 赵明霞
责任印制 胡晓雅
经　　销 新华书店

开本 710 毫米×1000 毫米　1/16
印张 19　　**字数** 340 千
版本 2022 年 12 月第 1 版
印次 2022 年 12 月第 1 次印刷
印刷 三河市兴达印务有限公司

地址:北京市丰台区莲花池西里 7 号(100073)
网址:www.lawpress.com.cn
投稿邮箱:info@lawpress.com.cn
举报盗版邮箱:jbwq@lawpress.com.cn

销售电话:010 - 83938349
客服电话:010 - 83938350
咨询电话:010 - 63939796

书号:ISBN 978 - 7 - 5197 - 7200 - 0　　**定价**:52.00 元

凡购买本社图书,如有印装错误,我社负责退换。电话:010 - 83938349

前　言

从教之初，主要讲授罪犯教育学和司法口才学，同时在两门课程之间切换，总是有一种力不从心的感觉。经过多年的摸爬滚打，逐渐体悟到两门课程之间似乎有种潜移默化的交融。对罪犯的教育怎么能离得开口才的使用，监狱工作应该孕育一门口才学。随之，有了编写一本监狱学专业口才教材的想法。

为此，有着共同志向的10位编者，通过网络汇聚一堂，畅谈编写创意，研讨编写大纲，讲述编写故事。他们当中有从事口才教学的教师；有从事监狱学学科研究的学者；还有从事实践工作的监狱实务专家。为确保教材内容不落窠臼，风格一以贯之，体例科学统一，我们在体例上大胆探索，在内容上加工增删，根据监狱学专业学生的特点，编写了这本《监狱工作口才训练》。各章的分工如下：第一章由中央司法警官学院穆伟（副教授）编写；第二章由河南司法警官职业学院帅小敏（讲师）编写；第三章由中央司法警官学院高海平（副教授）编写；第四章由中央司法警官学院邱嵘（副教授）编写；第五章由河北司法警官职业学院刘燕（讲师）编写；第六、七章由河北省冀中监狱侯志强（教育科副科长，一级警长）编写；第八章第一、二节由中央司法警官学院张颖（副教授）编写，第三节由司法部燕城监狱李元浩（一级高级警长）编写；第九章第一至五节由中央司法警官学院刘太行（讲师）编写，第六节由华北电力大学张延琦（硕士研究生）编写。

确定撰写说明和章节体例时，恰逢新冠肺炎疫情爆发，无数英雄逆行奔赴战场，令人动容，我们则以严谨认真的态度宅在家中支持国家战“疫”——闭门码字。待春暖花开之时，我们也将以此成果纪念这段过往，铭记这段充满家国情怀、英雄情结和血泪情愫的战“疫”时光。

本书力求做到并突出以下三个特点。

一是针对性。本书的授课对象是监狱学专业学生，主要作用是指导监狱工作实践中专业口才实训。本书的章节设计在尊重一般口才训练体系的基础上，突出监狱工作专业口才内容，例如，个别谈话口才训练、集体讲评口才训练等。授课口才训练、司法问话口才训练等章，虽然口才名称与普通口才相同或相似，但在内容上着力突出监狱工作的特点特色。在案例的选择上，首选监狱工作口才应用相关案例，再辅以其他司法口才和一般口才案例。

二是趣味性。本书主要采用案例教学，以案说法，着力于练，说理和训练都尽力依托案例来进行。每一节都有“案例导入”，引案入理，导入课程教学；每一个知识点尽力简明实用，结合经典有趣案例，案例欣赏后有简要的案例评析。这一设计能够大大激发学生的学习兴趣，提高学习效果。

三是实训性。口才是一种实用技能，检验标准是说得好，不是学得好，切不可理论烂熟于心，实践万箭穿心。为保障学后能练，练后能用，每一节结尾都设有“课堂实战训练”，根据学习训练的内容，有针对性地列出3~5个训练题目，包括案例分析、情景练习、自我训练、角色扮演等。

如果本书能够给你们一些指引和借鉴，我们会倍感欣慰；如果本书有些许错误和不足，我们也勇于接受批评。因为我们是一群一直在路上的人……

编　者

2022年5月20日

目录
Contents

第一章　口才基础训练

本章内容提示

“吐字归音”是我国传统声乐艺术提及咬字方法时所用的一个术语，它的具体内容既包括发音的基本要领，也包括发音的审美要求。这种咬字方法是从汉语语音特点出发的，它把一个音节的发音过程分为出字、立字、归音三个阶段，通过对每个发音阶段不同的控制，使吐字达到清晰、饱满、弹发有力的境界。

优美动听的有声语言是人与人之间有效沟通的重要手段。学生要学会运用吐字归音的技巧，使我们的发音符合汉语语音出字、立字、归音的规律，从而达到“字正腔圆”的效果。

训练目标与要求

1. 训练目标：通过本章知识点的学习和具体实训，了解吐字发音、字正腔圆基本概念及重要性，掌握普通话语音，包括声母、韵母、声调等知识，能用流利的普通话进行沟通和交际。

2. 训练要求：出字要准确有力，掌握声母的发音部位和方法；立字要圆润饱满，口腔开合适度，松紧相宜，音节坚实稳定；归音要干净利索，既不可拖泥带水留尾巴，也不可唇舌位置“不到家”；声调要将调值读准确。

第一节　吐字归音训练

一、教学案例导入

一位乡长到村里给村民们开会，村主任说：“兔子们，虾米们，不要酱瓜，咸菜太贵了。”（同志们，乡民们，不要讲话，现在开会了）主持人说：“咸菜请香肠酱瓜。”

(现在请乡长讲话)这虽然是个笑话,但可以从中看出读准普通话的重要性,说不好普通话,可能会影响人际交往、情感和信息的沟通。

吐字归音不准的原因最常见的是以地方音代替标准音,如将“南京”说成“兰京”,将“钳子”说成“茄子”,将“热乎乎”说成“叶乎乎”,这几个例子反映出声母“n”“l”不分、“r”“y”不分;韵母“ai”“ei”不分等情况。规范化的语音,就是按普通话的标准和规范来吐字归音,即按普通话的构成,把汉字音节的23个声母、26个韵母、4个声调念准,做到对每个音节发音正确、字正腔圆。

二、本节知识要点

吐字归音是根据汉字字音特点,提出在吐字过程中各环节的发音要领。它不仅关系到音节的清晰度,而且关系到声音的圆润、饱满。

(一)汉字音节结构

每个汉字基本上是一个音节构成的,它有固定的形、音、义。每个汉字同时又是一个单音节词或是复音节词的词素。读准音节是规范语音的首要环节。据统计,常用汉字不过4000个,418个音节。用心将汉字音节最基本的声母、韵母、声调读准,进而读准全部音节是不难做到的事情。

吐字归音对出字、立字、归音的具体要求都落实到音节的各个部分上。所以要掌握吐字归音就要先了解汉语音节的结构。音节发音的头腹尾是吐字归音的理论和精髓,它将一个音节分为字头、字腹、字尾三部分,大体上说,字头就是我们说的声母,字腹就是我们说的韵母,字尾就是韵母。(见表1-1)

表1-1 划分字头、字腹、字尾示例

例字(类型)	字头		字腹	字尾
	声母	韵母		
		韵头	韵腹	韵尾
变(头腹尾全)	b	i	a	n
班(头腹尾全)	b		a	n
烟(头腹尾全)		i	a	n
安(无字头)			a	n
别(无字尾)	b	i	a	
巴(无字尾)	b		a	
阿(无字头、字尾)			a	

从表1－1中我们可以看到，给音节划分字头、字腹、字尾时有这样几种类型。第一类情况是字头、字腹、字尾俱全的音。第二类情况是该音节缺少韵头，只有声母、韵腹和韵尾构成。第三类情况是没有辅音开头的音节，这种音节叫作零声母音节。如“啊”“安”“恩”“哀”“欧”等，遇到这样的音节要格外注意，不能把两个音节不知不觉变成一个音节，出现“吃字”的现象，如将“天安门”读成“天门”，把“西安”读成“先”。值得注意的是，汉语拼音中 y、w 两个字母只能出现在零声音节的开头，但他们不是声母，而是起隔开音节的作用。如“羊 yáng”“温 wēn”“圆 yuán”这三个音节实际上是“iang”“uen”“üan”，也是零声母音节。严格地说，这些元音起头的音节在发音时仍然带有轻微的摩擦成分，在语音学上称为半元音。

（二）吐字归音的要领

吐字是对字头发音的要求，归音是对字腹尤其是字尾的发音要求。吐字时要将每个音节在发音过程中的不同阶段作出不同的处理。吐字归音把对字头、字腹和字尾的处理分别叫作出字、立字和归音，并分别提出不同的要求。吐字归音需要把握出字、立字、归音的要领。

1. 出字

出字是指吐字归音过程中对字头的处理。要求作到字头出字有力，叼住弹出。即发音部位、方法把握准确，具有“叼住”与“弹出”的感觉。叼住的意思是指咬字要有一定力度，成阻部位的肌肉要有一定的紧张度，阻气有力。叼要用巧劲，不能咬得过紧或者过松，只有出字有力，才能带动整个音节，使之响亮清晰，但如果咬字过死，也会使发音显得很笨拙。所以字头发音除了发音部位准确，还应适当把握咬字力度。

2. 立字

立字是指吐字归音过程中对字腹的处理。要求做到字腹立字饱满，拉开立起。字腹即韵腹，只是由于对字音分析的角度不同而叫法不同，是韵母中的主要元音，口腔开度最大，泛音共鸣最丰富，声音最响亮。字腹发音的圆润饱满需要口腔开度适当扩大，口腔随字腹立起而打开。需要注意的是，字腹的发音是在滑动中完成的，一个音节的发音能否达到字润珠圆，与韵腹的发音有密切关系。

3. 归音

归音是指吐字归音过程中对字尾的处理。要求做到字尾归音弱收到位，趋势鲜明。字尾在一个音节的发音过程中处于口腔由开渐闭，咬字器官肌肉由紧渐松的阶段。到位是指尾音应归到应到达的位置。舌位的动程要有鲜明的趋向，咬字器官应有个渐闭的过程。弱收则是指字尾的发音渐弱趋止的过程，但在趋止的过程中也要保持发音动作的完整,保持字音结束的趋向。尽管字尾在一个音节中相对来说比较轻、短,也不能在归音过程中唇舌位置不到家,也要防止拖泥带水留尾巴。

对于出字、立字、归音在吐字归音中的要求可以总结如下。

出字:叼住弹住　部位准确　气息饱满　结实有力　短暂敏捷　干净利落　定型标准　准确自然

立字:拉开立起　气息均匀　音长音响　圆润饱满　宽韵窄发　窄韵宽发　前音后发　后音前发　圆唇扁发　扁唇圆发

归音:尾音轻短　完整自如　避免生硬　突然收住　归音到位　送气到家　干净利落　趋向鲜明

(三)声母训练

1. 声母的基本知识

声母是指音节开头的辅音。普通话里的 22 个辅音,有 21 个可以用来做声母,它们是:b、p、m、f、d、t、n、l、g、k、h、j、q、x、zh、ch、sh、r、z、c、s,其中 n 还可以做韵尾。第 22 个辅音是后鼻音 ng,只能做韵尾,不能做声母。

2. 声母的分类

从发音部位看,普通话声母可以分为七类:

双唇音(上下唇):b、p、m

唇齿音(上齿、下唇):f

舌尖前音(舌尖、上齿背):z、c、s

舌尖中音(舌尖、上齿龈):d、t、n、l

舌尖后音(舌尖、硬腭前部):zh、ch、sh、r

舌面音(舌面前部、硬腭):j、q、x

舌根音(舌根、软腭):g、k、h

从发音方法看,普通话声母可以分为五类:

塞音:b、p、d、t、g、k

擦音:f、s、sh、r、x、h

塞擦音:z、c、zh、ch、j、q

鼻音:n、m

边音:l

根据发音时呼出气流的强弱可分送气音与不送气音两类,只有塞音和塞擦音有送气与不送气的分别。

送气音:p、t、k、c、ch、q

不送气音:b、d、g、z、zh、j

根据发音时声带是否颤动,可把声母分为浊音和清音两类,普通话只有 m、n、l、r 4 个浊音声母,其余都是清音。(见表 1-2)

表 1-2　普通话辅音发音特征表

发音部位辅音 发音方法	塞音		擦音		塞擦音		鼻音	边音
	清音		清音	浊音	清音		浊音	浊音
	不送气	送气			不送气	送气		
双唇音(上唇下唇)	b	p					m	
唇齿音(上齿下唇)			f					
舌尖前音(舌尖上齿背)			s		z	c		
舌尖中音(舌尖上齿龈)	d	t					n	l
舌尖后音(舌尖齿龈后)			sh	r	zh	ch		
舌面音(舌面前硬腭)			x		j	q		
舌根音(舌面后软腭)	g	k	h				ng	

[拓展阅读]

易混声母发音方法

发音的方法是指发音时形成阻碍和克服阻碍的方式。它包括三个方面的内容:一是成阻和除阻的方式;二是声带振动与否;三是呼出气流的强弱。

1. 平(z、c、s)翘(zh、ch、sh、r)舌音发音方法

z 发音提示:成阻时舌尖平伸抵住齿背,除阻时舌尖与上齿龈逐渐放松,气流从窄缝擦出。

c 发音提示:发音过程和 z 一致,在除阻时气流稍强。

s 发音提示:舌尖平伸,接近上齿背,气流从舌尖与上齿背之间的窄缝中透出,摩擦成音。

zh 发音提示:成阻时,舌尖卷起并后移与硬腭前部接触形成阻碍,除阻时,舌尖缓缓离开,气流从窄缝中透出,摩擦成音。

ch 发音提示:发音过程和 zh 一致,在除阻时气流稍强。

sh 发音提示:舌尖后部抬起与硬腭前部形成阻碍并保持一条窄缝,气流从

窄缝中透出，摩擦成音。

r发音提示：发音情况与sh相似，但摩擦感比sh稍弱，同时声带振动，气流带音。

2. 鼻边音发音方法

n发音提示：成阻时声带舌尖抵住上齿龈，声带振动。除阻时软腭下垂，打开鼻腔通道，使气流从鼻腔透出，声带振动。

l发音提示：发音时，舌尖抵住上齿龈，位置比n稍后，声带振动，软腭上台，气息由舌的两边流出。

3. 唇齿音和舌根音发音方法

f发音提示：发音时，上门齿下唇内缘接触，形成窄缝，除阻时气流完全从窄缝透出，摩擦成音。

h发音提示：舌根隆起，接近软腭，形成窄缝。气流从窄缝间透出，摩擦成音。

4. 易混音辨音练习

平舌音发音练习

z：栽赃、罪责、咂嘴、遭罪、造作、藏族、宗族、自尊、最早

c：猜测、苍翠、草丛、层次、措辞、从此、匆匆、粗糙、璀璨

s：速算、瑟缩、色素、四散、松散、诉讼、随手、思索、僧俗

翘舌音发音练习

zh：扎针、抓住、债主、辗转、战争、招致、褶皱、珍珠、真挚

ch：叉车、查处、铲除、长城、撤出、宠臣、城池、驰骋、宠臣

sh：设施、身世、生疏、盛世、闪失、伤势、受审、少数、手术

平翘舌音对比辨音

支 zhī 援—资 zī 源	主 zhǔ 力—阻 zǔ 力	木柴 chái—木材 cái
商 shāng 业—桑 sāng 叶	申诉 sù—申述 shù	摘 zhāi 花—栽 zāi 花
午睡 shuì—五岁 suì	八成 chéng—八层 céng	树 shù 立—肃 sù 立
找 zhǎo 到—早 zǎo 到	乱吵 chǎo—乱草 cǎo	山 shān 顶—三 sān 顶

5. 鼻边音辨音练习

鼻边音发音练习

n：牛腩、扭捏、耐看、男女、南宁、喃喃自语、恼羞成怒

l：理论、来历、料理、玲珑、榴梿、来龙去脉、滥竽充数

6. 鼻边音对比辨音

无赖 lài—无奈 nài　　水牛 niú—水流 liú　　男 nán 裤—蓝 lán 裤
旅 lǚ 客—女 nǚ 客　　脑 nǎo 子—老 lǎo 子　　连 lián 夜—年 nián 夜
留念 niàn—留恋 liàn　　浓 nóng 重—隆 lóng 重　　南 nán 部—蓝 lán 布
烂泥 ní—烂梨 lí　　牛 niú 黄—硫 liú 黄　　大娘 niáng—大梁 liáng

7. 唇边音和舌根音辨音练习

唇边音和舌根音发音练习

f：发奋、佛法、芬芳、防腐、反复、芳菲、返璞归真、方兴未艾

h：辉煌、呼喊、航海、豪华、合伙、欢呼、海阔天空、挥汗如雨

8. 唇边音和舌根音对比辨音

舅父 fù—救护 hù　　公费 fèi—工会 huì
仿佛 fǎngfú—恍惚 huǎnghū　　防 fáng 虫—蝗 huáng 虫
斧 fǔ 头—虎 hǔ 头　　飞 fēi 机—灰 huī 鸡
非凡 fēifán—辉煌 huīhuáng　　奋 fèn 战—混 hùn 战
复 fù 员—互 hù 援　　方 fāng 地—荒 huāng 地

（四）韵母训练

韵母是指一个音节声母后面的部分。韵母主要是由元音构成的，也有一部分由元音加辅音构成。普通话有 39 个韵母。韵母可以从内部结构特点和开头元音发音口形两个方面进行分类。

1. 按内部结构特点划分韵母可分为三类：

单韵母，由一个元音构成的韵母叫单元音韵母，简称单韵母。普通话有 10 个单韵母：ɑ、o、e、ê、i、u、ü、-i（前）、-i（后）、er。

单韵母的发音应当从舌位的前后，舌位的高低、唇形的圆展三方面去了解，单韵母发音时，声带振动，舌位和唇形始终不变，因此声音是单一的。舌位指发音时舌头最高的部位。

根据舌位的前后不同，舌面元音可以分为三类：前元音、后元音、央元音。舌面前元音有 i、ü、ê，舌面后元音有 u、o、e，舌面央元音有 ɑ。

根据舌位的高低不同，舌面元音可以分为四类：高元音、半高元音、半低元音、低元音。舌位的高低和口腔的开口度大小有关，舌位越低，口腔开口度就越大；舌位越高，口腔开口度就越小。高元音有 i、u、ü，半高元音有 o、e，半低元音有 ê。低元音有 ɑ。

根据嘴唇的圆不圆,舌面元音可以分为两类:圆唇元音和不圆唇元音。圆唇元音有 ü、u、o,不圆唇元音有 i、e、ê、a。

复韵母,由两个或三个元音构成,所以它们的发音不像单韵母那样始终不变,而是有个变动过程。它有两个特点:一是从一个元音逐渐滑动到另一个元音,舌位、唇形都会发生变动;二是一个复韵母中只有一个发音响亮的主要元音(韵腹),其他都是次要元音,发音轻短模糊。

普通话里的 13 个复韵母根据主要元音所处的位置,可以分为三类:

前响复韵母:ai、ei、ao、ou

后响复韵母:ia、ie、ua、uo、üe

中响复韵母:iao、iou、uai、uei

鼻韵母,由一个或两个元音与鼻辅音 n 或者 ng 组合而成的韵母叫鼻韵母。鼻韵母发音时,发音器官由元音的发音状态向鼻音的发音状态逐渐变动,起始音没有鼻音成分;韵腹发音即将完成时鼻音成分逐渐增加,最后完全变为不除阻的鼻音。普通话的鼻韵母 16 个。根据鼻辅音韵尾的发音部位,可将鼻韵母可分为前鼻音韵母(an、ian、uan、üan、en、in、uen、ün)和后鼻音韵母(ang、iang uang、eng、ing、ueng、ong、iong)。

2. 按开头元音的发音口形划分,韵母可分为四类:

开口呼韵母,凡韵腹不是 i、u、ü 或不以 i、u、ü 开头的韵母属于开口呼韵母。普通话共有 15 个:a、o、e、ê、er、ai、ei、ao、ou、an、en、-i(前、后)、ang、eng。

齐齿呼韵母,凡韵腹是 i 或以 i 开头的韵母属于齐齿呼韵母。普通话共有 10 个:i、ia、ie、iao、iou、ian、iang、in、ing、iong。

合口呼韵母,凡韵腹是 u 或以 u 开头的韵母属于合口呼韵母。普通话共有 9 个:u、ua、uo、uai、uei、uan、uang、uen、ueng。

撮口呼韵母,凡韵腹是 ü 或以 ü 开头的韵母属于撮口呼韵母。普通话共有 4 个:ü、üe、üan、ün。

以上四类可以简称“四呼”,这是我国传统音韵学对韵母的一种分类方法。根据韵母开头元音的特征分为“开口呼”“齐齿呼”“合口呼”“撮口呼”四类,俗称“四呼”。这种分类方法有利于揭示普通话声母和韵母的配合规律,因为声母在跟韵母配合成音节时是有一定的选择性的,也就是说,有些可以组合,有些却不能组合,这种选择性主要决定于声母的发音部位以及韵母的“四呼”特征。(见表 1-3)

表1-3 普通话韵母总表

按结构分 \ 韵母 \ 按口形分	开口呼	齐齿呼	合口呼	撮口呼
单韵母	-i(前)、-i(后)	i	u	ü
	a	ia	ua	
	o		uo	
	e			
	ê	ie		üe
	er			
复韵母	ai		uai	
	ei		uei	
	ao	iao		
	ou	iou		
鼻韵母	an	ian	uan	üan
	en	in	uen	ün
	ang	iang	uang	
	eng	ing	ueng	
	ong	iong		

(五)声调训练

1. 声调的基本知识

声调是指音节具有区别意义作用的高低升降的变化。由于声调可以区别意义,同时还有区别词性以及产生韵律美等多方面的作用,因此对于汉语来说,声调是非常重要的。

调值是指声调的实际读法,也就是声调高低升降的具体变化。

声调主要是凭着人们的听觉经验来判断不同调子高低的区别。通过对不同声调的起点、终点和高低相互比较,寻找它们在声调模式上的相对差别。调值的确定,我们通常采用赵元任设计的“五度标调法”(见图1-1),就是建立一个坐标,用纵轴表示音高,用横轴表示音长。把声调的高低调值分为五度,分别用1、2、3、4、5来表示，其中 1 表示音高最低，2 表示次低，3 表示中，4 表示次高，5 表示最高。这五度的区别没有绝对频率值，只表示相对的高低不同。

“山”，读起来高而平，标为 55；

“河”，读起来由中逐渐升高，标为 35；

“美”，读起来由半低降到低再升至次高，标为 214；

“丽”，读起来由高降到低，标为 51。①

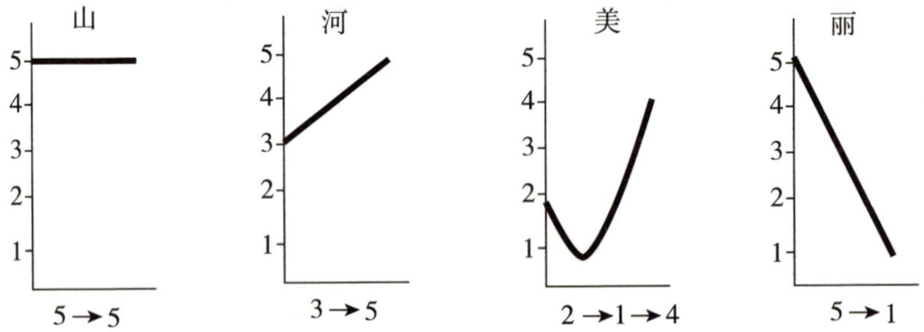

图 1－1 五度标调法

普通话有 4 个声调，分别是阴平、阳平、上声、去声，简称四声。

阴平（第一声）：声调高而平，没有升降变化，起点终点都在最高 5 度上，调值标为 55。例如“高、天、轻、松”等。

阳平（第二声）：声调由中向高扬起，起点在 3 度，终点在 5 度，调值标为 35。例如“唐、阳、王、娘”等。

上声（第三声）：声调由次低降到最低，再升到次高。这个调型是前半段低降、后半段升高的曲折调。起点是 2 度，降到 1 度，又升到 4 度，调值标为 214。例如“老、马、九、女”等。

去声（第四声）：声调由最高降到最低，中间没有曲折。起点是 5 度，终点是 1 度，调值标为 51。例“树、木、靠、岸”等。（见表 1－4）

表 1－4 普通话声调表

调类	阴平	阳平	上声	去声
调型	高平	中升	降升	全降
调值	55	35	214	51

① 关彤主编：《大学生口才训练》，北京大学出版社 2011 年版，第 17 页。

续表

调类	阴平	阳平	上声	去声
调号				
例字	春天花开 江山多娇	名存实亡 儿童文学	理想美好 岂有此理	胜利在望 浴血奋战

2. 声调的练习

(1)按声调组合顺序练习两字词

阴阴—参加　播音　拥军　香蕉　咖啡　单一
阴阳—资源　鲜明　新闻　发言　星球　签名
阴上—批准　班长　灯塔　艰苦　签署　方法
阴去—庄重　音乐　通信　单位　欢乐　加快
阳阴—国歌　革新　群居　长江　围巾　图书
阳阳—直达　儿童　人民　联合　临时　灵活
阳上—华北　遥远　勤恳　情感　难免　旋转
阳去—豪迈　模范　陈设　革命　局势　雄厚
上阴—指标　转播　纺织　掌声　演出　讲师
上阳—指南　反常　讲完　考察　起航　领衔
上上—古典　领导　广场　友好　首长　感想
上去—改造　主要　考试　土地　写作　选派
去阴—下乡　象征　贵宾　卫星　降低　印刷
去阳—自然　措辞　电台　配合　要闻　辨别
去上—耐久　跳伞　运转　办法　戏曲　历史
去去—日月　破例　宴会　示范　快报　建造

(2)按声母顺序排列(交错练习)

b　百炼成钢　波澜壮阔　暴风骤雨　壁垒森严
p　排山倒海　喷薄欲出　鹏程万里　普天同庆
m　满园春色　名不虚传　满腔热情　目不转睛
f　发愤图强　翻江倒海　丰功伟绩　赴汤蹈火
d　大快人心　当机立断　点石成金　斗志昂扬
t　谈笑风生　滔滔不绝　天衣无缝　推陈出新
n　鸟语花香　逆水行舟　能者多劳　宁死不屈
l　老当益壮　雷厉风行　力挽狂澜　龙飞凤舞

g 盖世无双 高瞻远瞩 攻无不克 光彩夺目
k 开卷有益 慷慨激昂 克敌制胜 快马加鞭
h 豪言壮语 和风细雨 横扫千军 呼风唤雨
j 艰苦奋斗 锦绣河山 继往开来 举世无双
q 千军万马 气壮山河 晴天霹雳 群贤毕至
x 喜笑颜开 响彻云霄 心潮澎湃 栩栩如生
zh 辗转反侧 朝气蓬勃 咫尺天涯 专心致志
ch 超群绝伦 称心如意 赤子之心 出奇制胜
sh 山水相连 舍生忘死 深情厚谊 生龙活虎
r 饶有风趣 人才辈出 日新月异 如火如荼
z 赞不绝口 责无旁贷 再接再厉 自知之明
c 沧海一粟 层出不穷 灿烂光明 从容就义
s 三思而行 所向披靡 四海为家 肃然起敬

三、课堂实战训练

【训练一】读准舌尖前音 z、c、s 和舌尖后音 zh、ch、sh

z 杂乱无章 赞不绝口 责无旁贷 罪魁祸首 自作自受 孜孜不倦
zh 沾沾自喜 掌上明珠 招兵买马 照本宣科 针锋相对 振振有词
c 策马扬鞭 才疏学浅 残垣断壁 层出不穷 此起彼伏 从长计议
ch 差强人意 姹紫嫣红 柴米油盐 车水马龙 沉鱼落雁 趁热打铁
s 司空见惯 死心塌地 素昧平生 所向无敌 丝丝入扣 四通八达
sh 煞费苦心 山盟海誓 煽风点火 善始善终 少年老成 舍生取义

【训练二】读准 n 和 l

n 难弄 奶奶 牛腩 扭捏 农奴 能耐 喃喃自语 难能可贵 恼羞成怒 泥牛入海 年富力强 念念有词

l 拉力 来临 拦路 劳累 力量 理论 来龙去脉 滥竽充数 狼狈为奸 牢不可破 冷眼旁观 理直气壮

【训练三】读准 f 和 h

f 发奋 佛法 芬芳 防腐 非分 返璞归真 方兴未艾 防患未然 飞黄腾达

h 辉煌 含恨 呼喊 航海 豪华 海阔天空 寒冬腊月 挥汗如雨 后顾之忧

【训练四】绕口令练习

b－p：八百标兵奔北坡，炮兵并排北边跑，炮兵怕把标兵碰，标兵怕碰炮兵炮。

b－p：巴老爷有八十棵芭蕉树，来了八十八个把式，要在巴老爷八十八个芭蕉树下住。

c－ch：紫瓷盘，盛鱼翅。一盘熟鱼翅，一盘生鱼翅。迟小池拿了一把瓷汤勺，要吃清蒸美鱼翅。一口鱼翅刚到嘴，鱼刺刺进齿缝里，疼得小池拍腿挠牙齿。

s－sh：四和十，十和四，十四和十四，四十和十四，说好四和十，得靠舌头和牙齿，谁说四十是"细席"，他的舌头没用力；谁说十四是"适时"，他的舌头没伸直。认真学，常练习，十四、四十、四十四。

s－sh：石、斯、施、史四老师，天天和我在一起。石老师教我大公无私，斯老师给我精神粮食，施老师叫我遇事三思，史老师送我知识钥匙。我感谢石、斯、施、史四老师。

n－l：南南家种兰花，兰兰家种南瓜，南南要用兰花换兰兰家的南瓜，兰兰不愿用南瓜换南南家的兰花。

n－l：盘里放着一只梨，桌上放块橡皮泥，小倪用泥学捏梨，眼看着梨，手捏着泥，一会儿捏成一只梨。

n－l：六六妞妞去放牛，大牛小牛有六头。六六拉着大牛走，妞妞牵着小牛遛。

n－l：老龙恼怒闹老农，老农怒恼闹老龙，农怒龙恼农更怒，龙恼农怒龙怕农。

n－l：牛郎恋刘娘，刘娘念牛郎，牛郎牛年恋刘娘，刘娘年年念牛郎，郎恋娘来娘念郎，念娘恋娘念郎恋郎，念恋娘郎。

n－l：梁家有个梁大娘，梁大娘家盖新房。大娘邻居大老梁，到梁大娘家看大娘，赶上梁大娘家上大梁，老梁帮着大娘扛大梁，大梁稳稳当当上了墙，大娘高高兴兴谢老梁。

h－f：一进门，白粉墙，白粉墙上画凤凰。红凤凰，黄凤凰，粉红凤凰画满墙。

h－f：化肥会挥发；黑化肥发灰，灰化肥发黑；黑化肥发灰会挥发，灰化肥挥发会发黑；黑化肥发灰挥发会花飞，灰化肥挥发发黑会飞花。

an－ang：扁担长，板凳宽，扁担没有板凳宽，板凳没有扁担长，扁担绑在板凳上，板凳不让扁担绑在板凳上，扁担偏要绑在板凳上。

en－eng：老彭捧着一个盆，路过老庞干活儿的棚，老庞的棚碰了老彭的盆。棚倒盆碎棚砸盆，盆碎棚倒盆撞棚。老彭要赔老庞的棚，老庞要赔老彭的盆。老庞陪着老彭去买盆，老彭陪着老庞来修棚。天上一个盆，地下一个棚，盆碰棚，棚碰盆。棚倒盆碎，是棚赔盆，还是盆赔棚？

【训练五】声调的练习

1. 按四声顺序排列(阴阳上去)

中国伟大　山河美丽　天然宝藏　资源满地

阶级友爱　中流砥柱　工农子弟　千锤百炼

身强体健　精神百倍　心明眼亮　光明磊落

山明水秀　花红柳绿　开渠引灌　风调雨顺

兵强马壮　山盟海誓　英雄好汉　飞檐走壁

2. 按四声逆序排列(去上阳阴)

破釜沉舟　调虎离山　弄巧成拙　信以为真

妙手回春　异口同声　顺理成章　万里长征

热火朝天　厚古薄今　智勇无双　墨守成规

大好河山　逆水行舟　背井离乡　万古流芳

地广人稀　妙语连珠　四海为家　寿比南山

【训练六】难读易错词语练习

搭配　打靶　大厂　呆滞　怠慢　逮捕　单调　胆怯　胆汁　诞辰　弹劾　蛋白质

当铺　档案　刀刃　导师　导游　捣乱　悼念　盗窃　道歉　灯泡　登记　电冰箱

遗传　抵押　地壳　地址　缔约　颠簸　典型　电影　刁难　雕塑　吊唁　的确良

调羹　调侃　调配　调唆　跌宕　叮嘱　冻结　侗族　恫吓　洞穴　兜售　炊事员

豆豉　豆萁　督促　渎职　独裁　笃信　堵塞　妒忌　杜撰　肚脐　锻炼　咄咄逼人

阿胶　阿谀　哎呀　哀号　爱戴　爱护　爱怜　安静　敖包　奥秘　凹陷　阿拉伯

懊恼　懊丧　跋扈　霸占　白炽　白垩　拜访　拜谒　颁发　斑白　摆脱　芭蕾舞

猜测　才能　材料　财产　采摘　彩绸　餐巾　残骸　蚕茧　沉淀　驰骋　沉甸甸

第二节　字正腔圆训练

一、教学案例导入

词义探幽　儿化词语

“儿化”是以北京话为代表的北方方言中的一种语言现象,词语后缀“儿”字,组成卷舌韵母。例如“心眼儿、鞋带儿、烟卷儿、针眼儿、白干儿、果仁儿、肉冻儿、抓阄儿”等。儿化后语言成分的理性意义不变,但却增加或改变了附加意义,如“妞儿、茸毛儿、玩意儿、牙签儿”等,增加了“小巧”义,派生出“喜爱”义。再如“好玩儿、小曲儿、慢慢儿、踢毽儿"等，具有浓郁的口语色彩。称呼年轻同事，如"小王儿、小张儿、小胡儿、小徐儿"等，可读儿化；但"大王、大张、老胡、老徐"等，就不宜儿化了。

借用儿化，可把现成的词变成另一个词，例如，"头"指脑袋，儿化后的"头儿"却指头目、领导；"眼"指眼睛，儿化后的"眼儿"却指小洞、窟窿；"过节"指在节日进行庆祝等活动，而"过节儿"却指嫌隙、积怨。"儿化"还可使词性发生变化。例如，动词"垫、盖、罩"等，儿化为"(椅)垫儿、(瓶)盖儿、(灯)罩儿"等，就变成了名词。再如形容词"短、好、鲜、热闹、破烂"等，儿化为"(护)短儿、(买)好儿、(尝)鲜儿、(看)热闹儿、(卖)破烂儿"等，也变成了名词。有些口语色彩浓重的词语应读儿化，如"大款儿、大腕儿、冰棍儿、胡同儿、片儿警、爆肚儿、虾段儿、鱼片儿、屁股蹲儿、疙瘩襻儿、豆腐脑儿"等，否则说着拗口，听着别扭。有些词语必须读儿化，如把"份儿饭"(fènrfàn)读成 fènfàn，那可就闹笑话了！典型的天津方言——"嘛事儿?""说得倍儿哏儿""上南门脸儿"等，必须读出儿化，才地道。

旧时，京剧名角如"马连良"等名字都不读儿化，但曲艺名角的名字却多读儿化，如魏喜奎儿、侯宝林儿、刘宝全儿等。一般趋势是，市井人物和老年人的儿化读音较多，而文化层次高的年轻人的儿化读音较少。应提起注意的是，并不是词尾有"儿"字的词都是儿化词，如"女儿、男儿、少儿、小儿"等，这里的"儿"都表示一个独立的音节；另如"林黑儿""上官婉儿"等人名，"月儿弯弯云儿飘"中的"儿"，也应读出一个独立音节，只是读音较轻罢了。

(资料来源：《今晚报》2004 年 7 月 7 日)

二、本节知识要点

"字正腔圆"是指汉语(普通话)吐字归音技巧达到了艺术境界。"字正"应当包括字准、字真、字纯三方面；"腔圆"指的是声音运用得圆润、灵活、自如。要使普通话达到"字正腔圆"的艺术境界，仅仅达到发音准确无误是不够的，还必须把握好普通话的语流音变。语流音变是指说话过程中，由于受到相邻音节或相邻音素的影响，一些音节中的声母、韵母或声调会发生相应的变化，称作语流音变。主要包括轻声、儿化、变调、语气词"啊"的变化和词语的轻重格式等。语流音变有规律可循，掌握这些规律，可以使普通话说得自然亲切、不生硬、不做作。

(一)变调

普通话音节 4 个声调的基本调值是指这个音节单念时的调值，这是固定的，例如上声是 214，去声是 51。但是在语流中，音节与音节相连，有可能使声调的调值发生或多或少的变化，这种声调的基本调值在音节连读时发生的变化，叫连读变调。在普通话中最明显的变调是上声的变调与“一”和“不”的变调。

1. 上声的变调

上声的变调主要有两种：

上声 + 上声→阳平 + 上声

两个上声相连，前一个上声字调值由214变为35，和阳平的调值相同。例如：

单念	连读
美≠没	美好 = 没好
浅≠潜	浅水 = 潜水
启≠齐	启齿 = 齐齿

三个上声相连，一般的读法是，前两个音节都变成阳平。例如，小雨伞、虎骨酒、展览馆、好领导。

三个以上的上声相连，一般先按意义分成两个或三个音节一组，然后再按以上规律变调。例如，永远|友好、一把|小雨伞、厂里|管理|好手。

上声非上声→半上 + 上声

上声后是非上声的，上声变成半上，调值由214变为21。

如：水花　鼠标　水平　理财　勇气　泯灭

2. “一”和“不”的变调

“一”的本调念阴平，“不”的本调念去声，它们的变调要根据后一个音节的声调而定。

在去声前念阳平。如：

一道　一切　一定　一会儿

不干　不赖　不愧　不锈钢

在非去声前“一”念去声，“不”念原调。如：

一般　一生　不高　不真实

一时　一直　不妨　不着急

一早　一晃　不好　不简单

在词语中间念轻声。如：

听一听　瞧一瞧　等一等　放一放

招不招　平不平　巧不巧　笑不笑

3. 重叠形容词的变调

重叠形容词在语流中有时要发生变调，变调时遵循以下规律：

单音节形容词重叠后儿化，即 AA 儿式，第二个音节无论本调是什么，往往变成阴平，调值是 55。

慢慢儿　好好儿　长长儿的

单音节形容词的叠音后缀，即 ABB 式，B 音节要读成阴平，调值是 55。

红彤彤　亮堂堂　明晃晃　沉甸甸

双音节形容词重叠后，即 AABB 式，第二个音节变成轻声，后面的第三、四个音节都读阴平，调值是 55。

老老实实　舒舒服服　清清楚楚　漂漂亮亮　干干净净

需要说明的是，并不是所有的重叠式形容词都变调，应该具体情况具体分析，如书面性很强的词语就可以不变调。如下列 ABB 式形容词的后缀一般不变调，用汉语拼音拼写要标原调。

白茫茫　白皑皑　赤裸裸　赤条条　红艳艳

灰沉沉　金灿灿　空洞洞　金闪闪　空荡荡

平展展　暖洋洋　明闪闪　乐陶陶　气昂昂

喜洋洋　香馥馥　圆滚滚　阴沉沉　黑沉沉

重叠形容词变调练习：

AA 式：

快快　大大　甜甜　浅浅　薄薄　短短　圆圆、密密　长长　满满　慢慢

红红　早早　美美　厚厚　亮亮　重重　浓浓　肥肥　暖暖　矮矮　软软

AA 儿(的)式：

好好儿(的)　早早儿(的)　小小儿(的)　满满儿(的)

暖暖儿(的)　快快儿(的)　甜甜儿(的)　长长儿(的)

白白儿(的)　慢慢儿(的)

ABB 式：

血淋淋　甜蜜蜜　血糊糊　白晃晃　白茫茫

白蒙蒙　白亮亮　黑洞洞　黑糊糊　黑乎乎

黑压压　空荡荡　空落落　懒洋洋　喜洋洋

绿茸茸　绿油油　毛茸茸　火辣辣　香馥馥

热腾腾　笑吟吟　湿淋淋　湿漉漉　赤条条

赤裸裸　直挺挺　热辣辣　轰隆隆　亮堂堂

黄澄澄　乱麻麻　软绵绵　明晃晃　羞答答
沉甸甸　闹嚷嚷　暖洋洋　慢腾腾　乌油油
灰蒙蒙　孤零零　红彤彤

AABB 式：

热热闹闹　整整齐齐　干干净净　老老实实
明明白白　欢欢喜喜　清清楚楚　规规矩矩
舒舒服服　扎扎实实　大大咧咧　和和美美
泼泼辣辣　孤孤零零　利利落落　清清凉凉
别别扭扭　鼓鼓囊囊　遮遮掩掩　模模糊糊
痛痛快快　漂漂亮亮

A 里 AB 式：

糊里糊涂　马里马虎　慌里慌张

（二）轻声

在词或句子里某些音节读得特别短特别轻，就是轻声。轻声是四声之外的一个特殊声调。它来源于四声，实际上也是一种声调，只不过是一种变调而已。但是它又与一般的变调不同，一般的变调对词语的意义没有影响。而轻声，有时会改变词语的意义和词性。比如“对头”，“头”读轻声时，是名词，是仇敌、对手的意思，“头”读二声时，是形容词，是正确、合适的意思。

1.轻声的作用

轻声在普通话里有其独特的作用，这主要体现在以下几个方面：

（1）部分词用非轻声与轻声的对立来区分词义。如：

地下（指地面之下）—地下（指地面上）

是非（正确和错误）—是非（纠纷）

东西（指方向）—东西（指物件）

蛇头（蛇的头部）—舌头（嘴巴里的舌）

（2）部分词用非轻声与轻声的对立来区分词性。如：

自然（名词）—自然（形容词）

赏钱（名词）—赏钱（动宾词组）

买卖（名词）—买卖（动词）

地道（名词）—地道（形容词）

（3）有时非轻声与轻声的对立不但区别了词义也区别了词性。如：

对头（正确，形容词）—对头（冤家，名词）

大意(主要的意思,名词)—大意(疏忽,形容词)

利害(利和弊,名词)—厉害(程度深或可怕,形容词)

差使(差遣,动词)—差使(指任务、工作,名词)

对头(正确,形容词)—对头(指冤家,名词)

冷战(指不使用武器的战争,名词)—冷战(指因冷而发抖,名词)

2.轻声的分布

普通话轻声有必读轻声和非必读轻声两种,我们需要重点掌握的是必读轻声的规律。轻声与词汇、语法有密切关系,有一定的规律可循。必读轻声主要有:

(1)名词的后缀“子、头”等。如:

孩子 果子 样子 刷子 本子

木头 势头 馒头 看头 念头

嘴巴 木匠 那么 船家 打手

(2)助词“的、地、得、着、了、过、吧、吗、呢、啊”等。如:

我的 红的 慢慢地 轻快地 跑得快 搬得动

看着 拿着 结束了 回顾了 讨论过 解释过

来吧 好吧 回来吗 理解吗 教材呢 真好啊

(3)量词“个”。如:

两个 这个 整个 各个 说个够

(4)名词后面的方位词“上、下、里、外、边”等。如:

桌上 天上 地下 水下 屋里

锅里 城外 窗外 海边 里边

(5)用作补语的趋向动词“来、去、上、下、起来、下去”等。如:

拿来 看来 走去 过去 爬上

拉上 拉下 搬下 唱起来 说下去

(6)重叠形式中的后一个音节或中间音节。如:

星星 妈妈 哥哥 叔叔 毛毛

走走 看看 说说 笑笑 跳跳

活动活动 放松放松 走动走动

快快乐乐 轻轻松松 大大方方

称一称 刨一刨 走一走 看一看

通不通 红不红 好不好 快不快

(7)一些双音节单纯词的后一个音节。如:

玫瑰　石榴　葡萄　蛤蟆　萝卜

伶俐　琵琶　糊涂　牡丹　啰唆

(8)口语中一些双音节合成词的后一个音节。如：

老实　清楚　先生　搅和　豆腐　态度

造化　丈人　打量　本事　利索　事情

(9)轻声词语练习：

白净　帮手　本事　祖宗　比方　秘书　部分

月亮　苍蝇　称呼　窗户　凑合　答应　姑娘

打发　耽搁　提防　对付　舒坦　甘蔗　告示

舒服　规矩　含糊　合同　漂亮　核桃　红火

(三)儿化

有些音节在韵母发音的同时附加上一个卷舌动作,这种现象叫作儿化。儿化后的韵母叫儿化韵。儿化后的音节虽然读音只是一个音节,但是在书写上一般要用两个汉字。拼音方案规定,用拼音字母拼写儿化韵母,只在原韵母后面加一个 r 来表示。如：

花儿 huar　鸟儿 niaor　小猫儿 xiaomaor　心眼儿 xinyanr

1. 儿化的作用

普通话里的“儿化”音变现象具有表示区别词性、词义或表示感情色彩的作用。

(1)区分词性。如：

盖(动词)—盖儿(名词)　　尖(形容词)—尖儿(名词)

画(动词)——画儿(名词)　　个(量词)—个儿(名词)

错(形容词)—错儿(名词)　　亮(形容词)—亮儿(名词)

(2)区别词义。如：

信(书信)—信儿(信息)　　眼(眼睛)—眼儿(小窟窿)

头(脑袋)—头儿(带头的)　　面(面条)—面儿(粉末)

口(嘴巴)—口儿(裂缝)　　头(脑袋)—头儿(领头人)

(3)一些儿化词往往表示微小的形状或者带有喜爱、亲切等感情色彩。如：

钉儿　棍儿　伴儿　趣儿　小刀儿　小孩儿

小曲儿　脸蛋儿　小兔儿　金鱼儿　头发丝儿

2. 儿化音的发音规律

儿化时韵母的读音往往会发生不同的变化,具体情况如下：

(1)韵母直接加 r。音节末尾是 ɑ、o、e、ê、u 的,原韵母不变,直接加上卷舌动作即可。

小马儿(mǎ→mǎr)　　哪儿(nǎ→nǎr)

山坡儿(pō→pōr)　　花朵儿(duǒ→duǒr)

口哨儿(shào→shàor)　　掌勺儿(sháo→sháor)

锅贴儿(tiē→tiēr)　　水珠儿(zhū→zhūr)

(2)韵母直接加 er。韵母是 i 或 ü 时,加卷舌韵母 er。

玩意儿(yì→yìer)　　金鱼儿(yú→yúer)　　小曲儿(qǔ→qǔer)

(3)韵母变作 er。韵母是 -i(前)或 -i(后)时,原韵母变为卷舌韵母 er。

石子儿(zǐ→zěr)　　咬字儿(zì→zèr)

树枝儿(zhī→zhēr)　　没事儿(shì→shèr)

(4)去掉韵尾后加 r。韵尾是 i 或 n 时,去掉韵尾后加(韵母是 in、un 除外)。

一块儿(kuài→kuàr)　　墨水儿(shuǐ→shuěr)

脸蛋儿(dàn→dàr)　　差点儿(diǎn→diǎr)

(5)去掉韵尾后加 er。韵母是 in 或 ün 时,去掉韵尾后加 er。

送信儿(xìn→xier)　　傻劲儿(jìn→jìer)　　花裙儿(qún→qúer)

(6)去掉韵尾,韵腹鼻化并卷舌。韵尾是 ng 的音节去掉韵尾,韵腹鼻化的同时加卷舌动作 r 或 er。

阴凉儿(liáng→liár)　　透亮儿(liàng→liàr)

电影儿(yǐng→yiěr)　　起名儿(míng→miér)

儿话音练习

口哨儿　蜜枣儿　鱼漂儿　火苗儿　跑调儿　面条儿　豆角儿　开窍儿

衣兜儿　老头儿　年头儿　小偷儿　门口儿　纽扣儿　线轴儿　小丑儿

顶牛儿　抓阄儿　棉球儿　加油儿　火锅儿　做活儿　大伙儿　邮戳儿

小说儿　被窝儿　耳膜儿　粉末儿　刀把儿　号码儿　戏法儿　在哪儿

找碴儿　打杂儿　板擦儿　名牌儿　鞋带儿　壶盖儿　小孩儿　加塞儿

快板儿　老伴儿　蒜瓣儿　脸盘儿　脸蛋儿　收摊儿　栅栏儿　包干儿

笔杆儿　门槛儿　药方儿　赶趟儿　香肠儿　瓜瓤儿　掉价儿　一下儿

豆芽儿　小辫儿　照片儿　扇面儿　差点儿　一点儿　雨点儿　聊天儿

拉链儿　冒尖儿　坎肩儿　牙签儿　露馅儿　心眼儿　鼻梁儿　透亮儿

花样儿　脑瓜儿　大褂儿　麻花儿　笑话儿　牙刷儿　一块儿　茶馆儿

饭馆儿　火罐儿　落款儿　打转儿　拐弯儿　好玩儿　大腕儿　蛋黄儿

打晃儿　天窗儿　烟卷儿　手绢儿　出圈儿　包圆儿　人缘儿　绕远儿
杂院儿　刀背儿　摸黑儿　一阵儿　走神儿　大婶儿　小人儿书　刀刃儿
钢镚儿　夹缝儿　小鞋儿　主角儿

(四)“啊”的变读

语气词“啊”一般用在句末或句中稍作停顿之处,受到前面一个音节末尾的音素的影响,读音会发生变化。

“啊”的音变规律有以下集中情况:

1. 前一音节末尾的音素是 a,o,e,ê,i,ü 时,“啊”读作“ya”,汉字也可以写为“呀”。如:

怎么是他呀!(ya)

你写呀!(ya)

要提高警惕呀!(ya)

你倒是去呀?(ya)

我真该向他道谢呀!(ya)

2. 前一音节末尾的音素是 u(包括韵母 ao,iao 末尾的 u)时,“啊”读作“wa”,汉字可写作“哇”。如:

你们在哪儿读书哇?(wa)

生活多美好哇!(wa)

她的手可真巧哇!(wa)

3. 前一音节末尾的音素是 n 时读“na”,汉字写作“哪”。如:

这空气多新鲜哪!(na)

你可要小心哪!(na)

真难哪!(na)

4. 前一音节末尾的音素是 ng、-i[前]、-i[后]时读“nga”、“za”和“ra”,儿韵和儿化韵之后也念“ra”,书面上都写成“啊”。如:

大家一起唱啊!(nga)

成啊!(nga)

光发愁没有用啊!(nga)

究竟几次啊?(za)

你有什么事啊?(ra)

语句练习

幼儿园的这些孩子啊,会唱会跳真可爱啊。大家都来看啊,他们玩得多高兴啊,有的孩子在读诗啊,有的孩子在画画啊,他们又是唱啊又是跳啊,他们多幸福啊!

鸡啊鸭啊,猫啊狗啊,一块儿水里游啊!牛啊,羊啊,马啊,骡啊,一块儿进鸡窝啊!狼啊,虫啊,虎啊,豹啊,一块儿街上跑啊!兔啊,鹿啊,鼠啊,孩儿啊,一块儿上窗台儿啊!

菜市场里什么都有:韭菜啊、香椿啊、萝卜啊、竹笋啊、菜花啊、茄子啊、羊肉啊、鸡蛋啊、鲤鱼啊、苹果啊、香蕉啊,真是应有尽有啊!

(五)词语的轻重格式

普通话多音节词语的几个音节有着约定俗成的轻重差别,就是词语的轻重格式。我们将短而弱的音节称为轻,长而强的音节称为重,介于二者之间的称为中。

普通话的轻重音一般分为四个等级:重音、中音、次轻音、最轻音。重音即词的重读音节;中音即词中既不重读也不轻读的音节;次轻音即比中音略轻,比最轻音重的音模节,其声调受影响,调值不够稳定,调型依稀可辨;最轻音即词中特别轻读的音节,也就是轻声音节。

1. 双音节词语

中重:马路　水平　资料　开放　广州　继续　实现

重中:硕士　艺术　挫折　人类　秋天　季度　错误

　　实惠　义务　教育　家务　运动　读者　幸福

重轻:丈夫　意思　哆嗦　动静　力气　价钱　稀罕

　　名堂　快活　教训　做作　合同　乡下　部分

2. 三音节词语

中中重:火车站　主持人　亚运会　东道主　芭蕾舞

　　播音员　立交桥　国务院　计算机　井冈山

中重轻:小姑娘　老头子　牛脾气　凑热闹　老师们

　　做生意　胡萝卜　菜篮子　没工夫　找麻烦

中轻重:抱不平　对不起　冷不防　数得着　架子鼓

　　生意经　吃不消　架不住　窝囊废　过不去

3. 四音节词语

中重中重:安分守己　鹤发童颜　花好月圆　龙潭虎穴

　　五湖四海　心旷神怡　天长地久　博古通今

中轻中重:噼里啪啦　稀里糊涂　乌鲁木齐　社会主义

黑不溜秋　老实巴交　花里胡哨　迫不及待
重中中重:惨不忍睹　义不容辞　敬而远之　诸如此类
一扫而空　目不暇接　相形之下　美不胜收

三、课堂实战训练

【训练一】"一"的变调练习

一般　一拍　一方　一边　一车　一刀　一吨　一根　一锅　一家　一筐　一道
一度　一丈　一寸　一粒　一辆　一个　一次　一去　一趟　一万　一亿　一架
一把手　一把抓　一半天　一辈子　一场空　一点儿　一风吹　一锅粥　一览表
一清早　一身胆　一条龙　一条虫　一窝蜂　一系列　一元化　一元钱　一口锅
一个劲儿　一股脑儿　一溜烟儿　一条藤儿　一股劲儿　一丁点儿　一面理儿
一头儿沉　一般见识　一本万利　一笔勾销　一臂之力　一差二错　一成不变
一触即发　一刀两断　一发千钧　一反常态　一鼓作气　一技之长　一箭双雕

【训练二】"不"的变调练习

不对　不凡　不苟　不光　不必　不曾　不单　不定　不乏　不妨　不够　不轨
不便　不成　不但　不端　不法　不忿　不顾　不过　不和　不仅　不堪　不良
不成材　不成文　不连累　不道德　不得已　不规则　不送气　不成器　不大离
不得劲　不等号　不动产　不相干　不成话　不倒翁　不得了　不等式　不见得
不计其数　不见经传　不可开交　不可一世　不劳而获　不谋而合　不言而喻
不遗余力　不约而同　不知所措　不置可否　不上不下　不前不后　不大不小
不清不白　不动声色　不尴不尬　不寒而栗　不即不离　不假思索　不毛之地

【训练三】儿化音练习

腊八儿　号码儿　摸瞎儿　脚丫儿　牙刷儿　薄膜儿　粉末儿　心窝儿　被窝儿
吃喝儿　山歌儿　菜碟儿　树叶儿　旦角儿　正月儿　眼珠儿　没谱儿　灯泡儿
小道儿　老头儿　网兜儿　填表儿　豆角儿　蜗牛儿　加油儿　玩意儿　眼皮儿
金鱼儿　小雨儿　窗台儿　名牌儿　宝贝儿　眼泪儿　糖块儿　一块儿　香味儿
麦穗儿　被单儿　小伙儿　窍门儿　赔本儿　小辫儿　唱片儿　干劲儿　手心儿
板凳儿　麻绳儿　花瓶儿　人影儿　果冻儿　有空儿　小熊儿　叫穷儿　花样儿
唱腔儿　蛋黄儿　眼光儿

【训练四】顺口溜—儿化音练习

1. 有个小孩儿叫小兰儿,口袋里装着几个小钱儿,又打醋,又买盐儿,还买了一个小饭碗儿。小饭碗儿真好玩儿,红花绿叶镶金边儿,中间还有个小红点儿。

2. 进了门儿，倒杯水儿，喝了两口运运气儿。顺手拿起小唱本儿，唱一曲儿，又一曲儿。练完了嗓子我练嘴皮儿，绕口令儿，练字音儿，还有单弦牌子曲儿，小快板儿、绕口词儿，越说越唱我越带劲儿。

【训练五】“啊”的音变练习

1. 都是记者啊！（yɑ）

2. 好新潮的大衣啊！（yɑ）

3. 日子过得真快啊！（yɑ）

4. 快帮我解围啊！（yɑ）

5. 你怎么不吃鱼啊？（yɑ）

6. 这孩子多活跃啊！（yɑ）

7. 您在哪儿住呢？（wɑ）

8. 他普通话说得真好啊！（wɑ）

9. 这件事儿可不简单啊！（nɑ）

10. 笑得真欢啊！（nɑ）

11. 买这么些冷饮啊！（nɑ）

12. 小心开水烫啊！（ngɑ）

13. 随便吃啊！（rɑ）

【训练六】轻声练习

叨唠　灯笼　掂掇　东西　兜肚　嘟噜　嘟囔　嘟哝　多么　多少　哆嗦　风水
风筝　干巴　干净　干系　甘蔗　高粱　膏药　疙瘩　胳臂　胳膊　跟头　工夫
饥荒　家伙　奸细　将就　缰绳　交情　街坊　结巴　结实　精神　窟窿　宽敞
胡琴　葫芦　糊涂　馄饨　活计　活泼　节气　觉得　咳嗽　来路　牢靠　累赘
篱笆　莲蓬　凉快　粮食　菱角　萝卜　麻烦　麻利　玫瑰　眉毛　门路　门面
迷糊　迷惑　棉花　苗条　名堂　名字　明白　模糊　磨蹭　蘑菇　难处　难为
盘算　朋友　皮匠　皮实　枇杷　疲沓　琵琶　脾气　婆家　葡萄　人家　神甫
神气　神仙　什么　石榴　时候　拾掇　俗气　随和　随着　抬举　笤帚　停当
学问　牙碜　牙口　衙门　严实　阎王　姨夫　意识　油水　云彩　匀称　匀净
摆布　摆设　本钱　本事　比方　扁担　补丁　打扮　打点　打发　打量　打磨
打手　打算　打听　点拨　点心　点缀　懂得　耳朵　火候　伙计　讲究　搅和
考究　口袋　苦处　喇叭　懒得　老婆　老实　老爷　马虎　买卖　了得　免得

【训练七】读准下列各组轻重对立的词，注意轻声在区别词义上的作用

兄弟—兄弟　　本事—本事　　包头—包头　　不分—部分

裁缝—裁缝	地道—地道	地理—地里	大意—大意
大方—大方	东西—东西	对头—对头	服气—福气
干事—干事	结识—结实	靠山—靠山	莲子—帘子
老子—老子	利器—力气	粒子—栗子	利害—厉害
马头—码头	面巾—面筋	蛇头—舌头	拉手—拉手
买卖—买卖	包含—包涵	笔试—比试	把手—把手
地下—地下	等等—等等	大爷—大爷	东家—东家
电子—垫子	犯人—犯人	过年—过年	好些—好些
加火—家伙	近来—进来	冷战—冷颤	被面儿—背面儿
龙头—笼头	门道—门道	实在—实在	团员—团圆

【训练八】朗读席慕蓉的《岁月》

好多年没有见面的朋友,再见面时,觉得他们都有一点不同了。

有人有了一双悲伤的眼睛,有人有了冷酷的嘴角,有人是一面的喜悦,有人却是一脸的风霜,好像十几年没能与我的朋友们共度的沧桑,都隐隐约约地写在他们的脸上。

原来岁月并不是真的逝去,他只是从我们的眼前消失,却转过来躲在我们的心里,然后再慢慢地来改变我们的容貌。

所以年轻的你,无论将来会碰到什么挫折,请务必要保持一颗宽谅喜悦的心。这样,当十几年后,我们再相遇,我才能容易地从人群中把你辨认出来。

第二章 表达能力训练

本章内容提示

口语表达能力是指在一定的场合，面对特定的对象，通过口头语言来实现信息交流情感传递的一种能力。良好的口头表达能力与先天条件有关联，但更主要还是要靠后天的学习训练。

口头表达能力训练是一种综合能力的训练，首先，基本表达方式的训练。复述、描述、解说和论述这四种表达方式既交融又有区别，在训练时要抓住它们的特点，展开有针对性的训练。其次，有效表达技巧的训练。委婉、模糊、提问和幽默是有效交流沟通的助推剂。最后，表达与思考相辅相成，因此要重视和加强思维模式的优化训练。

训练目标与要求

1. 训练目标：通过对本章知识要点的学习和实践能力的训练，引导学员了解常见的表达方式、掌握有效的表达技巧、熟悉优化思维能力的路径，并在日常沟通中予以运用。

2. 训练要求：

第一，系统学习，整合消化。通过本章知识要点的学习和相关实例的理解，熟练掌握口头表达能力的理论知识。

第二，不断练习，反复实践。在口头表达能力训练过程中，大量的科学训练很重要，否则学到的方法就转化不成技能，没有实用价值。口语表达方法的学习和口头表达技能的训练是两个过程，不能相互替代。

第一节　口语表达方式训练

一、教学案例导入

某公司需要招聘一名给领导开车的专职司机。通知发出后,两位有着丰富经验的求职者前来面试。

第一位司机说自己驾驶经验丰富,从没出现过任何事故;在服务领导方面也很有经验;一定会严格遵守公司的各项规章制度等。这位求职者就这些内容足足说了有三分钟。

面试官听后,对他说:“很好,回去等我们通知吧!”

第二位求职者仅用了一分钟,就把自己想要表达的信息讲述完毕。他是这样说的:“我应聘给领导开车司机岗位,我要坚持的原则是:听得说不得,开得使不得,吃得喝不得。工作时,我能听领导说话,但我不能对其他人说;工作时间我能开公司的车,但非工作时间我不能把这个公车当私人的车来使用,我要做到公私分明;我可以吃饭,但我不能喝酒,因为司机岗位人员随时都有可能需要去工作。”

面试官听完他的介绍后,对他说道:“好,不错,欢迎你加入我们公司,请你明天就来上班。”

显然,在表达方面,第二位司机要优于第一位司机,条理清楚、简明扼要,所表达的内容同时也是面试官们最为关心的。于是,在驾驶经验等方面差不多的情况下,他最终应聘成功。

二、本节知识要点

作为最基础、最直观、最广泛的沟通形式,口语表达在我们的生活中起到了重要的作用。良好的口语表达能力也成为现代人必备的素质之一,因此口语表达能力的训练必不可少。为了更好地开展口语表达训练,在开展训练之前,先来了解口语表达的基本知识。

(一)口语表达的基本要素和特点、类型

1. 口语表达的基本要素

口语表达活动由四个要素所构成:口语表达主体、口语表达信息、沟通通道和语境。这四个要素缺一不可,贯穿于一个完整的口语表达过程中,而且存在于所有类型的口语表达活动中。

首先，口语表达主体是指口语表达活动的参与者，无论参与人数有多少，都是以个体的形式来进行表达，包括说话者和听话者。说话者与听话者的身份有时有比较清晰的身份限定，有时随时变换。比如在交谈辩论中，说听的角色不时地转换；有时又比较固定，比如开会、演讲活动中，发言者和听众的角色一般不会变换。说话者和听话者是相互依存的，说话者占主导地位，表达水平影直接响口语活动的质量。听话者是活动的主体，影响着交际的过程制约着交际的效果。

其次，口语表达信息包括实用信息、情感信息，两种信息相互渗透，难以截然分开。信息在传递当中必须有一定的载体，即语言符号和非语言符号，这些符号本身也是信息的组成部分。

再次，在科技发达的今天，表达沟通的通道是多种多样的：面谈、电话、短信、视频等。不同的通道有不同的信息负载能力。实际上通道本身就是信息，当表达主体选择通道时就是传达相应的情感信息，比如较之于短信面谈就更让人感受到诚恳和尊重，而且也能相应地给予积极的回应。

最后，语境是表达活动发生的场合，包括现场的环境气氛、人物关系等，它对表达行为有一定的约束力。语境分为大小两种。一是作为沟通背景而存在的社会环境，是指特定历史阶段的社会状况和人们的整体思维模式、价值取向和心理结构。它不直接作用于沟通过程，但表达主体切实地受到了它的影响。二是表达活动正在发生的具体现场，如时间、地点和在场人员等。任何表达信息的产生都依附于特定的语境，只有在特定的语境中才有价值。

［**案例欣赏**］

宁教我负天下人，休教天下人负我

操与宫坐久，忽闻庄后有磨刀之声。操曰："吕伯奢非吾至亲，此去可疑，当窃听之。"二人潜步入草堂后，但闻人语曰："缚而杀之，何如？"操曰："是矣！今若不先下手，必遭擒获。"遂与宫拔剑直入，不问男女，皆杀之，一连杀死八口。搜至厨下，却见缚一猪欲杀。宫曰："孟德心多，误杀好人矣！"……操曰："宁教我负天下人，休教天下人负我。"——《三国演义》第四回

评析：曹操错杀吕伯奢家人，由于误解了"缚而杀之，何如"中"之"这个字的意思。究其原因除了与曹操的性格和当时的情势有关，更主要是因为他不在口语表达活动的语境（后院）中，也不是表达活动的主体。这一情节体现了口语表达活动的特点。

2. 口语表达的特点

简散性。口头表达常使用的是一些简短松散的句式,甚至是语气词、非语言手段。

同步性。即表达与思维是几乎是同步进行的。进行口头表达时,快速地把思维转化为语言,说什么怎么说一般都凭直觉而为之的。

瞬时性。声音是通过声波传播的,而声波瞬间即逝,所以说完了就结束。

指向性。口头表达是在特定的时空场景中进行的,针对特定的听众来开展表达活动,所以场景和听众对口头表达效果的产生影响较大。

综合性。语言表达的手段和形式是多样性的,除了口头语言之外,还可以运用一些非语言手段。

[**案例欣赏**]

侯宝林、郭启儒《戏剧与方言》节选

甲:哎,河南人说话,说这点事情,四个字就解决。

乙:一个字一句?

甲:哎。

乙:那怎么说?

甲:那儿屋门一响,这儿发觉一问:(学河南话)"谁?""我。""咋?""溺!"

评析:受表达语境的影响,表达者在组织语言时往往以短句子、省略句为主,在《戏剧与方言》的表演中,两位相声大师抓住了口语表达简散性的明显特征,四个字就完成了两个来回的交流。

(二)口语表达类型

表达的方式多种多样,不同的参考标准有不同的分类。从表达的内容区分,可以把口语表达分为复述、描述、解说和评论。它们具有不同的特点和技巧,准确地把握这些表达方式,对我们开展工作、处理问题,都是有帮助的。

1. 复述训练

复述:最基本、最常用的一种表达方式,将已有的材料内容,如人物的经历和事件的过程,按照一定的要求和限定,在记忆和理解的基础上,重新表达出来。

(1)复述的类型

在日常生活中常用的复述有以下三类:

还原复述，也叫重复性复述：把内容原原本本地讲述出来，尽量保留原貌。在表达时会直接引用原来的语言，但也会作一些必要的调整。如会议精神传达、替人传话就是还原复述，不需要延伸发挥。

[案例欣赏]

我母亲在我小时候给我讲过一个她自己编的故事，说有一天啊，森林里发生了灾难，动物们都在拼命地逃呀逃。逃到一条大河边，河上有两座桥，左边是一座宽宽的大桥，右边却是一架窄窄的独木桥。大象、老虎、狮子等大多动物选择了左边的大桥，只有小山羊踏上了颤巍巍的独木桥，大家都说它傻，可到最后，大桥被挤垮了，动物们都掉到了河里，只有小山羊顺利地过了河。我妈妈的意思就是想告诉我，哪儿人多，就不要去哪儿，做事情就要和别人不一样，不要老是在乎别人怎么说！这句话一直影响着我，直到现在。大家知道有一句话和它挺像的：走自己的路，让别人说去吧！其实都是一个道理。

评析：郑渊洁小时候听母亲讲述的这个故事，蕴含着做人处事的道理，一直影响着他。为了使听众也能从故事中领悟道理，他重述了这个小故事。

简要复述：按照一定的要求，对原材料加以浓缩、筛选和提炼，然后用简洁的语言概括出来。避免以简曲意和遗漏关键信息，是进行这类复述时需要特别注意的。

[案例欣赏]

中国的罗密欧与朱丽叶

1954 年 5 月，周恩来总理率中国政府代表团参加日内瓦国际会议。为了让与会代表和新闻记者了解中国悠久的传统文化和新中国成立后的新气象，周总理指示在电影招待会上，放映新中国第一部彩色（越剧）影片《梁山伯与祝英台》。为了让外国观众能更好地理解剧情，工作人员撰写了一份长达 15 页的影片介绍，但是却让周总理否决了，周总理对工作人员说："在请柬上写'请欣赏中国的罗密欧与朱丽叶——《梁山伯与祝英台》'就行了。其余不必做过多解释。"一如周恩来所料，《梁山伯与祝英台》受到了外国观众的喜爱和好评。

评析:莎士比亚的《罗密欧与朱丽叶》在西方家喻户晓,而梁山伯与祝英台的故事在国外鲜有人知,借用莎翁作品的题目,有助于外国观众理解《梁山伯与祝英台》的主要剧情和故事类型。

变式复述,也叫创造性复述:按照想法要求,来改变原材料的结构、人称、顺序等,然后用自己的语言讲述出来。如在演讲时会对引用的素材进行改造,然后再予以重新表达。这种复述有一定难度,不管如何变化,都要保证表达清楚流畅,内容完整,详略得当。

[**案例欣赏**]

有一个女孩子,她天生有着甜美无比的歌喉。10 岁那年,她参加黄梅调歌唱比赛,得了冠军;14 岁推出第一张唱片;15 岁,她上了群英会节目;21 岁,她开始在日本走红,1986 年更是拿下日本有线大赏三连冠。她的歌声更是陶醉了所有人。现在就让我们以热烈的掌声欢迎邓丽君小姐!

评析:为了带动观众的情绪、控制现场的节奏,主持人把原材料设计成悬念式,效果显然比按部就班的介绍更精彩。

(2)复述的训练要求

作为基本的表达方式,复述在很多场合都少不了,因此要加强相关的训练。

选择材料。复述能力的培养是一个循序渐进的过程,因此在选择复述材料上,应遵循由浅入深的原则,逐步推进。

熟悉材料。听清看明,理解熟记,不要发生错漏。熟悉理解材料是成功复述的基础,需要记住基本信息和理解主要内容。在熟记材料的过程中,为了提高效率,可以边读边记口脑并用。熟记是复述的准备,复述训练反过来又能加深记忆。

整合材料。为了避免复述过程中的主次不分和逻辑混乱,根据复述的要求和意图来统摄材料:概括主旨,提炼要点,厘清层次,选出关键词。

讲述材料。无论原材料是书面语言还是口头语言,在复述时尽量是用自己的话来表达,把原本的语言转换成自己擅长的口头语言。为了让复述行为表现得自然生动,不妨加入适量的动作表情。

2. 描述训练

描述是将人或物、景的形态特征,用准确生动的语言表达出来。描述多是以具体直观的事物为对象,以观察为基础,讲究表达语言的表现和技巧。

(1)描述的类型

根据描述对象的不同,描述可以分为人物描述、物体描述和场景描述等。

人物描述:用生动的语言对人物的外貌、语言、行为、性格等进行描绘,展现人物特征,反映其个性。

[案例欣赏]

阔脸短毛,长嘴大耳,圆身肥肚,穿着一身袒胸露乳的黑布衣,看到吃的就口涎水,两眼放光。

物体描述:对具体可感知的事物进行描述,使人有一个鲜明的具体印象。

为了把物体描述得形象传神,既要锁定物体在外形、色彩、声音上等静态的特征,也要展示动态的风姿。

[案例欣赏]

马踏飞燕

龙雀蟠婉,天马半汉。中国人自古喜欢马,而它是中国人最爱的一匹。铜奔马一经出现便惊艳四座。昂首嘶鸣,长尾飘舞。三足腾空,头微左顾。飒沓如流星,飞鸟惊回顾。有人说,大汉王朝始于汉武帝天马之歌的时代,终于马踏飞燕凝固的那个瞬间。就是这匹天马,撑起了那个辉煌时代的半壁江山。

——《国家宝藏》第2季

场景描述:是对人物活动或事件发生的场所、背景、氛围的描述,包括自然环境和社会环境。多是采用点面结合的方法,既有对整个场面的把控,也会关注到具体的细微面,达到既完整又具体的效果。

[案例欣赏]

"笑"

刘姥姥便站起身来,高声说道:"老刘,老刘,食量大如牛。吃个老母猪,不抬头!"说完,却鼓着腮帮子,两眼直视,一声不语。众人先还发怔,后来一想,上上下下都一齐哈哈大笑起来。湘云撑不住,一口茶都喷了出来。黛玉笑岔了气,伏着桌子只叫"哎哟"。宝玉滚到贾母怀里,贾母笑的搂着叫"心肝"。王夫人笑的用手指着凤姐儿,却说不出话来。薛姨妈也撑不住,口里的茶喷了探春一裙子。探春的茶碗都合在迎春身上。惜春离了坐位,拉着他奶母叫"揉揉肠子"。地下的无一个不弯腰屈背,也有躲出去蹲着笑去的,也有忍着笑上来替他姐妹换衣裳的。独有凤姐鸳鸯二人撑着,还只管让刘姥姥。

——《红楼梦》第40回

评析:这是一段描述笑的集体场面。"上上下下都哈哈的大笑起来",是概括描述。接着抓住人物的个性气质身份地位,来描述不同人的"笑",各具情态。作者先写"上",就是写贾府的主子们;后写"下",写贾府的奴隶们。这场集体欢笑的情态描述声态并作,真是一幅绝妙的群乐图。

(2)描述的训练和要求

合情合理。描述表达自我发挥的空间比较大,既要展开丰富的想象,又要符合常理,能让人信服,不任意夸大渲染。同时也要符合逻辑,选好描述的切入点和顺序,使听众清楚描述的内容。

传神绘形。通过仔细观察,找准描述对象的特点、特征。从多方面多角度展开描摹,多使用一些形容词方位名词和比喻拟人等修辞手法。这要求平时做个有心人,有意识地提升观察能力和感受能力。

3. 解说训练

解说是围绕对象来进行解释说明,将相关的知识传递给听众的一种表达方式,以达到宣传教育目的。

较之于描述,解说的知识性和专业性更强,解说的对象包括实体事物和抽象事理,如建筑器皿、原理技术、产品介绍、科普展宣讲、博物馆藏品讲解等,需要解说者具有一定的专业知识和相关的知识背景。

(1)解说的类型

根据解说对象、场所和形式的不同,可以分为现场解说、实际操作解说和抽象事理解说。

现场解说:解说对象直观呈现在面前,边看边说,甚至还可以动手展示。在实物的辅助下,易于产生较好的表达效果。

［案例欣赏］

监狱心理健康指导中心介绍

根据上级部门的精神和指导要求,监狱于2010年启动了心理健康指导中心的规范化建设,现已初步达到规范化建设的要求。监狱心理矫治科专门配备了专职心理矫治工作人员,负责监狱日常心理矫治业务的指导和督促。此外,在各监区也分别成立了由多名心理辅导员组成的监区心理辅导站,由分管教育的副监区长兼任站长。心理矫治科—心理健康指导中心—监区心理辅导站这三级网络的构建,突出了心理矫治工作的立体渗透,为规范建设提供了组织保障。

实际操作解说:一边示范动作一边进行讲解,主要内容包括动作要领、要求及用途,易犯错误等。讲解和动作示范要有机配合,有所侧重。讲解的语言讲究精准,易懂易记最好口诀化。如立定跳远动作可以用"蹬""展""收"三个字来概括。

［案例欣赏］

擒拿格斗技术的拳:四指并拢并握牢,拇指紧扣在食指、中指的第二指节上,拳面平,手腕挺直。拳分为立拳、平拳,拳的部位名称分别为:拳峰、拳面、拳背、拳眼、拳心、拳轮等。在格斗中一般用拳峰、拳面、拳背、拳轮击打敌人要害部位。

要求:拳握紧,拳面平,直腕。

用途:用于直打、上打、侧打、反打、砸。

评析:在警察院校警体课中,示范讲解是常用的教学方法之一。教师通过直观的动作示范和简洁的语言讲解,让学生掌握核心内容。

抽象事理解说:解说中最难的一种,因为其解说对象是看不到摸不着的抽象存在物,需要解说者深入了解事理后,再用深入浅出的方式表达出来。

［案例欣赏］

道由老子提出,是老子哲学的核心思想。首先《老子》把道看作比现象世界更根本的存在,是万物的总根源,称之为"天地之始""万物之母""众妙之门"。天地万物、整个宇宙都是从道中化生出来的。“道生一,一生二,二生三,三生万物。”其次道还是万物的总规律。自然界和人类社会的运动变化,都是以道作为准则的。“人法地,地法天,天法道。”正是道制约、规范了万物的运动变化。人与天、地都遵循道这个总规律。

(2)解说的训练和要求

准确深入地认识解说对象。解说具有一定知识性和专业性,先要吃透内容,只有自己弄懂相关内容,才能表达出来。

依据听众的情况,选用合适的表达风格。解说的风格不拘一格,用词可以浅显可以深奥,表达可以活泼可以严谨,采用哪种取决于听众的知识结构和年龄层次。比如,面对一群学龄前儿童,不妨用简单的问答来串联整个解说。

力求内容的精准传神。解说追求的是以点带面,由关键点至整体,因此要确定解说的关键和思路,如重要概念、因果关系、变化规律等。为了增强解说的可理解性,要善于运用多种解说方法。常用的解说方法有下定义、作比较、打比方、举例子、列数字、画图表等。

设计得体的表情动作。讲解时表情大方自然,适时变化;目光平视,多和听众进行眼神的交流互动;指示手势规范、利落。站立时挺胸收腹,双肩放松,双臂自然下垂或提前交叉。行走时步伐轻盈,与听众保持1米左右的距离。

4. 评述训练

评述,是就某一话题或观点,发表看法和揭示意义的一种表达方式。

评述过程是“评”与“述”的结合:“评”是提出观点;“述”是支撑“评”,指得出这一观点的理由。可以先评后述,也可以先述后评,或者边评边述。

(1)评述的分类

根据语言的性质不同,评述可以分为陈述性评述、抒情性评述两种。

在进行陈述性评述时,说话者比较冷静理智,理性表达主张看法,或是肯定赞许或是否定批评,观点鲜明、态度明朗。

[**案例欣赏**]

我们主张在彻底地打败日本侵略者之后,建立一个以全国绝对大多数人民为基础而在工人阶级领导之下的统一战线的民主联盟的国家制度,我们把这样的国家制度称为新民主主义的国家制度。

这是一个真正适合中国人口中最大多数的要求的国家制度,因为,第一,它取得了和可能取得数百万产业工人,数千万手工业工人和雇佣农民的同意;其次,也取得了和可能取得占中国人口百分之八十,即在四亿五千万人口中占了三亿六千万的农民阶级的同意;又其次,也取得了和可能取得广大的城市小资产阶级、民族资产阶级、开明士绅及其他爱国分子的同意。

——毛泽东《论联合政府》

抒情性评述则以饱满的情感和感性的口吻,描述性的语句来阐明内心的感受和想法。

[**案例欣赏**]

瑞德的三次假释

在美国电影《肖申克的救赎》中,瑞德经过三次才得到了假释。为什么第三次通过了呢?我们先来看瑞德的第一次假释。

瑞德在安迪进入肖申克的那一天进行了第一次假释,此时他已经被关20年。

假释官:你感到后悔吗?

瑞　德:是的,当然,先生。我是说,我得到了教训,我敢说我已经完全改变了,我不会再危害社会,这是神的真理。

瑞德的第二次假释:

假释官:觉得自己被改造了吗?

瑞　德:是的,先生,毫无疑问,老实说我已改过,我已经不会危害社会,上帝可以作证。——真的改变了。

瑞德的第三次假释:

假释官:你有后悔吗?

瑞　德:没有一天我不感到后悔的,这不是因为我在监狱里,或者你认为我该这样。我回首过往,一个愚蠢的年轻人犯了大罪,我想和他谈谈,告诉他做人道理,告诉他还可以有其他的方式解决问题。但是已经不能了,那个年轻人早已淹没在岁月的长河里,只剩下我这垂老之躯,孤独地面对过去,我得这样生活下去。

评析：前两次申请假释时，瑞德都是应付式，缺少温度和深度。自然是被拒绝。第三次回答比前两次长、更为深刻。瑞德以感性评述的方式，诚恳地表达对所犯罪行的反省和悔恨并接受惩罚，让假释官意识到他是真正地被“改造”了，所以申请通过了。

根据评述的内容，可以分为工作评述、思想评述和形势评述。

工作评述指对一段时间内的工作表现和成绩所进行的讲评，如一日工作评述、第一季度工作评述。内容包括既定任务和实际业绩、存在的问题及剖析、下一阶段任务和要求。

［**案例欣赏**］

央视专访张艺谋：北京冬奥会开幕式最新“剧透”①

目前，北京冬奥开幕式正在进行最后的排练和调整。创意工作其实开始于两年半以前，曾做过很多尝试。

相比2008年北京奥运会开幕式，2022年北京冬奥会开幕式时长比较紧凑，预计不超过100分钟，目标是“简约且精彩”。

此次开幕式参加文艺演出的演员大概不到3000人。面对鸟巢的超大空间，团队将用创意和科技去实现视觉上的饱满效果，把表演化为仪式的一部分，前后衔接起来，让整个开幕式一气呵成。

如果选用一些词语来形容2022年北京冬奥会开幕式，将是空灵、浪漫、现代、科技等。

与2008年北京奥运会开幕式相比，最大的不同是：讲述角度由“我”转变为“我们”。2008年北京奥运会开幕式，更注重的是让更多人了解中国传统文化，而2022年北京冬奥会开幕式则是讲全人类共有的精神和理念，讲人类命运共同体。这体现出了文化自信，一起向未来，是“我们”一起向未来。

——央视新闻客户端

思想评述指对人的言行表现、思想动态所进行的总结。如监狱里的思想改造

---

① 参见 https://baijiahao.baidu.com/s?id=1722518659072415889&wfr=spider&for=pc，最后访问日期：2022年1月21日。

讲评就属于思想评述，一般是针对服刑人员心理症结展开评述。

[**案例欣赏**]

一些服刑人员认为自己犯罪是由于家庭、社会等因素导致的，针对这种带有普遍性的思想，某监狱民警在全体服刑人员大会上作了一场“犯罪仅仅是因为外因吗?”的思想评述。

有些服刑人员在查找自己违法犯罪的原因时，有说是因为家庭条件太差、父母对自己缺少管教；有说是因为被坏人诱骗，上了贼船；有说是因为自己不懂法，一时糊涂等。这些都是外因，的确，外在因素对于个人的影响很大。但是真正起决定性作用的还是我们自身，人是有很强的能动性主动性的，尤其是在当下这样一个讲自由民主平等的好时代，在讲法治的国家，我们是可以避开违法犯罪的，退一万步讲即使你真是误入歧途，也是可以通过积极改造而重新过上好日子!

总之，一个人违法犯罪根子还是出在自己身上，因此要想改造好，就要从自身寻找问题，端正思想，争取早日新生。最后用一部电影中的台词来结束：我命由我不由天!

形势评述是对国内外一些热点事件现象的看法，主要包括政治、经济、民生以及文化方面。一般从具体的事件开始，探寻它产生的原因和背景，探索事件的性质和意义；或是通过对事件进行分析，来寻找真相澄清问题。

[**案例欣赏**]

天才儿子金某宇打动全网：是什么让我们如此感动?①

这两天一则《我们的天才儿子》新闻报道刷屏了无数人的朋友圈。很多读者说，“看这个故事前请准备好纸巾”。

杭州老人金某勇自述，他罹患阿尔茨海默病多年的老伴刚刚去世，而他的小儿子金某宇还在精神病院里。金某勇的儿子金某宇幼年不幸导致眼疾，后被确诊为躁狂抑郁症，同时他也是一位“天才翻译家”。

---

① 参见 https://baijiahao.baidu.com/s?id=1722305020876117796&wfr=spider&for=pc，最后访问日期：2022 年 1 月 18 日。

在这个故事中,人的一切"泪点"不外乎因为感动与悲痛。是什么让我们如此感动?一位躁狂抑郁症患者,之所以能精通多门外国语言,成为"天才翻译家",无法被摧毁的爱是最清晰的答案。"天才翻译家"的背后是金某勇夫妇长达50年的陪伴,是无论什么情况下,父母对子女都不放弃、不抛弃的爱。

爱能催生出强大无比的意志,更能让满是伤痕的生活生出希望。"我们家一直家徒四壁,全杭州可能就我家没有电视机,之前被小宇砸坏了三个……"这样的自述细节俨然传递:爱就是义无反顾,爱就是不顾一切,爱就是坚韧不拔。

真心感谢这段故事,让我们深深懂得爱就是永不放弃,永不抛弃,爱就是紧紧相依,不再孤单。

评析:先是简单地论述杭州老人金某勇家庭经历,然后评论其子金某宇能成为"天才翻译家"的原因,最后上升到精神层面评价。条理清晰观点鲜明。

(2)评述的技巧

对比、比喻、举例、引证、迂回、排他、反复、讽喻等这些技巧都可以在评述表达中运用。如能熟练地掌握并运用,就会使说理深刻有力,并且具有雄辩气势和妙趣,令人折服。

类比推理法:通过两个事物或两类事物有相似、相通之处,从而推论出它们也具有其他相通属性。

其特点:以"这种"来比"那种",如由"种豆得豆",推出"种瓜"则"得瓜"。采用此法是先导入浅显、能为对方接受的,然后顺水推舟,导入尚未被对方所认识或接受的事理。

类比推理法仅依据两类事物具有的相似点来推知某一结论,由特殊到特殊,因此这种结论只能是或然的,并不具有必然性。

[**案例欣赏**]

瞿永令之母笃信菩萨,一天到晚烧香念经,阿弥陀佛之声不绝于耳。一天,瞿母又在烧香念佛时,瞿永令叫她"娘,娘"母未应之,他便不停地叫下去,后来瞿母生气:"为何老叫我,让人生烦!"瞿永令曰:"我才叫你几声就烦,你从早到晚叫阿弥陀佛,菩萨会不烦吗?"

——冯梦龙《古今谭概》

评析:瞿永令为让母亲知道念经无用,便现身说法,由自己不断重复让母亲心烦,进而推知,一天到晚念经菩萨也会心烦,阐明了念经无用的道理。

正反比照法：在评述中常有这样的情况：如只从一面阐述观点，会显得平淡乏力，难以服人；而如果从正反两方面去阐明，观点会显得棱角分明，具有说服力。

“有比较才有鉴别”，通过正反、强弱等方面的比照，更鲜明地凸显事物的差异性，从而在反差中强化事物某一特征，突出自己要强调的观点。

［**案例欣赏**］

在记者招待会上，一位美国记者曾向周总理提出：“一个国家向外扩张是由于该国人口过多。”周总理当即反驳：“我不同意你这种看法。一战前，英国人口只有4500万，不算太多，但英国在很长一个时期内曾是‘日不落’殖民帝国；美国面积略小于中国，而且其人口不及中国的五分之一，但美国的军事基地遍布全球，在海外驻军150万，中国人口虽多，却无一兵一卒驻在外国领土上，更没有建立军事基地。可见，一个国家是否向外扩张，并不决定于该国人口多少。”记者哑口无言。

这种方法要求比照对象之间要具有可比性，否则难以产生说服力，并且对比的各方面必须相呼应，如不能拿外貌同思想对比。

反语法：由于场合、人际关系等原因，对于他人的不同意见，有时坦言评述并不适合，这时可采用反语法，运用与本意相反的语句来表达观点。

［**案例欣赏**］

齐景公养了很多鸟。一天，齐景公发现几只珍贵的鸟不见了，询问管鸟人烛邹并决定处死他，国相晏子不忍心：“且慢，烛邹有三大罪状，请允许我当面逐条斥责他，然后再处死，否则太便宜他了。”齐景公同意，晏子说：“你为国君管鸟，现在却让鸟飞走了，这是一罪状；国君是个仁慈的人，如今却被迫要来杀你，这是二罪状。如果此事让诸侯各国的人听到了，他们一定会批评国君重鸟轻人，这是三罪状。”然后对齐景公说：“把他拉下斩了。”齐景公说：“先生的话我明白。”

由于此法毕竟是一种话里有话，表达含蓄，要特别注意语言的轻重和火候，既不能过分隐晦，对方不明“话中话”，也不要火药味太浓，引起反感，弄巧成拙。

比喻法：用有相似性的熟悉具体事物来比拟陌生抽象事物的评述方法。

比喻法中所取喻例必须通晓明白，容易让人理解接受；用于比较的两事物虽然不同，但蕴含的道理必须自然相通，不可牵强附会。

[**案例欣赏**]

鱼和熊掌

鱼，我所欲也；熊掌，亦我所欲也。二者不可得兼，舍鱼而取熊掌者也。生亦我所欲也，义亦我所欲也；二者不可得兼，舍生而取义者也！

评析：孟子认为道义重于生命，生命是可感的，能切实体会到它的存在和价值，而“义”是个抽象的概念，无形无状，普通人难以把握。为了使“义”的价值能直观实在显现，孟子采用比喻法。鱼是美味，熊掌是佳肴，比鱼贵重且极难得。用鱼比喻“生”，用熊掌比喻“义”，具体形象地区别“义”“生”价值高下不同。因此，“舍生取义”观点易于为人们接受和实践。

情理并用法：“用兵之道，攻心为上”，评述行为不是 1+1=2 的单纯的理性逻辑证明，而是伴随着情感因素。在评述时，除了理性的力量外，情感的功效也不容忽视。要辅之以“情”，用情来消除对抗，拉近距离，情通而后理达。

[**案例欣赏**]

辩护词之结辩①

尊敬的法官、尊敬的检察官：

贩夫走卒、引车卖浆，是古已有之的正当职业。我的当事人来到城市，为生活所迫，从事这样一份卑微贫贱的工作，生活窘困，收入微薄。但他始终善良纯朴，无论这个社会怎样伤害他，他没有偷盗没有抢劫，没有以伤害他人的方式生存。我在法庭上庄严地向各位发问，当一个人赖以谋生的饭碗被打碎，被逼上走投无路的绝境，将心比心，你们会不会比我的当事人更加冷静和忍耐？

---

① 参见崔某杰故意杀人案的辩护词，载 http://www.famouscase.net/show.php? contentid=2711，最后访问日期：2022 年 1 月 18 日。

我的当事人，一直是孝顺的孩子，守法的良民，在部队是优秀的军人。他和他的战友们一直在为我们的国家默默付出；当他脱下军装走出军营，未被安置工作时也没有抱怨过这个社会对他的不公。这个国家像崔某杰一样在默默讨生活的复员军人何止千万，他们同样在关注崔某杰的命运，关注着本案的结果。

法谚有云：立良法于天下者，则天下治。尊敬的法官，尊敬的检察官：我们的法律、我们的城市管理制度究竟是要使我们的公民更幸福还是要使他们更困苦？我们作为法律人的使命是要使这个社会更和谐还是要使它更惨烈？我们已经失去了李某强是否还要失去崔某杰？

欲擒故纵法：不急于抛出观点，而是谈论对方认同的内容，让他失去心理戒备和抵触情绪，然后再指出对方的不足或是让他接受你的观点。

[**案例欣赏**]

孟子对齐宣王说："您有一个臣子，出游楚国，把妻儿托付给朋友照顾。等他回来时，其妻儿却在挨饿受冻。对于这样的朋友，应该怎么办呢？""和他绝交。""假如管刑法的长官不能管好他的下级，那又该怎么办呢？""撤销长官的职务。""假如一个国家治理得很不好，那又该怎么办呢？"齐宣王听了面红耳赤，不敢正视孟子。

评析：孟子主张"君轻民贵"，认为君王要勤于政事、善待民众，而不能沉溺于个人享受。为了不引起齐宣王抵触情绪，孟子却从交友之道说起，由小及大，引导对方转变思路，逐步地将齐宣王引入"陷阱"，使齐宣王不得不在内心赞同。

摆事实法：事实胜于雄辩，运用典型的事例来证明观点的评述方法。事实胜于雄辩，借助真实可靠有代表性的事例来支撑观点，增强了说服力和可信度，这是最有力的评述技巧。

[**案例欣赏**]

在一次记者招待会上，一名外国记者提问："国际上有人认为中国应当在减少温室气体排放方面承担更多义务，杨外长，您怎么看？"杨洁篪外长说："中国排放总量大，但中国的人均排放量是很低的，三个中国人的排放量，还抵不上发达国家一个人的排放量。这就好比说咱们吃的一顿早饭,一个人吃三片面包,另外三个人每人只能吃一片面包,那么谁应该节食呢?所以呢,在谈排放量问题的时候,不能只讲总量,不讲人均。如果按照人们所说的人人生而平等的观点看能源的人均消费,我想有一些人就不必要那么振振有词地来宣传中国的排放量如何之大。"

评析:杨洁篪外长回答得很有技巧。事实胜于雄辩,他首先摆出了事实,三个中国人的排放量,还抵不上发达国家一个人的排放量。其次,他把排放量比作吃面包,形象生动地论证了人均温室气体排放量少的中国,已经努力在做自己应该做的事。最后,他巧妙地引用了美国《独立宣言》中"人人生而平等"的名言,以子之矛攻子之盾。在温室气体排放的问题上,有力地回击了发达国家只讲总量,不讲人均的谬论!杨洁篪的话不多,却字字千钧,有力地反驳了发难的记者,并宣传了我们在环保方面作出的努力,可谓一举两得。

(3)评述的训练和要求

评述训练的制定和实施应从以下三方面着手。

以理服人。评述不是吵架,非要争出输赢,而是观点的碰撞、情感的交流。所以在表达过程中,要秉着平等尊重的价值观,赋予对方表达的机会,强调以理服人。正如伏尔泰所说:"我不同意你的说法,但我誓死捍卫你说话的权利。"即使意见相左,也要力图以理来化解分歧、消除对立。

[案例欣赏]

"把枪口抬高一厘米"

两德统一后,因翻越柏林墙而被射杀的青年格夫洛伊的家人起诉开枪士兵亨里奇,要求追究亨里奇的法律责任。在法庭上,亨里奇的辩护律师辩称:亨里奇作为一名守墙士兵是在执行命令,作为一名军人执行命令是天职,他别无选择;如果要说是有罪,那罪也不在己。而旁听席上的人们也多数接受了上述辩词,从心理上默认了亨里奇是无罪的。

对此法官赛德尔进行了反驳:"作为一名军人,当你发现有人翻墙越境时,不执行上级命令(开枪)是有罪的。但是,你可以打不准,而打不准是无罪的。我们作为心智健全的人,你在举枪瞄准自己的同胞时,有把枪口抬高一厘米的权利——而这也是你应该主动承担的良心义务。""在这个世界上,法律之外还有良知——当法律和良知发生冲突时,良知才应该是最高的行为准则,因为'尊重生命'是一个放之四海而皆准的原则。"

注重逻辑。在几种表达方式中,评述最离不开清晰严密的逻辑。为了增加观点的信服力,评述者应作出合乎逻辑的阐述,给出无可辩驳的论据。

[案例欣赏]

不能用相国之言①

商鞅入魏国想施展才能,于是委身于魏相国公叔痤门下,公叔痤了解商鞅的才能,想引荐他,但因为生病而耽搁。魏惠王亲往问疾,见痤病势已重,就问:"公叔恙,万一不起,寡人将托国于何人?"痤回答说:"商鞅是世之奇才,比我强十倍。"魏惠王沉默。于是痤又说:"如果大王不用商鞅,就请杀之,勿令其出境,以免用于他国,必为魏害。"魏惠王应。等魏惠王走后,痤又把商鞅叫来:"吾适言于君如此。欲君用子,君不许,吾又言,若不用当杀子,君曰诺。吾向者先君而后臣,故先以告君,后以告子。子必速行,毋及祸。"商鞅一点不惊慌:"君既不能用相国之言而用臣,又安能用相国之言而杀臣乎?"竟不去。魏惠王也没有杀他。

知己知彼。要使评述产生效应,评述者不仅要"知己",且还要"知彼",不能让对方产生一种"话不投机半句多"的对抗或抵触情绪。要多了解对方情况,如脾性、爱好、优势、弱点及思想症结,这样评述才能有的放矢、切中要害。

三、课堂实战训练

【训练一】一件难忘的事

训练要求:(1)"难忘的事"可以是任何年龄段上发生的事,中学小学甚至幼儿园都行,所选之事可以是令人自豪的事,也可以是糗事、伤心事;(2)交代基本要素、忠实于原作、完整清楚、设置悬念;(3)因为是讲述自己的经历,所以难度不大,但想精彩也不容易,可以设置悬念来增加吸引力。

① 参见《东周列国志》第87回。

【训练二】请向大家推荐一本书或一部影片

训练要求:按照还原复述或者创造性复述来讲述作品内容,交代基本要素、完整清楚、设置悬念。

【训练三】"你来比画我来猜"游戏

一人根据画面或文字提示进行描述,背对着的另一人猜测描述的是什么。要求:不能直接说出对象的名字,只能描述特征。只能口述,不能有肢体语言提示。

冰箱　月亮　口香糖　高铁　长城　春晚　打印机　夏天　牡丹　警察　鸿门宴

【训练四】请以"熟悉的陌生人"为题来描述一位不太熟悉,但是又留下深刻印象的他(她或者它)

【训练五】近义语描摹训练

汉语的近义词非常丰富,但是表达能力弱的人,总是反复用某一个词语,尤其快速应对表达时,更是出现词穷。例如,说到天气寒冷,就只会说"冷"字,显得语言贫乏。"近义语描摹"训练,就是培养我们用不同的词语去描摹同一事物的能力。经常训练,可以增强语言的表现力和丰富性。

要求:用相近或类似的词语来描述对象。在出示话题后,让大家思考一分钟,然后按顺序轮着说。必须是说同一事物,语意可以不连贯,但用词不得重复。

例题:说"冷":北风打着刺骨的忽啸/冷风只钻衣领,彻骨地寒/玉屑似的雪末飘洒在脸上,冰冷冰冷的/屋檐上挂着一尺多长的冰锥、闪着寒光/一脚踩在硬邦邦的冰棱子上,滑进了雪坑,浑身打着寒战,像泡进了水池/让人直哆嗦……

【训练六】请对本院校专业设置情况及特色专业进行解说

【训练七】俗话说"一日一苹果,医生远离我",请解说每天吃一个苹果的益处。

【训练八】苏洵在《劝谏论》中,"说之术可为主法者五:理喻之,势禁之,利诱之,激怒之,隐讽之。理而喻之,主虽昏必悟;势而禁之,主虽骄必惧;利而诱之,主虽怠必奋;激而怒之,主虽懦而立;隐而讽之,主虽暴必容"。请谈谈你对这段话的理解。

第二节　口语表达技巧训练

一、教学案例导入

国王梦见掉牙

国王连着三天梦见自己的牙齿都掉光了,醒来后觉得不安,就请巫师来解梦。

第一位巫师说:“这说明陛下的家人都比您先死。”国王闻此大怒,下令将巫师打入大牢。国王又请了一位巫师来解梦。这位巫师说:“恭喜陛下啊,这说明陛下您是家族中最长寿的。”国王大喜,下令赏赐金银。

评析:同样的内容,采用不同的表达方式,就会产生不一样甚至截然相反的接受效果。口头表达不仅要注重“说”,也要把握好听众的接受心理,要重视“听”。通过有效的表达技巧,让对方愿意听、听得懂,并产生一定的效应。

二、本节知识要点

口语表达是有意识目的下驱使的一种交际行为,为了更好地实现交际目的,表达者会采取有效的表达技巧。关于口语表达的技巧,本节主要介绍委婉、模糊、幽默和询问四种。

(一)委婉

1. 委婉的本质

在人际交往中,说话直来直去,想说什么就说什么,固然是一种好品质,然而有些内容,如果不考虑当时的情景,不顾及他人的感受,直接说出来,可能会令对方不悦、沟通失败。在这种情况下,委婉就不失为一种很好的表达技巧。

委婉是指在一定的语境中,当不能或者不愿直接说出本意时,而有意运用隐含本意的言语技巧予以变通表达。

委婉的实质就是替代,是用含蓄、暗示、无刺激性的表达来替代令人不愉悦的的内容,从而增加交际过程中表达的可接受性、认同性和得体性,减轻交际双方的心理刺激和压力,以达到预期的交际目的。

[**案例欣赏**]

闺房之乐有胜于画眉

马英九曾经以嘉宾身份参加某综艺节目,被询问在家中和太太的私生活,马英九想了想,回答“闺房之乐有胜于画眉”。

评析:出于社会地位和身份等考虑,马英九不愿意在电视上直接讲述夫妻私生活,所以他引用张敞的典故——闺房之乐胜于画眉,委婉作答。这番回答既不流于直白,又富有雅趣,同时也展现了他深厚的古典文化素养。

2. 委婉的功能

委婉是社会心理在交际表达中的反映，源于人们一种自我保护、自我安抚的愿望，善意地不伤害他人或尊敬他人的想法。

避讳功能。这是委婉的基本功能。人际交往中有许多语言禁忌是要回避的，如果提到了就是犯忌。这种避讳是一种社会交往的规则，委婉表达满足了人们避讳的需要。比如关于死亡的委婉表达有一百多种，常用的有“走了”“老了”“不中了”“离开了”“作古”“牺牲”“驾崩”“遁化”“夭折”“圆寂”“骑鹤”“捐躯”。

[案例欣赏]

3月14日下午两点三刻，当代最伟大的思想家停止了思想。……他在安乐椅上安静地睡着了——但已经是永远地睡着。

——恩格斯《在马克思墓前的讲话》

避俗功能。基于人类基本的荣辱观、羞耻感和避俗为雅的心理，对不洁、不雅之事都采取了回避和暗示的方式。尤其是在比较正式的公开场合，常常运用含蓄委婉的表达来表示跟疾病、排泄及身体部位有关的粗言俗语，从而避免交际双方的窘迫和尴尬。比如就餐时去卫生间一般会说“我出去一下”。

[案例欣赏]

冬天，夜长啊

冯文潜先生生前很重视语言艺术。他曾向人讲过一个小故事，说有一次他去赶集，走到一个卖陶器的摊子前，想买把夜壶，挑了又挑，都嫌太大，就对卖陶器的小贩说，“好是好，就是嫌大了”。然后就听小贩说：“哎先生，冬天，夜长啊！”冯老听了大为欣赏。

评析：小贩的答语，非常文雅巧妙。试想，如果这个小贩是不懂交流忌讳和语言美的人，很可能会说：“大点不好吗？装尿装得多啊！”这就粗鲁不堪，估计顾客只会掩鼻而走了。

得体功能。礼貌得体是人际交往的重要原则，在日常表达中为了避免冒犯和非礼，顾及双方“面子”，常使用一些客气、温和的委婉表达以示尊重友善。比如，现在很多服装店的试衣间里，有“请不要让衣服花了您的妆容”，这种提示就比“请不要弄脏了衣服”更温和、更能让顾客认同。它既提醒顾客试衣服时不要花了妆容，更是在提醒顾客不要弄脏衣服。

［案例欣赏］

在一个直播节目中，主播推荐一款女士睡衣，产品上架后，大码瞬间售罄。主播先是一惊，继而脱口而出：“我们直播间有好多胖女孩哦。”话音刚落，助理却立马接过话：“不是，是女孩都喜欢宽松的睡衣。”

评析：在直播间说女粉丝胖，这句话非常有伤害力，甚至还会带来麻烦和商业损失。幸好助理的一句话，化解了可能引起的非议。

3. 委婉的策略

委婉的构成方式有很多种，凡是为了谋求理想交际效果，而用其他恰当表达来替代本意的形式，都属于委婉的表达技巧。

美化法。有些内容由于发音刺耳或者让人不舒服，不易直接表达出来，可以用一个好听的、中性的表述来替代。针对一些不受尊重甚至带有歧视色彩的意思，通过用具有积极含义的表达使本意升格，如叫环卫工人是“城市美容师”，贫穷落后的国家是“发展中国家”，我国台湾地区把经济拮据的人叫“待富者”。高铁的二等座、飞机的经济舱，都是升格美化。

［案例欣赏］

胖叫丰满，瘦叫苗条清秀；高叫亭亭玉立，矮小叫娇小玲珑；脾气好叫温柔，脾气不好叫个性；闹腾叫活泼，严肃叫冷艳；穿着讲究叫庄重，穿着随意叫洒脱；年龄长叫资深。

弱化法。如果所要表达的内容比较敏感严重，让人会有强烈的反应。为了减轻听众的刺激和压力，在不影响原则的前提下，采用委婉表达来减弱、淡化所表述内容的性质程度，“往轻里说”。包括语义弱化：比如用“不愉快”“误会”来代替“矛盾”“吵架”，“不理想”代替“成绩差或表现差”。

此外，还可以从语音角度来进行弱化，同样的内容，用平静温和的语气表达：“你怎么这样啊”大声强硬地说，明显地带有生气、指责和不满负面情绪，对方自然不舒服甚至产生冲突;而用温和低声地说,饱含委屈、略带埋怨,那么对方不会轻易产生抵触。

转移法。当要表述批评、指责等信息时,如果直接言说会让对方心生不满,甚至激化矛盾。这时可以采用转换的思路来委婉表达,由批评错误转向询问原因。例如,当有人没按时完成任务时,不是指责"大家都完成了,就你没做到!"而是询问原因"就剩你没完成,怎么了? 碰到什么困难了?"如果对方真有困难,这样问避免了不问青红皂白就责怪人;如果对方没有困难,也起到了一定程度的警醒。

在作评价和分析时,避开说不好的行为表现而说需要改进的建议,从积极方面来激励引导对方。例如:"演讲时他的声音太小了,我都听不清说什么。"这会令对方受挫,而"他演讲时如果声音再大点,那么就更精彩。"则让人更有信心。

[**案例欣赏**]

秦王与中期争论,不胜。秦王大怒,中期徐行而去。或为中期说秦王曰:"悍人也。中期适遇明君故也,向者遇桀、纣,必杀之矣。"秦王因不罪。

——《战国策》

评析:替中期辩解的大臣知道直接向秦王求情,可能会适得其反。于是采用委婉技巧,赞扬秦王是明君,实际上是警醒秦王不要做桀纣。如此一来,秦王只好作罢。

出了问题我们习惯追究对方的错误,"你这样做不好!""你听明白了吗?""你就没操作对!"这种把原因都归咎到他人身上的表达,过于武断强势,不利于问题的解决。不妨转个弯,从反省自身问题的角度来沟通:"我讲明白了吗?""这样做的话,我很为难""我没听清楚",表达意思没变,只是调整了对象,沟通效果显然更好,大多数人也会明白真正的意图。

[**案例欣赏**]

毛主席在北戴河期间,喜欢去大海里游泳,每次下去就要游个够,不够不上岸。有一次毛主席游泳时的天气不佳,风大浪大,身边工作人员担心就劝毛主席上岸:"主席,赶紧上来吧,小心冻坏了身体!"但是没用。就在大家着急时,周总理来了,他站在岸边大声说:"主席,天冷风大,岸上的同志们待久了会生病。"一听这话,毛主席很快游向岸边上来了。

评析:周总理采取了委婉技巧的转移法,他把担心的对象由“主席”转移到“工作人员”,这样一说,深明大义的毛主席当然就不会再执意游泳。

委婉技巧体现了尊重他人的观念,设身处地站在对方的立场上,在乎听话人的感受,尽可能避免无谓的伤害,所以它不仅是一种语言手段,也是善良的品质。

(二)模糊

一般来讲,对语言表达的基本要求是准确、明晰,古人曾说“意能称物,词能达意”。然而从辩证综合的角度看,这只是语言表达的一面。语言表达既要精确,也会有不确定、不精准等模糊的一面。

1. 模糊语言与模糊表达

[**案例欣赏**]

据记载,王安石之子王元泽小时候,有人将一只獐和一只鹿放在一个笼子里送给他,并问王元泽:“哪只是獐,哪只是鹿?”这两种动物长得很像,王元泽难以分辨,但他很快回答:“獐的旁边是鹿,鹿的旁边是獐。”机智的应答让客人惊讶称赞。

评析:面对自己不了解的内容,王元泽没有直接说“不知道”,而是通过“旁边”这个词来巧答。所谓旁边就是“左右两边”“靠近的地方”,他互以獐鹿为参照物,不管谁在谁的左边还是右边,都可以称之为“旁边”。“旁边”这个词就是模糊语言。

“模糊语言”作为一种语言学理论,是在扎德教授的“模糊集理论”基础上发展起来的。模糊语言指的是语言所表达的意义范围不明确,解释或理解可变性大。作为一种有意为之的技巧,模糊表达是指说话人在特定场合下,使用不确定或间接的话语来实现交流的一种表达技巧。

[**案例欣赏**]

鲁迅先生在厦门大学任教期间,校方曾召开一次专门会议,无理削减一半经费,遭到了与会人员的反对。校长林文庆不但不予理睬,反而阴阳怪气地说:“关于这件事,不能听你们的。只有有钱,才有发言权。”他刚说完,鲁迅先生立即从口袋里摸出两个硬币,"拍"到桌上,铿锵有力地说:"我有钱,我有发言权!"使林文庆措手不及,狼狈不堪。

评析:鲁迅先生的"有钱"和林文庆讲的"有钱",所指不同,鲁迅正是利用语言的多义性,给林文庆当头棒喝,压住了他的气焰,打乱了他的阵脚,实现了交际的目的。

2. 模糊表达产生的原因

[**案例欣赏**]

东家之子,增之一分则太长,减之一分则太短;著粉则太白,施朱则太赤。

——宋玉《登徒子好色赋》

评析:这个美人到底多高,肤色如何,聪明的宋玉只是粗略地勾勒,因为每个人对美的判断和标准是不一样的,模糊描述更令人遐想。

模糊表达的客观存在性。由于客观世界的复杂性、人类认知的有限性等原因,模糊语言广泛存在于人类日常口语交际中。尤其是形容词、副词中有大量的模糊语言,比如"冷""热"难以明确描述出到底是一个什么样的状态,达到什么样的程度可以用"很"来界定,也无法作出定量定性的判断分析。概数词和部分时间名词、时间副词中也有模糊语言,比如"拂晓"和"下午",难以区分。

因此,在日常交际中必然会运用到模糊语言。比如,"这个东西好吃。""这件事做得好。""车站里的人很多"其中的"好吃""做得好""很多"就属于模糊语言,但是它表达的意思说话双方都能够知晓。波兰语义学家沙夫指出:"交际需要词语的模糊性……假如我们通过约定的方法完全消除了词语的模糊性,那么我们就会受到很大的限制,人的交际很难进行。"

说话者主观有意为之。为了提升人际交往的效果和实现表达的目的,在一定的语境中,有意识地使用模糊表达。

提高表达效率。为了达到交际效果最优化,在表达时,信息量能够满足或符合交际的需要就可以,不多不少适量最好,太少了不行,太多了可能造成理解障碍或延误了时机。比如,很多人开车时会收听广播来获悉路况。主持人在播放路况时,一般只会说"××路交通拥堵,请司机朋友绕行!",至于拥堵的原因没有必要交代或者之后简单地补充。

相关信息缺失。当缺少相关的详细信息或者一时找不到合适的词语,致使无法用精确的语言来表述时，只能选用模糊的表达方式。例如，腾讯网："2021 年 11 月 19 日，将会发生今年的第二次月食……几乎是接近全食！除西部地区外，包括北京在内的我国大部分地区都处于带食月出的范围内。"报道中使用了"几乎""接近""大部分地区"等模糊表达，是因为现在的技术无法作出精准的报道。

信息保留。说话者掌握了详细信息，也能够确切地表达出来。但是出于某种考虑不想如实表达，而直接拒绝又有失礼貌，因此故意使用模糊表达来替代更精准的信息，起到了掩饰功能。例如，刚参加工作时，很多人会被问到收入多少，一般会说个约数或者干脆回答"还行""够花"。这种回答既完成了交际，又保护了个人隐私。

［**案例欣赏**］

甲：那个事你那个了没有？

乙：那个事不容易那个。

甲：不管好那个不好那个，你无论如何要那个。

丰富信息。模糊表达可以营造表达上的朦胧含蓄，使意思情感更加深刻富有韵味，以实现意在言外的效果。

［**案例欣赏**］

林徽因和梁思成结婚后，梁思成问林徽因"你为什么选择了我？"林徽因笑笑，淡淡地说了一句话："看样子，我要用一生来回答你的这个问题。"

评析：林徽因女士是可以有相对精准的回答，但是她故意用模糊回答来表明心迹：不仅选择和梁思成结婚，还希望"与子偕老"。这个回答肯定更让梁思成满意和感动。

3. 模糊表达使用的策略

模糊表达灵活自由、可进可退，为表达者提供了更多的空间，使表达者处于相对有利的交际地位。从表达手段来看，模糊表达的策略有三种。

态势模糊法。以非语言手段来交流沟通，利用非语言的丰富性、复杂性，来实现表达意义的多重性和不确定性。

[案例欣赏]

算命先生的一根手指

三个人赶考,遇一算命先生,就请算算考试情况。先生不出一声,只是伸出一指。等考试结果出来后,三人都认为算的准,为什么?

评析:一根手指有四种理解,一人考上,一人落榜,全都考上,全都落榜。一根手指把考试的结果都罗列出来。算命先生故意为之,一方面增添了神秘性,另一方面因为无法准确预测,只好用手指头来糊弄。

口语表达模糊法。第一,宽泛式模糊法。用外延更宽泛、内涵更丰富的内容来代替那些外延小、表述相对准确的内容,用逻辑学中的种概念来代替子概念。例如,评价一个人时不说“差”而说“不好”,不说这个人长相“丑陋”而说“一般”,去医院探望身患绝症的病人时,不说“癌症”而说“生病”,都是使用范畴更大的表达。

[案例欣赏]

有一次小明跟别人下棋,有人问他输赢如何,他说:“一共下了三盘棋。第一盘我没赢,第二盘他没输,第三盘我要和,他不和。”

请问:小明是输还是赢?为什么?

第二,回避式模糊法。对于不愿回答或表态的问题,巧妙地避开确指性的内容,而绕到一些相关的事情,即常说的“打擦边球”。

[案例欣赏]

首次登上月球的是阿姆斯特朗和奥尔德林两个人,可是最先踏出第一步,说出“一个人的一小步,整个人类的一大步”的,是阿姆斯特朗,而不是奥尔德林。

当他们返回地球后,在媒体见面会上,有记者问奥尔德林:“由阿姆斯特朗第一个踏上月球,你会不会觉得很遗憾?”

奥尔德林轻松一笑,答道:“你们要知道,当我们回到地球,第一个爬出太空舱的可是我啊!我是由别的星球过来,踏上地球的第一个人啊!”

全场的记者都笑了,并对其报以雷鸣般的掌声。

评析:记者显然是在挖坑,正面回答既没有意义也很难说出新意来。所以奥尔德林转到另外"第一个",展示出了他的自信和大度。

[**案例欣赏**]

桓公少与殷侯齐名,常有竞心。桓问殷:"卿何如我?"殷云:"我与我周旋久,宁作我!"

——《世说新语·品藻》

评析:面对桓温咄咄逼人的挑衅,殷浩采用了一种回避式的模糊回答。"宁作我"既不嚣张又不自贬,展现出来一种低调的自信和成熟的张扬。

第三,选择式模糊法。给出多种参考事项,让对方自主选择,把主动权交给对方,体现了对被问者的充分尊重,进而便于实现交际意图。如问客人"喝茶还是饮料?"就比"喝茶吗?"给人更多选择。而"加一个鸡蛋还是两个?"比"加鸡蛋吗?"更有利于销售。

[**案例欣赏**]

毛泽东同志曾给丁玲、欧阳山写了封信:"我还想知道多一点,如果可以的话,今天下午或傍晚拟请二位来我家一叙,不知是否可以?"

评析:"今天下午或傍晚"就是选择性的模糊表达,体现了对邀请对象的尊重,这样被拒绝的概率自然也随之降低。

语气模糊表达。面对一些不太好言说的内容,以"呵呵""嗯嗯"等语气词来应对。

模糊语言丰富了交际语言的形式和内容,模糊技巧使口语表达更具灵活性和艺术性,但这并不意味着任何时候使用模糊表达都是恰当的,必须要根据一定的语境来判断。本不该使用模糊表达时使用了会导致理解歧义,从而影响交流。因此,在运用模糊表达时应多利用其积极的一面,避免其消极的一面。

(三)幽默

1.幽默的特征

幽默是英语单词"humour"的音译,由林语堂于1924年翻译。他认为幽默产生于聪明的大脑和从容的心理，幽默可以使人愉悦。和林语堂一样，很多名人对幽默都有自己的理解：恩格斯说幽默是具有智慧、教养和道德上优越感的表现。

表演大师卓别林认为，所谓幽默，就是人们在看来是正常的行为中觉察出来的细微的差别，换句话说，通过幽默在貌似正常的现象中看出了不正常的现象。

老舍觉得幽默是由事件看出可笑之点，而极巧地表达出来。

由此可见，幽默诙谐有趣而又蕴含智慧，其主要特征就是意想不到。在日常生活中事物的运行都是有规有矩的，幽默跳出了常规常理，出于意料之外却又在情理之中。本质就是与常识常理之间的反差，反差越大，幽默效果就越强烈。

2. 幽默的作用

幽默在人际交往中的作用是不可低估的，它能产生“四两拨千斤”的力量，达到举重若轻的交际效果。美国一位心理学家特鲁 · 赫伯说过：“幽默是一种最有趣、最有感染力、最具有普遍意义的传递艺术。”

幽默是彰显个人风采与魅力的名片。作为一种展现学识才华、自信乐观的表达方式，幽默者不仅能给他人带来欢乐，更能给人留下良好的印象，赢得大家的好感。恩格斯曾经说：“幽默是表明工人对自己的事业具有信心并且表示自己占有优势的标志。”因此幽默有助于增添个人魅力、提升人气指数。

［**案例欣赏**］

一位植物系的教授因为幽默风趣，很受学生欢迎。一次，他带领学生去山区做野外考察，沿途看到许多不知名的植物，学生不停地询问，教授都详细回答。学生不禁赞叹道：“老师，你的学问好渊博呀，什么植物都知道得那么清楚！”教授笑道：“这就是我为什么故意走在你们前头的原因了，只要一看到不认识的植物，我就先下脚为强赶紧踩死它，以免露馅！”学生听后个个人仰马翻，笑声响彻云霄。

幽默是调节气氛与化解尴尬的救生圈。风趣的幽默不经意间就能转变人们的心情，建构起特有的融洽和谐的氛围，拉近人与人之间的感情距离。在尴尬的场合中，幽默还具有化干戈为玉帛的奇妙作用，巧妙得体地摆脱尴尬场景。

[案例欣赏]

2008年7月11日，北京奥体中心，杨澜主持奥运混合动力客车和纯电动车车辆交付仪式。仪式开始，杨澜手持无线话筒开讲，但话筒无反应。工作人员赶紧跑过来换话筒，杨澜接过新话筒笑道："这需要新能源电池！"

仪式进行中，一位嘉宾致辞，立在嘉宾面前的支架话筒突然又不出声了。杨澜见状过去，将手中无线话筒递过去，微笑面对台下来宾说："看来还是需要混合动力！"

评析：面对突发情况，杨澜就地取材，构思出与大会主题有关的幽默来应对，展现出良好的心理素质和表达能力。

3.幽默的基本模式

"三阶式"。这类幽默的内容比较长，由三个以上的"对句"或三个以上的阶梯组成，用渐进的方法，逐步酝酿听众的情绪，造成最佳的"笑果"。"笑点"的引爆很关键，不能太早也不能过晚。好比爆米花，爆太早，米没热透，爆得不蓬松；太晚打开，又可能烤焦了。

[案例欣赏]

那真的是咖啡

有人送我一瓶最好的咖啡。一进门就把瓶子打开，用力闻了闻。怪了，却没一点咖啡味道。煮好咖啡再闻还是没有咖啡味道。喝也喝不出一点咖啡味儿。很失望地上床睡觉，翻过来覆过去，到半夜睡不着。"太好了！我现在确定了，那真的是咖啡。"

评析："没一点咖啡味道""喝不出一点咖啡味儿""真的是咖啡"，三步构成一个幽默。在进行"三阶法"时，讲述的节奏很重要，忌太快或说不清楚，因为如果有人没搞懂，就达不到效果。

"二段式"。有些幽默比较短，它不多花时间营造气氛，只有两个部分——一起、一落，但是在这一起一落之间却有变化，形成出乎意外的反转。又称为"反转式"。

［案例欣赏］

你记得我吗

一个三十多岁的男人，走进一家小店。男人问店老板还记得他吗。老板摇摇头。“我就知道你早把我忘了，但是我不会忘。十年前，我身上一文不名，走进你的店，向你讨五块钱，买车票，去大城市打天下。”老板笑笑：“帮助人是应该的，而且没多少钱，没想到，你记在心上，一记记了十年。”“那好！请再借我五块钱。”男人伸出手。

评析：通过反转来造成幽默，而且逆转得合情合理。

“会意式”。会意式的幽默常常点到为止，需要听众去回味。因为它们比较隐晦，所以不易理解；而当你明白之后，则特别耐人寻味。

［案例欣赏］

学　外　语

黑夜里，鼠爸爸带着老鼠儿子逛街，遇上几只老鼠强盗。鼠爸爸急中生智，学了一声猫叫，因为装得太像，把老鼠强盗吓得鼠窜而去。鼠爸敲敲鼠儿子的头：“看吧！早告诉你，要学外语，管用吧！”

［案例欣赏］

没得好看了

某人没赶上足球大赛的现场直播，只能看重播。儿子也陪着看，他叮嘱儿子：“不要告诉结果，好当作现场直播。”开赛十分钟，一队进球。儿子起身：“我不看了，没得好看了。”

评析：这类幽默是平铺直叙地讲述一段话，幽默点需要听众去领会，如果说“猫语是老鼠的外语”，或“原来这场球赛，两队只踢进了一球”，那就不是幽默。

4. 幽默的构成方法

培根说,“善言者必善幽默”。幽默需要一定的修辞方式,再辅之以语气语调、表情动作等手段表达出来。构成幽默的方法有几十种,常见的有以下几种。

曲解法:赋予词语新的意思、甚至是歪解,新义与原词义形成了强烈的对比,反差形成幽默。

［案例欣赏］

胡适先生将好男人的标准概括为男人的“三从四得”:太太出门要跟从、太太命令要服从、太太错误要盲从;太太化妆要等得、太太生日要记得、太太打骂要忍得、太太花钱要舍得。

评析:胡适先生以重新诠释“三从四得”的方法,幽默地表达了对压迫女性的封建思想不满。

误会法:一个表达有多个逻辑重点,说话者的本意和听话者的解读产生了分歧,造成理解上的误会而构成幽默。

［案例欣赏］

老师问小明:“你哥哥有 5 个苹果,你拿走了 3 个,结果呢?”小明立即大声回答:“他肯定会揍我一顿!”

评析:老师的“结果呢”意思是还剩下几个,而小明的理解是拿走苹果这个行为所造成的后果。双方因为理解的不同而形成幽默。

顺势引导法:指赞同对方的说法,进而作出推导,得出的结论让人捧腹。

［案例欣赏］

夫妻吵架,妻子愤怒地大嚷:“我嫁给魔鬼也比嫁给你强!”“这不可能,因为近亲禁止结婚。”丈夫一本正经地说。

评析:妻子把丈夫说得比魔鬼还坏,丈夫顺接妻子的话语,将魔鬼这一说法反弹回去。“近亲禁止结婚”,言外之意说妻子是魔鬼。

自嘲法。幽默的一种常用方法,当遭遇挫折或希望落空时,以自我嘲解、曲解贬低的态度来获得精神的解脱满足,这种态度因为与常态反应形成反差,从而形成了幽默。

[**案例欣赏**]

苏格拉底的妻子脾气很暴躁。有一次,苏格拉底正在和学生们讨论问题,他的妻子气冲冲地跑进来,把苏格拉底大骂了一顿之后,又出外提来一桶水,猛地泼到苏格拉底身上。在场的学生们都以为苏格拉底会怒斥妻子一顿,哪知苏格拉底只是笑了笑:"我知道打雷以后必定会下雨的。"

仿拟法:指对现成的内容经过个别的改动后,临时造出新的表达,使人有好奇感新鲜感,营造出强烈的幽默效果。

[**案例欣赏**]

宋朝一石姓学士,骑马时不慎从马上跌下来,随从很紧张,以为石学士丢了面子,会大怒怪罪下来,不料石学士却说:"幸好是石学士,如果我是瓦学士,岂不碎了?"

双关法:利用语言的多义性,在一定语境中,使表达具有双重理解,言在此意在彼。使听者不只从字面上理解,还可以明晓言外之意,产生了含蓄的幽默效果。

[**案例欣赏**]

第二次世界大战期间,丘吉尔首相无意间以裸体见到罗斯福总统,这令罗斯福总统很窘迫。这时丘吉尔大声说:"我大英帝国对您毫无保留!"之后两人齐声大笑。

评析:"毫无保留"不仅令两位元首摆脱尴尬,也表明了英美之间亲密的关系,以及自己此行求援的坦诚。

夸张法:把内容进行夸大或缩小,形成不协调的喜剧效果,这也是形成幽默感的一种有效方法。

[案例欣赏]

有一次马克·吐温坐火车去外地办事,火车却开得非常慢,他就想出一个表示不满的方法。当列车员到他身边查票时,马克·吐温给了他一张儿童票。列车员也颇为幽默,故意认真看了看马克·吐温:"先生真抱歉,我真看不出您还是个孩子啊。"马克·吐温回答道:"现在我当然不是孩子了,可是我买火车票的时候还是个孩子,谁想到这车会开得这么慢。"

火车的确开得非常慢,然而绝不至于慢到使一个小孩长成大人的程度。这里马克·吐温把慢的程度作了无限制的夸张,从而产生了幽默的效果,使人不禁捧腹。

另外,还有成语、误用、童稚、倒置、反复、停顿等方法构成幽默,在此不一一赘述。在日常交际中,可以通过模仿借鉴提升自身的幽默能力。

(四)询问

说话是语言的艺术,询问更是这门艺术中的关键点。出色的询问可以为交流注入活力、拓展沟通的生命力。

1. 询问在口语表达中的作用

学习知识、获取信息的重要渠道。了解原本不知晓的事情是询问的出发点。比如警察在办理案件过程中,侦查询问是发现线索和查明案件的途径之一。

[案例欣赏]

请君入瓮:比喻用某人整治别人的办法来整治某人,以其人之道还治其人之身。

周兴和来俊臣是武则天时的酷吏,计谋多端手段残忍。后来,有人告发周兴与人联络谋反。武则天大怒,责令来俊臣严查此事。如何让周兴招供?来俊臣想出一条妙计。他请周兴到家里喝酒,酒过三巡,来俊臣叹口气说:"有犯人死不认罪,不知老兄有何办法?"周兴得意地说:"好办!找一个大瓮,四周用炭火烤热,再让犯人进到瓮里,谁能不招供呢?"来俊臣随即命人抬来一口大瓮,按周兴说的,在四周点上炭火,然后对周兴说:"有人密告你谋反,上边命我严查。现在就请老兄钻进瓮里吧。"

开启谈话、促进交谈。"打破坚冰"是陌生人成为熟人的关键一步,如何"破冰"

呢？答案就是礼貌适宜的询问，如“请问现在几点了?”“该怎么打开呢?”“这咋样?好吃吗?”……围绕这些问题逐步展开谈话，可能成为朋友。

不仅陌生人之间以问话开始交谈，其实熟人之间交流也是从询问开始的。比如遇到熟人经常会说：“上哪儿?”“来啦?”“吃过了吗?”很显然，这些问题并不是我们真正关心的，只是以此来打招呼、或者是深入交流的前奏。并且询问可以推动交流的持续，让沟通越来越有意思。

［**案例欣赏**］

（末云）小生姓张，名珙，字君瑞，本贯西洛人也，年方二十三岁，正月十七日子时建生，并不曾娶妻……（红云）谁问你来？（末云）敢问小姐常出来么？（红怒云）先生是读书君子，孟子曰：“男女授受不亲，礼也。”……非礼勿视，非礼勿听，非礼勿言……早是妾身，可以容恕，若夫人知其事呵，决无干休。今后得问的问，不得问的休胡说！

——明·王实甫《西厢记》第二折

评析：面对还是陌生人的红娘，张生上来就自我介绍，被红娘打断教训一顿。这次交流不仅无效，而且给红娘留下了坏印象。

掌控谈话的控制权。“询问者掌握主动权”是一个著名的观点，通过询问，我们可以将谈话向预期的方向引导，通过问题来牵涉对方的思路，从而有效地达到交流目的。

［**案例欣赏**］

墨子听说楚惠王要攻打宋国，就去拜见楚惠王：“大王，听说有这样一个人，自己有华美的车子不坐，却要偷人家的车子坐；自己有绫罗绸缎不穿，却穿着偷来的破衣烂衫；自己有鸡鸭鱼肉不吃，却偷吃邻居的糟糠烂菜。你说这人算什么人呢?”楚惠王：“这人必有偷窃的毛病。”

评析：墨子询问楚惠王，就是要让他明白：攻打宋国就是偷盗的毛病，是损人不利己。

激发他人的表达兴趣。对于一些不太善谈者，通过一定强度刺激的询问，激发对方由“要我谈”到“我要谈”，从而打开话题。

[案例欣赏]

在贪官胡长清伏法的前一天,《新闻调查》摄制组在江西省第一看守所对他进行了采访。而胡长清面对记者的采访,沉默不语。后来记者发问:“退一万步讲,你还留下你的声音在这个世界上,让大家看到一个真实的胡长清,你自己讲出来的话可能更权威一些吧?一些小报说你贪污了几千万,你有十几个情人。这本书写得更离奇,说胡长清有八十多个情妇,是这样的吗?”胡长清接过书,翻了翻,哈哈一笑:“我应该说……”同记者谈了三个多小时。

评析:记者走心的询问,得到了胡长清的认同,尤其是“让大家看到一个真实的胡长清”这句话解开他的心结。

以问代答来发表意见。询问本身就是答案,以询问的方式促使对方去思考,并且这种方式更能凸显自己的立场和情感,比起陈述更有驱动力。

[案例欣赏]

一天晚上,保尔和安娜不幸被几个匪徒拦劫。一个匪徒用枪逼住了保尔,另外两个人把安娜拖到了一所房子里。后来,一个爱着安娜的工人问保尔安娜是否被强奸。保尔很难过,反问道:“你爱安娜吗?”工人低声说:“是的。”听了这话,保尔头也不回地走了。

——尼古拉·奥斯特洛夫斯基《钢铁是怎样炼成的》

评析:保尔的反问,表现了他对工友问题的不满:作为深爱安娜的男人,这时候应该关心安娜的生命安全,而不是她的贞洁。五个字的反问感情炙热、态度鲜明。

2. 询问过程中存在的问题

询问是由询问者和回答者共同完成,离不开双方的积极参与。而他们在表达行为中出现的问题,会影响询问效果。一方面询问者的纰漏导致询问不顺利。询问中态度强硬,用语不当,时机不对,提问方式不当等,导致回答者不愿意配合询问。另一方面回答者的态度意愿制约询问效果。回答者的情绪消沉不自信、表达能力弱,都会使询问过程遇到阻碍。

[案例欣赏]

1996 年“三八惨案”震惊全国。犯罪嫌疑人孙某林、孙某松等作案手段残忍,不仅制造了“三八惨案”,而且12年里作案43起,杀死无辜群众21人,伤25人,是新中国成立以来少见的特大系列抢劫杀人案件。在这个案件的侦破过程中,有一个细节反映了询问者的态度在询问中的重要性。一位证人周师傅目睹了其中一名犯罪嫌疑人踩点的全过程,这是一个极有价值的线索。然而,在侦查初期,由于第一次向周师傅询问的年轻民警语气生硬,直呼其“老头”,这种不礼貌的态度导致周师傅不愿配合,后来还是另一位民警了解情况后,主动和周师傅道歉并积极沟通,获悉了重要线索。

3.有效询问的原则

得体性原则。首先询问行为必须切合语境,与场合、对象等相协调。询问活动的实施、话题的选择等都要围绕这些因素来制定。其次提问的量要适度。根据心理学理论,兴奋刺激过于频繁,大脑容易疲劳而消极“怠工”。大量提问看起来很热闹,但是回答者可能未深入思考而敷衍应付。

目的性原则。询问是一种有动机的表达行为,所以在询问之前想一想“为什么要问呢”“怎么问呢”“什么时候、在哪里问呢”,目的不同,询问的方式也有所差别。

发展性原则。询问环节的设置要按一定的次序,问题的难易符合认识规律和思维特点,以便于对方思考回答,激发对方的说话兴趣。

4.有效询问的策略

亲和关系的建立。通过语言和非语言手段构建轻松友好的氛围。比如,使用恰当的称呼,保持恰当的距离,适度的眼神交流,姿势动作的一致性,相同爱好的分享,等等。研究表明,双方匹配度越高,他们在交谈中就会感到更加舒适,表达的兴致更加强烈。

认真倾听并及时回应。不时地以语气词、重复回答者的话语、简短评论、沉默触摸等方式来回应,以安抚回答者的情绪并传递同理心。特别要注重移情原则的使用,多站在他人的角度来理解感受。

[**拓展阅读**]

询问时通常都是以坐姿形式进行的。双方就坐的角度、方向以及距离,能够反映出各方的态度地位。研究表明,面对面就坐,彼此不太自在;并排而坐,交流起来有点费劲。最佳的角度是双方处于120°(或十点至两点的位置)的角度,这样双方感觉比较舒服,有利于进行交谈。

避免过早质疑。询问者应当尽量避免在询问中作出判断性的评论或者提出引发冲突的问题,除非能够确定对方存在欺骗。即使回答者的陈述存在矛盾或者不一致时,也不要立即质疑,因为这会妨碍其他后续的表达,令沟通陷入危机。合适的处理方式是将疑问矛盾保留,等到恰当时机再沟通。

交谈控制权的平衡。询问者应当对询问保有一定的控制权,但是过渡控制又会有损回答者信息的反馈。因此,理想的状态,询问应当是控制权的平衡过程。询问者既要把控好询问的进程,又要给回答者更多的谈话时间和机会,提升回答者参与询问的动机水平。

积极拓展询问的"生命周期"。一般来讲,在询问结束后,回答者会对事件持续地思考,而且这种事后的思考会更有价值和意义。因此,询问者还需要与回答者继续保持联系。另外,由于其他原因双方有可能会再联络。而在后续的接触中,回答者参与的意愿肯定受到上次询问的影响。为了给后续沟通铺平道路,询问者应当留下好印象,积极拓展询问的"生命周期"。

［**拓展阅读**］

一、日常询问的内容

1. 对方的兴趣爱好;
2. 对方关心的事情;
3. 有关工作的问题;
4. 上次交谈中已经成为话题的事情;
5. 一些社会的新闻;
6. 对方保持身材的秘诀;
7. 一些最近刚刚读过的书、看过的电影、听过的音乐。

二、紧急情况下的询问

为了尽快获取关键信息,以 5W1H 来展开询问。5W1H:何时(when)、何地(where)、何人(who)、出了何事(what)、为什么(why)、什么情况(how)。通过询问判断出对方的缘由和需求,了解清楚之后附加一些适当的建议。比方说在现场有人受伤了的情况下,安抚对方:"救护车很快就到,请放心。"

三、课堂实战训练

【训练一】在一些公众场合设有警示牌,而警示牌上的内容和以前的很不一样。

请分析警示牌内容的变化及效果。

以前:践踏花草树木罚款、爱护花草人人有责、禁止乱摘花草、杜绝损坏花草树木。

现在:小草有生命,脚下请留情!

以前:酒后开车罚款!现在:司机一滴酒,亲人千行泪!

以前:这里经常出现交通事故!

现在:妻望子盼母思念,车行千里酒不沾!

以前是:吸烟罚款!现在:为了您和他人健康,请勿吸烟!

【训练二】请查找资料了解诗人朱庆馀写这首诗的真实意图,并分析这是哪种表达技巧。

唐·朱庆馀《近试上张籍水部》

洞房昨夜停红烛,待晓堂前拜舅姑。妆罢低声问夫婿,画眉深浅入时无。

【训练三】请阅读案例,分析为什么众人对严监生的“两个手指头”产生了误解?并谈谈从中受到的启发。

(严监生的)病重得一连三天不能说话。晚间挤了一屋的人,桌上点着一盏灯……总不得断气,还把手从被单里拿出来,伸着两个指头。大侄子走上前来问道:“二叔,你莫不是还有两个亲人不曾见面?”他就把头摇了两三摇。二侄子走上前来问道:“二叔,莫不是还有两笔银子在那里,不曾吩咐明白?”他把两眼睁得溜圆,把头又狠狠摇了几摇,越发指得紧了。奶妈抱着哥子插口道:“老爷想是因两位舅爷不在眼前,故此记念。”他听了这话,把眼闭着摇头,那手只是指着不动。赵氏慌忙揩揩眼泪,走近上前道:“爷,别人说的都不相干,只有我晓得你的意思!你是为那灯盏里点的是两茎灯草,不放心,恐费了油。我如今挑掉一茎就是了。”说罢,忙走去挑掉一茎。众人看严监生时,点一点头,把手垂下,登时就没了气。(吴敬梓《儒林外史》)

【训练四】侦查人员在向证人了解犯罪嫌疑人的体貌特征时,常常使用特征排序提问法。请比较以下三种询问,你会采用哪种?为什么?(1)请你说说嫌疑人的体貌特征。(2)嫌疑人有什么不同寻常的地方吗?(3)嫌疑人的体貌特征中最显著的特征是什么?

【训练五】模拟表演:按照内容两人一组进行表演,并请其他人从多角度来点评。

儿童剧作家夏东海是刘星的继父,在一起生活不久之后,夏东海把刘星叫到书房聊天,加深感情。而一贯调皮捣蛋的刘星理解“聊天”就是挨训,所以有点紧张。后来在夏东海一系列积极询问的引导下,刘星逐渐地恢复了活泼的本性,说出了心声。

你理想中的爸爸是什么样的?

夏东海:咱俩聊聊。

刘星(声音小。不自在,耷拉着头耸着肩):我又犯什么错误了?

夏东海:没有没有,干吗聊天就得犯错误啊?我跟你就是想随便聊聊。

刘星:反正我不能像小雪似的,每次考试都得满分。

夏东海:我知道,你现在两门功课加起来得满分(刘星翻白眼,双手抱胸),没关系我告诉你,好像我像你这么大的时候啊,学习还不如你呢(刘星低头笑,情绪放松了。)

夏东海(走向刘星):我其实就想问问,你觉得我这个爸爸怎么样?(刘星摸下巴,思考)

夏东海:换句话说,就是,你突然成了我儿子,习惯吗?

刘星:习惯?

夏东海:不要有顾虑,有话直说。

刘星:反正我生下来就给人当儿子,给谁当都一样。

夏东海:这话倒也对。(停顿片刻)再换句话说,你希望有一个什么样的爸爸?(坐到刘星身边,和刘星一样双手抱胸)

刘星:这事我说了算吗?

夏东海:这事你说了还真不算。但是你理想中的爸爸是什么样的?你可以告诉我,我往那边靠拢啊。

刘星:真的?

夏东海:真的真的。

刘星:那我可就说了。

夏东海:说说说。

刘星(声音变大):好爸爸守则第一条。就是老妈揍孩子的时候,您不要混合双打。

夏东海:混合双打?

刘星(站起来,挥舞双臂。大嗓门):对对对。就是老妈刚要打孩子的时候……

(电视剧《家有儿女》第一部)

第三节　口语表达思维训练

一、教学案例导入

我没有小孩,只有两个大人

一对夫妻带着6岁的孩子去租房子,他们敲开了房东家的门。房东看了看他们说:“抱歉,我不把房子出租给有孩子的家庭。”夫妻俩只好带着孩子离开了。过了一会儿,房东听见“咚咚”的敲门声,打开门一看,是刚才那个小朋友:“爷爷,能把房子租给我吗？我没有小孩,只有两个大人。”房东欣然同意。

评析:如何解决“房东不愿意把房子租给有孩子的家庭”这个难题呢？孩子采取了背离的思维模式:不是父母带着孩子,而是孩子带着大人。想法新颖,回答独到,令人称道!

二、本节知识要点

(一)思维能力训练的重要性

1. 口语表达思维的重要性

阿拉伯有句谚语:舌头是心灵的翻译家。这句话风趣形象地揭示了口语表达与思维的关系。表达就是把所思外化为语言的过程,表达出来的语句就是思维活动的结果。

因而思维对口头表达具有重要的制衡作用,“慧于心而秀于口”“精于思而美于言”。可以这样说,想得好不一定能说好,但说得好则一定是想得好,凡是精辟、独到的表达,必以深刻、清晰的思考做后盾。

因此口语表达能力的提高,不单纯依靠对语言的训练,还需要加强思维能力训练。出色的口语表达能力是敏捷思考与巧妙言说的有机统一。

2. 口语表达思维的特点及作用

思维能力的高低主要体现在思维品质的优劣上,思维品质是指在思维活动中所表现出的智力特征和能力水平,主要包括广阔性、深刻性、独创新和敏捷性四个方面。思维的敏捷性依赖于思维的其他三个方面,而它们又通过思维的敏捷性得到充分的表现。这四个方面是互相联系的有机整体。

优秀的思维品质一般具有以下特点。思路广泛,善于把握事物各方面的关联,全面地分析问题;善于透过事物的表面现象,抓住事物的本质特征和规律,预测事物发展趋势;能在很短的时间内完成一个思维任务,提出解决问题的正确意见。

思维能力的这四个方面影响着口语表达:思维越深入,表达越有内涵;思维越宽泛,表达越丰富;思维越灵活,表达越独到;思维越清晰,表达越流畅。

［案例欣赏］

司马光砸缸

有一次，司马光跟小伙伴们在后院里玩耍，有个小孩爬到大缸上玩，失足掉到缸里的水中。别的孩子一见出了事，都吓得大喊大叫。只有司马光急中生智，从地上捡起一块大石头，使劲向水缸砸去。水涌出来，小孩也得救了。

评析：司马光砸缸救落水儿童的故事，实质上就是一个思维灵活性和敏捷性的例子。孩子掉进了有水的缸里，其他小伙伴因害怕而思维停滞，冷静一点有可能会想到"救人离水"，把人从水里捞出来。但是这个办法对于弱小的司马光来说行不通。于是司马光灵机一动，想到了"让水离人"，迅速用石头把缸砸破，让水流出来，救出了小朋友。这体现了思维的重要性。

［案例欣赏］

一天，英国作家狄更斯在江边钓鱼。冷不防后背被人拍了一巴掌，作家回头一看，是一位身材高大的陌生人："钓着了吗？""唉，真倒霉，昨天在这地方两小时就钓了15条鱼，可是今天一条鱼也没钓着。""你知道我是谁吗？我是负责这里的警察，在这钓到鱼是要罚款的。"警察说着掏出了罚款单。狄更斯先是愣了一下，旋即反驳道："那么，你知道我是谁吗？我是大作家狄更斯。作家是以虚构故事为职业的。"

评析：在突发情况面前，狄更斯沉着冷静，以敏捷的应变力和快速的语言组织力来化解难题：用"虚构故事是我的职业"否定了他原来被警察套出来的话。

（二）口语表达思维模式训练的原则

1. 口语表达思维模式训练的原则

在思维训练过程中，应遵循先单一后综合、再交叉训练的路线。辩证地看待单一思维模式训练与综合思维模式训练的关系，不能因为追求综合思维模式训练而抛弃单一思维模式训练。因为单一思维模式训练是综合思维模式训练的基础，综合思维模式训练是单一思维模式训练的发展，只有进行两者之间的依次训练和交叉训练，才能在思维训练中握准尺度，取得最佳的训练效果。

在思维模式训练中，人们往往会倾向于重视结果而忽视过程，但思维训练的目的不是只满足于获得一个答案。答案并不是问题的关键,重要的是找到答案的路径。关注重点是思维的运动轨迹,通过口头表达来厘清思考过程,进而有针对性地进行指导。

思维训练并不只是一个简单的思维模式生成训练,它还包括思维活化和思维创新的训练。从某种程度上讲,所有的思维定式都具有一定的束缚作用,而要想改变思维定式困难重重。思维训练就是为了使思维摆脱定式的束缚,超越固定模式的局限而设计的训练。这种训练能把思维从无意识地被束缚的"睡态"中唤醒,超越旧的思维层面,从更高的层面来审视自己的思维活动。

同时也要认识到,思维定式或形成思维定式是思维发展的必然趋势,是不可避免的。问题的关键在于如果不能有意识地塑造有效的思维模式,任其自由发展,则有可能形成低劣、错误的思维模式。思维定式或形成思维定式并不可怕,可怕的是形成错误的思维模式或低劣的思维定式。比如有人特别喜欢反驳,这当然不是为了寻见新解,而是思维定式的呈现。

2. 口语表达思维能力训练的目标

恩格斯把思维比喻为"地球上最美丽的花朵",人类的一切创造性活动都与思维活动有关。思维素质决定了口才的发展和提高,要想提高自身的表达能力,需要注重思维能力训练。开拓思维方式、提高思维水平。通过多种模式的思维能力训练,让我们克服思维单一、模式固化的缺点,使思维更加灵活多变敏捷准确,并由此寻求到更广阔的思维空间和新颖的角度。

(三)口语表达思维能力的优化训练

口语表达思维技能的核心训练包括两部分:一是训练把思维方法转化为现实的能力;二是训练综合运用各种思维方法解决问题的能力。

1. 纵深思维训练

纵深思维是对问题作持续深入思考的一种思维方式。

具有纵深思维品质的人,能从习焉不察的小事和司空见惯的现象中发现问题,探寻被现象掩盖的本质,挖掘到事物产生的内外因,掌握事物发展的脉络,预料事物未来发展的进程和结果。

具体到口语表达,表达者通过判断思考,概括出材料的主旨和要点,让表述的内容更具思想深度和文化底蕴;听出言外之意和真实意图。

纵深思维训练旨在培养由表及里、抽丝剥茧的深度分析能力,包括现象简述、现象分析和现象纵深分析三个部分的表达训练。如果出现思维卡壳时,其他人可以适当提供"思维搭桥",引导其完成纵深思维表达的训练。

在训练中需要避免以下情况的出现:第一,“就事论事”型,在训练中也抓住了具体的现象,但只是对现象本身的分析,思维轨迹停留在“就事论事”,没有向纵深处延伸,因而缺乏对本质问题的思考;第二,“不着边际”型,为了彰显出“纵深”特点,脱离现象大谈“本质”,实际上却是不着边际离题万里。

[**案例欣赏**]

关于“脱单盲盒”现象的思考

现象简述:脱单盲盒是一种盲盒式的交友游戏,用户可有偿地获得他人的联系方式或将自己的联系方式放入盲盒。“脱单盲盒”源于一位大学生的设计:摆两个盲盒,“一元钱从盒子里拿走一个微信号,一元钱在盒子里放入自己的微信号”。靠着“你永远不知道自己会抽到谁”的期待感,不少年轻人乐于尝试,此后“脱单盲盒”在全国多地陆续出现。

而且,这种号称“月老办事处”的线下玩法也迅速被搬到了线上,不少与之相关的小程序被开发出来,电商平台上更衍生出专业的“脱单盲盒”店铺。

无论是依附于社交平台的小程序,还是在电商平台上开店的“脱单盲盒”卖家,已经渐成规模。在电商平台上有店铺显示已成交10万件,有商家甚至表示,“3天收到1万单,有人一买买100张”。

现象分析:无论是最初摆摊交换联系方式,还是后来的小程序、App,脱单盲盒实际上是一种新的社交方式:盒子本身是交换信息的枢纽,大量的个人信息以随机的方式在其中流通,付费以后就可以获得陌生男女的联系方式。多数决定尝试脱单盲盒的人,都会被“一元钱”和“脱单”这两个卖点吸引,脱单盲盒的魅力也正隐藏在二者的张力之中。

在生活水平不断提高的今天,“花掉一元钱”早已成为稀松小事;而在马不停蹄的快节奏生活中,“难以脱单”却成为很多青年人的困境。对于他们来说,百般努力都不一定能换来一个伴侣,而盲盒中或许藏着获得通往幸福生活的钥匙。“一元钱”若真能换一段恋爱,便是“赚到”,换不来也不算亏——脱单盲盒的低成本策略,扣准了青年消费和恋爱心理的脉搏,引来不少尝试者。而有趣的方式,给予单身群体一次寻找真爱的机会,既避免了诸如相亲等带来的尴尬,也为可能到来的爱情添上了浪漫奇遇的色彩。

脱单盲盒的创意,让更多人看到了其中的商机。业务也由线下发展到了线上。就实体店而言,两个纸盒一张纸,启动资金几乎为零。就脱单的线上应用而言,商机之外有商机,程序之外有代码,连小程序的源代码也被标价售卖。此外,开发、推广、加盟每个环节都有盈利空间。脱单盲盒引发的商业价值外溢,正是新玩法、新模式在交友市场荡起的圈圈涟漪。

纵深分析:然而必须看到,外表光鲜的脱单盲盒“暗坑”不少。其一,脱单盲盒之“盲”,盲于准入门槛几乎虚设。商家通过低廉价格获取个人信息,但对于个人背景、年龄生日等缺乏核实与筛查,可能带来个人安全隐患。其二,脱单盲盒之“脱”,在于个人信息的脱缰。信息流出盲盒后去向未知,在这样的情况下,消费者提供的信息越详尽,暴露在风险面前的可能性就越大。信息众人皆可见,意味着众人皆可用。一旦碰上别有用心者,个人信息便有可能为各种不法行为提供可能。更要警惕的是,某些平台游走在法律的边缘,形成了层层分销的“拉人”模式,性质与传销仅一线之隔。

恋爱、脱单,本应是最真诚的邂逅。脱单盲盒寄托着人们对爱情、浪漫和幸运的种种期待。现实中,隐藏在盲盒背后的各种目的,使商家与参与者鱼龙混杂;而寄存在最初的脱单盲盒中的一颗颗渴望温暖的真心,却未能被成全。事实证明,少了真诚友善的热心肠,缺了牵线搭桥的服务,包括脱单盲盒在内的任何交友中介都难以施之长远。

问题在于,即便商家诚信经营,脱单盲盒靠得住吗?一些消费者的回答颇能说明问题,有人添加好友后,匆匆聊了几句,便让对方无声地躺在好友列表里;有人发现对方与自己年龄相距悬殊,便主动打消了恋爱的念头。不难看出,随机生成联系人的脱单盲盒,很难满足消费者对于恋爱的期待,想依靠它找到合意的恋人有如大海捞针。从本质上看,脱单盲盒仍然是征婚交友中介。如果固守低价模式,交友完全靠“蒙”,成功几率势必很低,“一元钱随机抽取”多半就成了噱头。而按照年龄、生日、星座等精准匹配“另一半”,甚至提供个性化相亲服务,在价格水涨船高的同时,只会与其他交友平台逐渐趋同。

事实上,消费者未必对脱单盲盒抱有多大的期待。只是“转角遇到爱”的渴望,驱使着人们向浪漫靠近。据统计,我国单身成年人口已有约2.4亿。在熟悉的圈层之中,一些人遇不到爱情;在陌生的环境中,一些人不相信爱情。现代人的情感困境,使部分年轻人将希望寄托在脱单盲盒这样的低成本商业模式上,呈现出单身群体的焦虑。但爱情没有捷径,相遇相知相恋相伴,是每一对伴侣必然要走过的路。即便盲盒能帮你与陌生的他/她相识，但用心经营、不断磨合才是脱单的真正秘诀。

这正是：脱单盲盒，信息安全是保障，转角遇爱，浪漫捷径莫成伤。

——《人民日报》社评 2021 年 12 月 8 日 崔妍

2. 逆向思维训练

逆向思维也叫“反向思维”“求异思维”，是指改变常规的思维模式、颠覆已有观点一种的思维方式。即日常说的“反弹琵琶”“跟别人不一样，对着干”，这种思维可以产生新颖独到的观点。

人们习惯于沿着事物发展的正方向去思考问题并寻求解决办法，其实对于某些问题尤其是一些特殊问题，逆向思考反向推理或许能改变局面。例如面对所谓的缺点，通常的思维方式是去掉缺点或者掩盖掉缺点，然而运用逆向思维探寻出缺点的意义作用，就可以将缺点转化为优点。

当朝着固定的方向思考时，很可能会进入思维的死胡同，此时换一个角度朝相反的方向思索，也许会使问题迎刃而解。例如，亚历山大率军攻入“戈迪乌斯城”之后，发现城中的神庙里有一个“戈迪乌斯绳结”，这个绳结很难解开。据神谕说，解开绳结者就能成为亚细亚之王。于是亚历山大想把绳结解开，但是费了很大的劲也没成功，最后他拔出佩剑将绳结劈开了。亚历山大采用了一个转换的逆向思维方式，从而化难为易。

逆向思维可以让我们在人际交往中对他人的观点不轻信、不盲从，能够鉴别所听内容的真假对错；在表达时也避免人云亦云，而是充分发挥自己的主观能动性，依据自己的思考判断提出不同凡响的意见见解。

逆向思维训练目的有助于摆脱习惯性思维，冲破思维定式的束缚，开阔思路、扩展视野。继而以创新的意识来寻找口语表达的新思路、新途径。在进行这类训练时需要注意：既要把握好在训练中的思维轨迹，按照“逆向思维”的要求，作出独特的论述。同时又不能一味地追求“求新求异”，乃至“抬杠”“曲解”。这样做就偏离了逆向思维训练的初衷，甚至还助长了偏执过激的思维习惯。

［案例欣赏］

为"邯郸学步"鸣不平

出处:且子独不闻夫寿陵馀子之学行于邯郸?未得国能,又失其故行矣,直匍匐而归耳。——《庄子·秋水》

成语原义:比喻模仿别人不成,反而连自己原来会的本领也丢了。

逆向表达:

(1)燕人寿陵人听说邯郸人走路姿势优美,就不辞辛苦前往学习,这种对美的执着追求,值得肯定和支持。

(2)寿陵人他本身已经会走路了,但他并没有满足于现状,所以他得知有人比他走得更好时,他立刻前往学习取经,这是非常难得的积极进取精神。值得我们点赞。

(3)寿陵人不仅没有学会邯郸人的走路方法,甚至连原有的步法也忘记了,只能爬着回去。作者以这个充满嘲讽的结局来警醒我们,凡事要掌握科学合理的方法,不能盲目跟风。

(4)寿陵人只能爬着回去的结局告诉我们理想与现实之间的落差,理想很丰满,现实很骨感。在作出行动之前,一定要慎重再慎重,仅有激情支撑是不够的。

评析:按照"反弹琵琶"的形式,对成语作出逆向思维的论述。在论述中不仅做到了"求新求异",言之成理、论之有据。

［案例欣赏］

为"摸鱼"正名

"摸鱼"一词源于成语"浑水摸鱼",原指趁混乱时乱捞取利益。2021年,"摸鱼"成为网络热词,意思是指偷懒、不好好工作学习,或在集体活动中出工不出力的行为,同时也指在规定的上班时间借外出办公机会到外面游玩,或者做自己的私事。

逆向表达:摸鱼可以激活人的工作动力。经济学有一个"诱惑捆绑"理论,通过增加劳动乐趣,使人更享受劳动。如健身时,一边运动、一边听音乐,让健身变得轻松。总之适当摸鱼，是劳逸结合，可以激发员工的工作积极性，提高工作效率。

3. 发散思维训练

发散思维又称扩散思维、辐射性思维、多向思维，是一种从不同方向、途径和角度去设想思考的思维方法。

正如苏轼所说“横看成岭侧成峰，远近高低各不同”，同一问题或同一事件从不同角度分析，会有不同的发现。发散思维的特点就是举一反三、触类旁通，能自如地转换思考问题的角度，而在诸多角度中，又能选择最佳角度。

在口语表达中，发散思维的作用使表达者思维更活跃，对问题可以进行多方面的考虑，使表达流畅。能根据语境等条件的发展和变化，及时地调整表达行为。

发散性思维训练模式，从同一个信息源引申出多种不同的思考和结论，思维轨迹表现为 A——B1、B2、B3…Bn。B1、B2…Bn 应紧扣 A 的本质特点展开，并且内容上具有一定的跳跃性，每一个 B 都是可以独立展开论述的分话题。

[**案例欣赏**]

曲别针的一万种用法

1983 年在南宁召开的全国创造学首届学术研讨会上，日本专家村上幸雄用钩、挂、别、联四种方法归纳出曲别针有 3000 种用法。许国泰认为曲别针有更多的用途：他把曲别针的总体信息分解成重量、体积、长度、截面、弹性、直线、银白色等 10 个要素。再把这些要素，用根标线连起来，形成一根信息标。然后，再把与曲别针有关的人类实践活动进行要素分解，连成信息标，最后形成信息反应场。将信息反应场的坐标不停地组切交合。通过两轴推出一系列曲别针在数学中的用途，如把曲别针分别做成 1、2、3、4、5、6、7、8、9、0，再做成 +、-、×、÷ 的符号，用来进行四则运算，运算出数量，就有一千万、一万万……

在音乐上可创作曲谱。

曲别针还可以做成英、俄、希腊等外文字母，用来进行拼读。

曲别针可以与硫酸反应生成氢气，可以用曲别针做指南针，串起不导电。

曲别针是铁元素构成，铁与铜化合是青铜，铁以不同比例与几十种金属元素分别化合，生成的化合物则是成千上万种……

［案例欣赏］

“0”的随想

“0”这个看似一无所有的数字，蕴含着许多人生道理。现在，我也想聊一聊关于个人对“0”的见解，不知道是否能够得到您的认可。

首先，“0”是一片空地，如果不去挖掘，不去播种，不去看管，那么地上便会寸草不生，成为荒凉生态中的一景。如果勤劳耕耘，撒上种子，勤于浇水施肥，那么最后一定能获得丰收。

其次，“0”是一个圆圈，在一个弱者的眼中，它是一只带着微不足道的希望的救生圈，让他们随波逐流；但是，“0”在强者的眼中，是一面敲响的战鼓，“咚，咚，咚——”催促他们攻克学习与生活上的每一个难关。

再次，“0”是分界线，右为正，左为负，以“0”为界，一东一西，一南一北，一前一后，一左一右，两个方向，两条道路，两种前途，差之毫厘，谬以千里。

最后，“0”没有质量，没有体积，只有位置——一个起点位置。“万丈高楼平地起”，任何伟大的事业，无不是从无到有，从小到大，以“0”为起点的。

所以，在生活中，我们每个人都应该以“0”为友，时时牢记“千里之行，始于足下”，只有时时以“0”为新的起点，选择正确道路，才能不断摆脱历史因袭的重负，才能在人生旅途上轻装前进。

4. 延展思维模式训练

延展思维又称联想思维，主要利用事物之间的时空或其他方面的关系，在原先并无有机联系的物体之间建立关联。主要特点是想象、联想。其思维轨迹表现为：A→B→C→D…

［拓展阅读］

由“月亮”可以联想到什么？（地球、太阳、玉盘、镰刀、嫦娥、月饼、玉盘、镰刀、思乡、登月……）

联想的方式：

(1) 接近联想：由时空上接近而产生的联想。地球—月亮，茶—龙井—西湖

(2) 类似联想：由性质类似而引起的联想（如形状）。玉盘—月亮，咖啡—酒

(3) 对比联想：由对立关系而引起的联想。男—女，上升—下沉，高贵—低贱

延展思维可以为思维活动打开广阔的天地。苏联两位心理学家哥洛万斯和斯塔林茨曾用实验证明,任何两个概念词语都可以经过四五个步骤建立起联系。例如木头和皮球,两者风马牛不相及,但是通过延展思维,使它们建立起关联:木头—树林—郊外—足球场—皮球。又如天空和茶,天空—大地—花园—聊天喝茶—茶。

与发散思维的训练目的相同,延展思维侧重思维灵活性的养成、培养多维度思考的能力。但它们的训练方法不一样,延展思维训练旨在发现材料之间的关联性,在赋予意义的基础上,将不相关的事物串接成一个有机统一体。如果材料之间的跳跃越大,串联的难度就越大,然而一旦串联成功,那么也会相当精彩。在进行训练中,一定要合理延展,不能违背逻辑和常理来强行串联。

[**案例欣赏**]

要求:围绕草原、妈妈、火车 3 个词来讲述。

蔡紫:现场的各位朋友,欢迎来到今天的《中国故事》。人类可以发出的最美好的语言就是妈妈,在蒙语当中妈妈又被叫作额吉。

20 世纪 60 年代初,一场自然灾害席卷南方大地,在周恩来总理的亲自关怀下,3000 名国家的孤儿坐着列车,从黄浦江边来到内蒙古大草原,大草原成为他们的第二故乡。

当时 19 岁的都贵玛是草原的一位保育员,她没有结婚没有孩子,却收养了 28 名孤儿,从学喂饭喂奶粉换尿布开始,都贵玛用爱呵护这些孩子成长。

孩子们刚来草原的时候,不适应,想家想妈妈,都贵玛就整夜整夜用草原的歌曲呵护他们入睡。在她的悉心照料下,28 名孩子在那样艰难的条件下存活下来,并且茁壮成长。都贵玛最开心的事情就是听孩子们叫她一声额吉,她感谢这些孩子,让她体会到了做母亲的快乐。

我想收养一个孤儿叫善良,收养一群 3000 名国家的孤儿是民族的博爱,这些国家的孤儿,“国家的孩子”和草原的额吉,共同向我们抒写了超越民族,超越地域的传奇故事,也让我们看到五十六个民族一家亲的温暖,同时我们也感受到在灾难面前,中华儿女相互扶持的民族大爱。

董卿点评:草原辽阔博大沉默宽厚,它很容易就可以和母亲那种伟大的胸怀对应起来,但是当时我在想,怎么把列车这个元素加进去呢?蔡紫真的是太聪明了,一下子就找到了一个典型事例,找到了典型人物。我都觉得找不出第二个比这个更合适的一个故事,能够把这三个词那么有机地关联在一起了,而且你的故事讲述得也非常清晰,如果你能再增加一点新闻元素,因为在国庆70周年,这位老太太是刚刚获得了“人民楷模”国家荣誉称号,整体已经很完美了。草原除了它真的博大之外,它也代表着希望,代表着一年又一年的成长和生长。

——2019年央视主持人大赛决赛

[**拓展阅读**]

卓别林式训练法

口脑并举同时得到训练而且简单有效的方法,也许要数卓别林发明的两种方法。

一是小组成员每人随便在各自事先准备好的纸条上写上一个讲话题目,互相保密,不让别人知道。写好后折叠成小方块,或揉成一个纸团放在一起。然后按顺序抓阄。轮到谁讲话才准打开纸条看题。允许思考30秒,时间一到就必须开讲。

二是集体编说故事,在此活动开始前,先将参加活动的人编上号码,或依序排好,宣布编故事的办法和规则。每个人员须讲30秒钟或1分钟,到时裁判叫停,后面的人根据前面的人讲的故事线索接下去讲,不能脱节,直至轮完最后一个人。当然,最后一个人还要设法使故事有个圆满的结尾。比如,第一位说:“前几天我正开着飞机,突然注意到一大群飞碟正朝我靠近。于是我开始下降,可最靠近的飞碟里有个小人开始向我开火。”说到这里,裁判要求他停下,然后另一位接下去。

据卓别林说,采用这两种方法训练一段时间后,参加训练的几个人后来都有相当不错的口才,几乎能就任何问题即兴发表较为逻辑而连贯的表述。

三、课堂实战训练

【训练一】2021年十大流行语:百年未有之大变局、小康、赶考、双减、“碳达峰,碳中和”、野性消费、破防、鸡娃、躺平、元宇宙。这些词不仅是2021年的热词,也承载了丰富的社会文化信息,请选择其中一个或几个词来作纵深思维模式训练并发表演讲。

【训练二】请从下面成语或俗语中选择一个，进行“反弹琵琶”，对它的原义作出否定式逆向论述。

天道酬勤、见异思迁、杞人忧天、班门弄斧、叶公好龙、愚公移山、能忍则高、东施效颦、滥竽充数、狐假虎威、好马不吃回头草、近朱者赤近墨者黑、名师出高徒、当一天和尚撞一天钟、常在河边走哪有不湿鞋、不经他人苦，莫劝他人善。

【训练三】词语串文，根据给出的三个词，串成一段话，注重条理性。

手、时间、眼镜；书、音乐、窗；春天、气球、动物；植物、车辆、体育；

建筑物、文具、衣服；月亮、皮球、巧克力。

【训练四】想一想：为什么他来晚了？

【训练五】故事接龙。以小组为单位，依序讲故事，最后一位学员结尾。每个人限时30秒钟或1分钟。

请继续讲述：地球上最后一个人独自坐在房间里，这时忽然响起了敲门声……

【训练六】巧接话。前一位学员说出一组肯定的句子后，后一位学员说出与之相对应的否定句，最后形成一组并列句。

如：金钱能买到同伴，但不能买到友谊；金钱能买到纸笔，但不能买到文采；金钱能买到服从，但买不到忠诚……

第三章　个别谈话口才训练

本章内容提示

个别谈话是罪犯教育工作的主要内容之一。通过个别谈话,促使罪犯放弃原有错误观念意识,培养回归社会融入社会所需的正确观念意识。监狱人民警察需要秉持正确的个别谈话原则,掌握娴熟的个别谈话技巧和方法。本章将重点介绍个别谈话的准备工作,以及说服口才、调解口才等主要个别谈话形式的原则要求和技巧方法。

训练目标与要求

1. 训练目标:通过本章的要点学习和实训,使学生掌握个别谈话准备工作内容,以及说服口才和调解口才使用的基本原则要求,能够熟练开展个别谈话工作。

2. 训练要求:认真学习谈话准备、说服口才和调解口才相关知识点,积极参与说服和调解训练。

第一节　谈话的准备

一、教学案例导入

采访名人从兴趣开始

哈维·麦凯在他那本连续8个月荣列“纽约时报最佳畅销书”名单的《与鲨共泳》(原书名:《攻心为上》)书中记叙了这样一个故事。

在美国第一次访问古巴商业代表团的日子里,我有机会单独和卡斯特罗交谈。据说他只会讲西班牙语,我用英语通过一个翻译和他谈话。

“总统先生,我注意到您的身体非常健康,您是如何保养的?”我在图书馆曾借到他的一本传记,了解到他进入政界前,曾参加过化身对辛那塔斯棒球队的投手选拔。

译员还没译完我的话,他的眼睛就亮了……

“打保龄球”。他用西班牙语回答,接着就开始绘声绘色描绘他如何在地下室安装了一个保龄球球道。随后,他用手伸进胸前口袋里掏出一个小小的笔记本,那是他专门记录他和他的将军们比赛结果的。当然,他们都输给了卡斯特罗。

我说:“多么惊人的巧合,我恰巧是明尼苏达大学连续三年保龄球比赛的冠军。”

“Oh,it is true?(英语:喔,是吗?)”卡斯特罗脱口而出,在发现一位打球伙伴的激动中,他不会英语的伪装全部暴露了。

如果在资本主义和共产主义问题上兜圈子,哈维绝对深入不了谈话,当他找到卡斯特罗真正得意的兴趣时,相同的爱好使两人谈话马上融洽起来,卡斯特罗甚至抛弃了他的西班牙语而改用英语直接交谈。

评析:哈维·麦凯作为一名美国记者,在采访卡斯特罗过程中,是很难进行深入谈话的。而哈维·麦凯在采访准备中了解到卡斯特罗爱打保龄球,便以此作为突破口,建立共同话题,让谈话马上融洽起来。

二、本节知识要点

不同于普通教育,罪犯教育形式是以个别教育为主,集体教育为辅。因此,对罪犯的教育,大都是监狱人民警察和罪犯单独面对面的不定期谈话。对罪犯的个别谈话技巧就显得尤为重要,而谈话前准备工作的充分与否直接关系到个别谈话教育工作的成败。

(一)收集和分析罪犯信息

俗话说工欲善其事必先利其器。在对罪犯进行个别谈话教育之前,监狱人民警察要仔细收集相关的情报信息,做到心中有数,有的放矢。监狱人民警察可以通过档案查阅法、相关当事人询问法、量表测试法、作业检查法等方法,全面了解罪犯,同时还应当注意现有的案件材料中哪些是确凿可靠的,哪些还需要进一步查证,哪些材料可以谈话时使用,哪些材料不能使用等,最大限度地做好相关情报资料的收集,摸准其“脉搏”,掌握其思想“症结”,提高谈话的质量。

[**拓展阅读**]

罪犯“四知道”包括罪犯的姓名、年龄、籍贯、文化程度、体貌体征等；罪犯的家庭情况和主要社会关系等；罪犯的简历、罪名、主要犯罪事实和所判刑期等；罪犯入狱后的思想状况和改造表现等。

[**案例欣赏**]

罪犯何某，2007年3月因贩毒罪被判有期徒刑6年6个月，在2007年4月至11月的“罪犯改造考核”台账上，何某每月的考核结论均是“本月未完成改造任务”，累计扣分达46分。2008年8月转入五监区，在入狱短短一年半时间内，多次殴打他人，顶撞民警，三次严管，三次禁闭，三次调换监区，民警看着他摇头，罪犯看着他就绕道走。

在何某第二次严管期间，五监区召开了专题会议，研究对何某的教育转化工作，组织民警集体会诊。会上，监区分管改造的副监区长指出：“教育改造罪犯是我们义不容辞的职责，我们不能因为工作难度大就退缩逃避。对何某这样顽劣的‘顽危犯’，如不将其转化，不管在哪里，都是不安定因素，是一颗‘定时炸弹’，随时都有可能爆炸。况且，做好何某的教育转化工作能为我们积累教育经验，提升民警的能力水平。何某的教育转化工作虽然难度大、压力大、风险大，但只要大家集思广益，齐心协力，总能找到行之有效的方法。”

经过热烈的讨论，大家统一了思想，谁也不提“甩包袱”的事了，一致赞成继续对何某进行教育转化工作，直到攻下这个“堡垒”为止。最后决定：成立由副监区长主管，分监区长为组长，何某所在的分监区改造副分监区长为组员的“攻坚小组”，对何某进行教育转化，其他民警全力配合。

接受任务后，“攻坚小组”几次谈话，但何某就是一言不发，这是何某自第一次被严管后一直采取的对策。何某紧闭心门，“攻坚小组”没有退却，他们知道，要打开其紧闭的心门，首先必须在何某和民警之间搭建一座心灵之桥。为此“攻坚小组”决定暂缓“正面进攻”，采取“迂回包抄”的策略，先全方位了解何某的情况，找出问题的症结。此后的一段时间，“攻坚小组”询问了何某的管教民警和一些对何某比较熟悉的罪犯。分监区长利用休息时间，走访了何某的家庭和邻居，掌握了第一手资料。

何某母亲已去世，父亲退休在家，有一个弟弟在其他监狱服刑。何某染上毒瘾后，家里无法应付他巨大的吸毒开支，为筹集毒资，走上了贩卖毒品的犯罪道路。何某患有高血压和心脏病，入监后家人无人探望，面对家庭困苦局面，本来性格内向的何某，更加少言寡语，自卑感剧增。在一线劳动岗位上，何某因完不成劳动任务，屡屡受到管教民警的批评教育和同犯的鄙视。在巨大的思想压力下，何某认为，是民警故意为难他，同犯又看不起他，由于缺乏正确的心理引导，何某心中的积怨越来越深，对民警失去了信任，对前途毫无信心，认为活着没意思，只有死才能彻底解脱。

手中有了何某的背景资料，也就有了如何接近何某，逐渐打开其心扉的思路。"攻坚小组"认为，要打开何某的心扉，首先要在他心里建立起对民警的信任。在做好了充足的准备后，分监区长又一次和何某进行了谈话。一见面，就对何某说："我去你家看过了，你父亲身体还好，只是你兄弟俩都在服刑，对他老人家的打击很大，他怕邻居的闲话和异样的眼光，很少出门。但他很挂念你们，希望你好好改造，早日回家。你弟弟快出监了，你父亲说等你弟弟出监后一起来看你。"听了这些话，何某抬起了头，投来了惊讶的眼光，分监区长发现何某的眼神中，往日的仇视，慢慢地被希望代替，抵触心理渐渐消失。分监区长趁热打铁："望子成龙是天下父母的共同心愿，你坐牢后，你父亲遭受的痛苦比你更大。你自暴自弃，等于在你父亲的伤口上撒盐。你如果有病，监区会尽力照顾，安排你看病治病，有困难，可以向任何一位民警反映，我们会在政策许可的范围内帮你解决。"此后的谈话，何某不再反感和抵触，相反有了一些期待，也愿意和"攻坚小组"的民警交流了。何某久闭的心扉在慢慢开启，这块坚冰渐渐消融，"攻坚小组"看到了希望。

通过"攻坚小组"一段时间的努力，何某出现了一些可喜的变化，不再找民警吵闹，遵守纪律，在劳动中做一些力所能及的事。眼看着何某平静下来，渐渐走向改造正轨，"攻坚小组"松了一口气。此后，监区一方面给何某安排适宜的劳动岗位，另一方面及时带他看病，并和其家人联系，送一些治病的药品，当打听到何某的弟弟出狱的消息后，分监区长及时和其家人联系，说服他们前来探望，进行亲情帮教。

经过监区领导和"攻坚小组"坚持不懈的努力，何某这块"顽石"终于被融化了。前后对比判若两人。而今他情绪稳定，心态积极，服从管理，遵守纪律，再也没向民警提不合理要求，劳动中除做好自己分内的事外，还尽可能地做些分外的事，他的表现得到了民警和罪犯的好评，他为自己确立了改造目标，用实际行动争取获得减刑的奖励；渴望新生的大门也在自己面前徐徐开启。

评析：此次挂牌招标，集体攻坚转化工作的圆满完成离不开监狱民警对何某家庭情况的了解和分析。只有掌握罪犯的相关情况，结合罪犯的表现进行科学分析，才能真正打开罪犯的心扉。

（二）分析谈话原因和动机

按照罪犯谈话的主动性可以把谈话分为接谈式和约谈式。接谈式是罪犯在改造过程中遇到困难问题，主动找监狱人民警察进行谈话。罪犯主动谈话在一定程度上表明其对监狱人民警察的信任，希望通过谈话能够找到解决问题的方法。对于这一类谈话要深刻分析原因，通过“耳目”或其他手段了解罪犯的近期思想动态和日常表现，进而做到对症下药。实践中，罪犯主动谈话的原因一般有家庭变故、与他犯发生矛盾、情绪波动等，针对不同的原因，监狱民警可采取不同的谈话方式，选取不同谈话内容，才会产生良好的谈话效果。约谈式主要是针对这段时间罪犯的总体表现情况或根据“耳目”反馈的情报信息，针对有些罪犯的思想可能会出现波动进行的早期的规劝和开导，防患于未然。这种情况下，监狱人民警察是有目的地主动与罪犯进行谈话，谈话原因是明确的。

（三）选择谈话时机

谈话应伺机而动，才能事半功倍。在他人尚未形成处事主见时，或在实施的过程中遇到了麻烦和困难进退犹豫时进行劝说，往往容易为对方接受。一个人若已形成处事主见，走出了自我肯定与自我否定的徘徊、试验阶段，此时劝说，则往往难度较大。对罪犯说服，更需要把握时机，选择当其遇到困难时，环境变化时，情绪波动时等，罪犯在这些状况下往往需要寻求外部力量的帮助，此时恰恰形成了说服时机。

［**拓展阅读**］

2003年6月13日，司法部第79号令，《监狱教育改造工作规定》第17条规定，“罪犯有下列情形之一的，监狱人民警察应当及时对其进行个别谈话教育”，即“十必谈”。新入监或者服刑监狱、监区变更时；处遇变更或者劳动岗位调换时；受到奖励或者惩处时；罪犯之间产生矛盾或者发生冲突时；离监探亲前后或者家庭出现变故时；无人会见或者家人长时间不与其联络时；行为反常、情绪异常时；主动要求谈话时；暂予监外执行、假释或者刑满释放出监前；其他需要进行个别谈话教育的。

（四）选择谈话手段和方法

谈话手段和方法的选择主要根据罪犯个体特征和需要而设定。首先要考虑到罪犯的个体特征，老年犯入狱年龄大，对回归社会生活缺乏期待，对其开展谈话，需要利用家庭为其构建回归希望，激发其改造的积极性；女性罪犯比较感性，感情细腻，对其开展谈话，就需要选择家庭特别是孩子的话题，激发其内心的积极情感。其次要考虑罪犯的需求。职务犯政治生命的结束，往往导致其万念俱灰，缺乏改造动力，对其开展谈话，可以围绕家庭这一亲情归宿和罪行救赎这一精神归宿。家庭有变故的罪犯，情绪低落易怒，对其开展谈话，要强调亲人的期待，指出积极改造早日出狱才是解决问题的良方。由此可见，所谓的适当的谈话手段和方法实际上还是在全面掌握罪犯的情况基础上的对症下药。

（五）选择谈话者

根据罪犯个体特征和需要，选择不同的谈话监狱民警往往效果也会大相径庭。老年犯理性思维强，社会经验丰富，对其开展谈话，一般选择具备一定政治素养、归纳总结能力和哲学反省能力的民警；对职务犯谈话一般选择经验丰富的老民警，老民警因年龄优势往往更容易建立权威；对未成年犯谈话一般选择女性监狱民警，女民警和蔼可亲，感情细腻，更容易拉近距离，消除隔阂。实践中，由女性民警对成年男犯开展谈话，能够达成事半功倍的效果。

［**案例欣赏**］

中国女警走入男犯改造“禁区”成重要力量

山东省潍坊监狱是中国最早建立女子警察教育中心的监狱之一。潍坊监狱的教育中心有19位女警。孙路静就是她们当中的一位。每天一上班，这位身材高挑的女警察就要坐到电脑前，用录入文字的方式和自己分管监区内的男犯进行网络谈话。她说：“我们和罪犯求询者的交流，要求在平等的人际环境中进行，我们之间是一种平等、友好的对等关系。”那些被禁闭在高墙之内的男犯，只要愿意，就可以走进分设在各个监区的网络谈话室，咨询法律、心理问题，在监狱内的网络上和她们说说话、聊聊天。

“他们都很愿意和我们说说话，最多的一个，我们都谈过七八次了。”女警韩静说。

一位年龄在30岁左右的罪犯通过网络告诉记者，他已在这座监狱服刑5年，余刑还有5年。他说：“在这里改造的时间长，空间又小，情绪经常会不好。到网上来，把自己的郁闷毫不保留地说给老师们听，心里就感觉到放松许多。”

亲人抛弃是对罪犯的沉重打击，但家庭变故又是这些重刑犯必须面对的问题。一年下来，潍坊监狱的罪犯中平均每周就会发生一起离婚案。“我们经常到罪犯的家里去，和他们的妻子谈，只要有挽回的余地，我们就努力，有些实在无法挽回，我们再回过头来做犯人的思想工作。”孙路静说。

潍坊监狱女警教育中心的19名警察，一半以上具有法律专业知识背景，均经过专门的心理学培训。监狱负责人徐淮湘说：“女性平等、亲切的声音，会使罪犯心理上感到慰藉，疏导其焦虑、抑郁的不良情绪，改变其不良的认知结构，恢复心理健康，重塑健全人格。”

三、课堂实战训练

【训练一】通过角色扮演，谈话收集职务犯、未成年犯、女犯等不同类型罪犯资料。

【训练二】根据案例提供的材料，列出谈话前准备工作。

罪犯柴某某，男，29岁，硕士研究生，投入改造前系某大学电子计算机软件设计教师，因盗窃储存国家重要机密的电脑软件出卖于境外人员，造成严重后果被判刑15年。入狱后对监狱人民警察“敬”而远之，对其他罪犯嗤之以鼻，其有一定工作能力及电子技术才能，分配的有关劳动任务能认真完成，但因与其他罪犯格格不入，被其他罪犯栽赃陷害。罪犯把财物偷放入柴某某床头，诬告柴犯盗窃。清查中，柴某某主动找到分监区指导员，要求“洗清罪名”，分监区指导员与之谈话。

罪犯吴某，男，32岁，投入改造前系某企业管理干部，因受贿、贪污罪被判刑10年。改造表现差，常在罪犯中散布为自己罪行开脱的言论，为“刑期过长”喊冤叫屈。入狱4年后的一天，在车间劳动时，吴某对与其一同劳动的罪犯说：“人若起早多犯事，想赚钱财遭风险，既然想发财，进了监狱我也不后悔。我才弄到5万多元就判了10年，平均5000元1年刑期，还不够我的工资，这生意做得不划算。把剩下的6年混过，我要变本加厉找补回来。”一名罪犯将情况向分监区长反映后，分监区长指派民警王某对吴某进行谈话教育。

【训练三】阅读此案例,制作谈话提纲。

罪犯张某,男,44 岁,小学文化程度,抢劫罪,死缓。2003 年 6 月入监。入监后,张某常因改造生活中的琐事,与同监罪犯李某发生矛盾,以至斗殴伤人,事务犯周某就当着其他罪犯的面将其训斥了一顿。张某声称每次看到该名事务犯,就全身发抖,血往上涌,有一种强烈行凶的报复心理,还扬言要把李某的头拍了,要打周某等。十多年中,几乎每年要用砖块或者木棍打伤 3 ~4 人,成了全监有名的顽危犯。监区组织开展了一系列"攻坚"活动。

通过走访谈话、阅档得知,张某为人好讲义气,好打抱不平,易冲动烦躁,绰号"张大炮"。幼时家庭贫穷,父母早亡,无同胞兄弟姐妹,仅与其养母相依为命;但生活中非常要强,自被打后觉得在其他罪犯面前丢了面子,多次报复,也因为报复行凶多次受到禁闭处理。

张某是典型的冲动型人格障碍患者。情绪急躁易怒,存在无法自控的冲动和驱动力。用他自己的话说,就是"冲动时,血直往头上涌,大脑一片空白,什么也不顾,什么都不知道了"。性格上常表现出攻击、鲁莽和盲动性。冲动的动机形成有时是有意识的,有时是无意识的。行动反复无常,可以是有计划的,也可以是无计划的。行动之前有强烈的紧张感,行为之后体验到愉快、满足或放松感,无真正的悔恨、自艾或罪恶感。每次行凶后,还自认为很有道理。心理发育不健全和不成熟,经常导致心理不平衡,容易产生不良行为和再犯罪的倾向。他常说,社会对不起我,我恨不得地球毁灭!有自伤自毁行为。张某在入狱前曾经谈过恋爱,由于女方父母不同意,一对恋人双双喝下剧毒农药,女孩因为抢救无效死亡,从此,张某的性格更加暴戾。张某具有上述几个方面的思想和行为特征,打架行凶次数多,持续时间长,情绪以阵发形式爆发,具有明显冲动、攻击行凶的行为特征。

张某攻击型人格障碍产生的原因。攻击型人格的犯罪者中,脑电波异常者多,特别是颞叶的慢波活动与正相尖波比正常人高 10% ~20%,内分泌腺和雄性激素分泌较多。张某除可能有以上生理原因外,更主要的是心理、家庭和社会的原因。他是个孤儿,从小就在寄人篱下中艰难生存,由于常遭打骂,心理受到压抑,长期郁结于内心的不满情绪一旦爆发出来,往往会选择较为激烈的行为来发泄积怨。遇到不平事就会拔刀相助,打抱不平。他从小受人欺侮,有强烈的自卑感,说谎、骗人。吹牛和使用暴力既可自卫,又能满足自尊心。进入青春期,自以为已经长大成人了,特别热衷于男子汉角色的认同和片面理解,强调男子汉的刚毅、果断、义气、力量、善攻击等特征。因此,在同龄人面前,特别是有异性在场时表现出较强的攻击性,以证明自己是一个男子汉。例如,他主动辍学在家,用自己放牛挣来的钱,供姐姐(养母的女儿)上学,就觉得自己很有男子汉气概。另外,社会底层的阴暗和不平等,使他过早地体验到“老实人吃亏”的道理,养成做什么事都不服输的习惯,挫折越大越可能激发攻击行为。

第二节 说服口才

一、教学案例导入

攻心为上

罪犯王某最近因家人没来接见,情绪波动,在生产劳动时漫不经心,产出次品率高,受到车间质检员的批评与监狱民警的警告。王某想不开,便开始卧床绝食。

李警官前来探望王某,坐在王某的床边对王某说:“你有了错误,质检员和民警批评你,你就闹情绪,搞绝食,先别说批评的对错,你知道你现在这样做的后果是什么吗?”王某抬起了眼皮,李警官断定王某内心是关注处理后果的,也愿意听他说下去,接着说:“你擅自离开劳动岗位,消极怠工,抗拒改造,违反了《罪犯行为规范》中的‘十不准’和第三章第34条;你出操时卧床不起,无理取闹,妨害了正常的改造秩序,监区可以根据《罪犯奖惩考核办法》对你进行严肃的处理。不但要扣分降级,弄不好年度内的减刑也要受影响。”“有那么严重吗?”王某有点着急地问。李警官说:“严重与否,这是由法律法规决定的,但最终还是取决于你的认错态度。”

李警官见王某关心处理结果,话锋一转,“是不是近来家人都没来看你,没钱买烟了,才闹情绪?”

王某说:“我不知道他们是不关心我了还是出什么事了,这么久不来接见,我很难受。”

“你母亲和妻子一直都很关心你,每月都来,只是这个月没来而已,可能家里有什么事情。你不分青红皂白就发脾气、耍性子,你对得起她们吗?你入狱后,家庭的负担都由她们来承担,你母亲那么大年龄在酒店给人家做保洁,妻子又要工作又要照顾孩子,节衣缩食把钱省下来每月给你带零用钱。你看你现在不思进取,消极怠工,无理取闹,你扪心自问,对得起你母亲和妻子的用心良苦吗?她们要是知道你现在的表现,能不痛心吗?你这样不吃不喝,要是有个三长两短,她们会不伤心吗?”

听到这里,王某的眼泪掉了下来,走下床铺,蹲在地上,说:“我知道错了。”

李警官趁热打铁，接着说："你进监狱接受改造，就是要成为遵纪守法的合格公民，而你受点批评就自暴自弃，消极对抗，这是自己跟自己过不去，这是对自己不负责任的表现。批评教育都是为你好呀！人人都有长处和短处，你也是个不错的人，篮球打得好，还会唱歌、写作，犯群关系也好，只要你肯努力，扬长避短，我相信你一定会更加优秀的。"

王某听到这里，已经热泪盈眶，他动情地说："李警官，我从来都没有听过这么亲切的教诲，这对于我以后的人生来说是一笔宝贵的财富，我会永远铭记心中。"

评析：李警官通过对王某的试探，判断王某不是真的破罐子破摔，根据前期对王某情况的了解，知道王某的心结在于家庭，在此基础上攻心为上，将王某的入狱和母亲妻子的辛劳建立联系，进而提出母亲和妻子的期待，产生了很好的说服效果。

二、本节知识要点

（一）说服的基本原则和要求

1. 攻心为上

用兵之道，知己知彼，攻心为上。说服人也一样，必须具有心理针对性，才能把话说到对方的心坎上去。有效说服的前提是了解对象，把握心理。特别是说服罪犯，应充分了解罪犯的基本情况，做到"四知道"；还要善于察言观色、揣情摩意，摸准其心理特点，搞清其心理需求，找到对方心理症结，从而运用恰当的说服策略，对症下药。

［案例欣赏］

《遥远的救世主》①（摘选）

王明阳被带进了审讯室，在专用的椅子上坐下，脸上那种冷漠的表情和镇定的态度与3天前似乎没有分别，他根本没有理会对面的女警官，他的目光毫无目的地停留在某个地方，似乎他思想早已经飘出这十几平方米的审讯室。

芮小丹平静地问道："王明阳，给了你三天的时间考虑，想好了没有？"

王明阳还是自己的那个套路，沉默。

芮小丹淡淡一笑，说："你我枪口指着对方脑袋的时候都没害怕，怎么现在害怕了？"（在抓捕过程中，王明阳曾向芮小丹开枪，但是一颗哑弹。）

① 豆豆：《遥远的救世主》，作家出版社2018年版。

王明阳这才收回目光，正视着芮小丹的眼睛，以同样平静的语气说："更正一下，不是害怕，是说了多余。"

芮小丹问："何谓多余？能解释一下吗？"

王明阳慢条斯理地说："我说不说都是杀头，杀一次头与杀十次头没有分别。但是，我能从你们的无奈中获得不出卖他人的道义感，如此而已。"（王明阳身上背着多条人命。）

芮小丹说："很好，这说明你还有自我认同的需要，这是人性的特征，如果你连这个起码的需要都没有，我就有理由对你作为人的属性质疑。"

王明阳冷冷地说了一句："激将法，不算高明。"

芮小丹沉着地说："我也更正一下，不是激将，是说你还值得对话。杀一次头与杀十次头的确没有分别，但同理，法律的操作对一次以上的死刑忽略不计，我们也并非必须要听你说什么。所以，决定你那点满足与失落的权力不在你手里。"

王明阳不屑地一笑。

芮小丹接着说："我不否认你的口供对本案的侦破有参考价值，但法律机器的运转不以口供为条件。尤其具体到本案，你的口供对量刑和侦破已经没有质的意义。"

王明阳反问道："那你坐在这里干什么？"

芮小丹平和而庄重地说："法律对程序和内容要求极限的严谨，但对一次以上的死刑忽略不计。我坐在这里，是法律和人道对我的工作要求，一是量化极限，二是给你的灵魂找一块净土，让你的精神站着。"

王明阳嘴角露出一丝轻蔑的微笑，说："女士，说话不要太狂了。执法是你的职业，你尽可以执法谋生，但是与我王明阳谈经论道，你还不够资格。别拿你的职业去拔高你个人的规格，让人轻看。"

芮小丹平静地说："这里不是擂台，你我既不是斗智也不是比学问，而是讲理。"

王明阳淡淡地问道："讲谁的理？"

芮小丹说："讲你的理，讲强盗的逻辑，如何？如果你连强盗的逻辑都讲不出来，那么法律要求的严谨极限对于你就只能量化到此了。"

王明阳说："强盗的逻辑，直接获取，冒险，刺激。"

芮小丹针锋相对地说："这样讲，似乎你还算一条好汉。但我以为，强盗的本质是破格获取，破格获取与直接获取是两个不同的概念。你们没有自信与强者在同一个规则下公平竞争,这只能说明你是弱者,因为弱势文化所追求的最高价值就是破格获取。所以,强盗的逻辑从本质上讲是最懦弱的生存哲学。所以,你不算好汉。”

……

王明阳顿了一下,苍白地强调说:“好汉做事好汉当,我以生命赎罪了。”

芮小丹问道:“对一次以上的死刑,你拿什么赎罪?对于已经死去的亡灵和承受痛苦的生者,你拿什么赎罪?对于污染社会和败坏道德,你拿什么赎罪?”

王明阳说:“我讲了自己,就会连带出卖别人,这是一个心理问题,我的灵魂得到抚慰的本身就是我从这种出卖中得到的好处,我会看不起自己。”

芮小丹说:“出卖与背叛是两个概念。如果你是背叛邪恶,上帝都会加冕这种背叛。如果你的老大对一个将死之人清洗一下灵魂都不能理解,这种老大不评价也罢。现在摆在你面前的一个是无视江湖义气,一个是无视人性的尊严,你自己权衡。拿根稻草当柱子去支撑灵魂,至少让我觉得你对你的学识和智商不够尊重。”王明阳沉思着,没有说话。

芮小丹说:“还人性一个清白,还社会一个公理,你的灵魂就得救了。”

王明阳问:“将死之人,得救了又有什么意义?”

芮小丹说:“一小时、一分钟都有意义。哪怕只有一分钟,人字就有尊严了,上苍会赐你带着一颗纯净的心走进你灵魂的天国。”

王明阳故意以一种无赖的口吻问道:“如果我无视这些,就是不说呢?”

芮小丹盯着他的眼睛,用极其平静的口吻说:“文明对于不能以人字来界定的人无能为力,我除了鄙视和震惊,不会再有第三种反应。人的法则是,一颗阴暗的心永远托不起一张灿烂的脸,这不是卫道士的说教,这是人性。”

王明阳茫然地问:“天国在哪儿?”

芮小丹庄重地说:“天国在你心里。”

审讯室里的场面在审案过程中并不多见,几乎感觉不到审讯的气氛,更像是两个人在谈心。无论是王明阳的表情还是芮小丹的表情,都看不到对抗的成分。王明阳折服了,有了一种欲将解脱的欣慰感,真诚地说:“感谢上帝让我打你的那一枪是颗臭弹,谢谢你给了我一块净土。”

芮小丹说:“想抽烟吗?我听说你抽三五烟。”

王明阳尴尬一笑说:“我有自知之明,算了。”芮小丹从公文包里拿出一包三五牌香烟和一只打火机走到王明阳跟前,递给他一支烟并给他点上,又回到座位。

王明阳说:"谢谢。"

芮小丹说:"不谢,这只是我对忏悔的人表达一种态度。"王明阳点燃香烟深深地吸了一口,平静地开始了自己的叙述。

评析:王明阳身背多条人命,早已破罐子破摔。芮小丹抓住了其文化水平较高、自命清高的特点,激发了其对灵魂归宿的需求,成功使王明阳交代了团伙犯罪首领犯罪行为。

2. 心理相容原则

说服是一个先心理沟通,后观点转化的过程。情投才能意合,心悦才能诚服。消除防范、心理相容是接受说服的基础。说服者应该重视情感沟通,消除其防范和排斥心理;充分理解和尊重说服对象的情感。特别是监狱民警和罪犯因执法地位的不同从而存在对峙情绪,这就要求监狱民警学会共情,从罪犯的角度选择沟通渠道和方法,消除罪犯的抵触情绪,实现情感相容,进而才能达到说服效果,也就是我们常说的以理服人必须建立在以情感人的基础上,情理交融,才能实现理性认同和情感接受双重说服效果。经验丰富的监狱民警教育罪犯,一般选择在亲情接见之后就是利用情感沟通这个敲门砖。

3. 利益引导原则

在情感上形成共鸣后,一般就进入理性说服的阶段。理性说服往往是设身处地为对方核算利益得失的过程。人们总是习惯根据自身利害关系来判断是否接受说服者的观点,因此,说服工作需要着力于转变对方对自身利益的认识角度,调节利益追求之间的矛盾,才能实现达成共识,说服对方的最终效果。罪犯的说服需要结合其最关心的问题,既要与其立功减刑联系起来,更要与其家庭等社会关系联系起来。

[**案例欣赏**]

罪犯张某,39岁,抢劫罪,被判处有期徒刑15年,服刑5年,服刑期间曾因救助其他罪犯受伤,改造表现突出,减刑1年,在与家中通话后得知母亲生病卧床,情绪波动大,根据《监狱教育改造工作规定》第14条的规定,其所在监区监区长找到监区经验丰富的李警官,安排对其进行个别谈话。李警官先与张某姐姐通电话,了解了张某母亲的情况,计划第二天张某姐姐对其亲情接见后对其进行个别谈话,当天张某与其他罪犯发生冲突,李警官到达冲突现场后,控制住局面，对双方都进行了批评，将张某带到办公室，临时对张某进行个别谈话。李警官开门见山地分析了张某与其他罪犯发生冲突的原因，对其进行了批评，并向他介绍了母亲的病情已经好转。李警官告诉张某，之前表现都不错，要继续好好改造，一定争取再次减刑，因为母亲年纪大了，只有争取早日出狱，才有机会为母亲养老送终，母亲希望他“儿呀，好好改造，听党的话，服从监狱的管理，娘等着你出来”的电话录音放给他听，张某一下泪如泉涌。下午，李警官又安排了张某姐姐的亲情接见。姐姐走后，张某表示，自己深刻认识到这种情绪波动是不对的，一定好好改造，争取减刑。

评析：罪犯张某情绪出现波动的原因是母亲患病，由此可见，张某对年迈的母亲非常关心，对自己不能床前尽孝心有愧疚。李警官经验丰富，通过姐姐的接见和播放母亲的录音，强化了张某这一心理，顺势帮助张某厘清只有好好改造，争取减刑，才能早日向母亲尽孝。

4. 恩威并施原则

恩威并用是自古以来的治人之法。会施恩，足可聚人心；能立威，则令可执行。对罪犯的说服不能一味迁就，特别是对一些顽危犯或者涉及原则性问题时，要明确立场，树立权威，甚至要严肃训诫。但也要对罪犯的合理诉求和内心关切给予积极回应，使其感知“恩”的温情，同时明确“威”的权威，最终既能拉近距离，又能令行禁止。

（二）说服口才的策略和技巧

1. 学会倾听

倾听是沟通技巧中最基本的技巧。听是收集和给予正确信息的关键。学会倾听是提高谈话口才的前提，也是谈话成功的前提。通过“听”可以了解对方的观点、认识、思想水平和行为个性，可以及时了解情况、捕捉信息。在谈话过程中，“听”与“说”可以说是两大主干环节。如果说“说”是为了向外部发布信息，那么“听”则是为了从外部接收信息。只有听得准才能说得好。要善于运用开放性的问题去获取信息。例如，“关于……你还有哪些烦恼？”适时询问对方：“还有没有遗漏的地方？我的意思你都明白了吗？”

2. 迂回劝说

对罪犯开展的说服，是典型的劝诫性说服，罪犯一般会有强烈的戒备排斥心理。劝诫性说服，可以采取迂回推进的策略，先不明确意图，顾左右而言他，通过嘘寒问暖等方式进行情感沟通，使罪犯消除抵触情绪，找准时机巧妙地转换话题，开展说服工作。

3. 引申归谬

当对方错误认识根深蒂固或者认识模糊,情绪比较激动的情况下,正面说服往往激发抵触情绪,很难说服对方。这时可以承认对方错误观点,在此观点基础上进行逻辑推演,进而引出一个错误甚至荒谬的结论,从而使其意识到自己观点的问题。

4. 勾勒未来

人都是靠希望而活着的,罪犯改造的动力更是来源于对未来生活的憧憬和渴望。罪犯看不到希望时,往往自暴自弃、破罐子破摔。因此,对罪犯开展说服时,要将接受说服和出狱后的美好蓝图建立联系,让其对接下来的生活充满渴望和期待,才更有利于说服效果的实现。

5. 巧用激将

利用人们不愿服输,希望受到别人重视的心理,故意讲几句表示轻蔑、低估、怀疑、否定的话来刺激对方,激发对方下定决心完成任务。比如故意把任务说得十分困难,暗示对方不能担当此重任,或故意怀疑对方能力而另选他人等。通过制造竞争的办法来激励干劲,也是激将法的一种形式。激将法对于那些自负好胜、自尊心比较强的罪犯,更容易奏效。

[**案例欣赏**]

诸葛亮妙语激周瑜

赤壁之战前,诸葛亮到东吴寻求合作,诸葛亮深知,东吴军事上,周瑜的意见举足轻重,所以如果能说服周瑜,那么联合东吴抗击曹操的目的便达到了。针对周瑜年轻气盛,颇为自负而心浮气躁的特点,诸葛亮耍了一个小小的手段,他望文生义,曲解曹植的《铜雀台赋》中的两句诗“立双台于左右兮,有玉龙与金凤。揽二乔于东南兮,乐朝夕之与共”说,曹诗的意思是,我若扫平四海,以成帝业,愿得江东二乔,置于铜雀台,以乐晚年,虽死无恨矣。周瑜听罢大怒,站起来指着北方大骂道:“老贼欺人太甚!”诸葛亮连忙劝阻说:“当年汉朝皇帝曾以公主和亲,今天为了退敌,这民间的两个女子有什么可惜的呢?”周瑜道:“先生有所不知,大乔是孙伯符(孙权之兄孙策)之妇,小乔乃周瑜之妻。”诸葛亮佯装惶恐道:“我确实是不知此事,失口乱说,死罪死罪!”周瑜道:“我与老贼势不两立,希望先生助我一臂之力。”这样,诸葛亮巧妙地运用激将法说服了周瑜,订下了联合抗击曹军的大计。

6. 善用无声语言

心理学家认为：人们在交际过程中有60% ~70%的思想和感情不是通过有声语言的词语表达出来，大量参与交流的是人们的身体形态、脸部表情、行为动作和空间距离。监狱民警在与罪犯谈话时除了有声语言之外，无声语言对信息的传递可以起到重要作用，无声语言传递信息产生的相互影响，相互刺激，有时比有声语言更大更真实。

在与罪犯谈话时，监狱民警的目光要像一根无形的绳子牢牢捆在罪犯的身上。监狱民警用威严的目光长久地盯视，往往能显示较强的心理攻势，使其无法摆脱监狱民警的心理控制；通过和罪犯的目光交流，可以判断其心理活动及心理素质。

监狱民警不同的坐姿可以传递出不同的信息。一般来说，端正的坐姿，传递的是庄重、严肃、认真的信息，可对对方形成威慑的力量，形成双方的对峙状态；坐姿略向前倾，表达的是注意、信任的意思，可激励对方真实地表达；略向后倾，则传递的是轻蔑、漠视信息，在对方撒谎时使用能达到否定的效果。

谈话过程中，监狱人民警察和罪犯之间的距离、位置是空间语言中最灵活、最可调控的因素。监狱民警来回走动，可以创造新的无声语言空间，形成谈话所需的氛围。适当拉开距离，可以传递的信息是权威和双方地位的差异，从而起到威慑的作用；为了表示亲近和信任，监狱民警可走到罪犯旁边坐下，加上坦诚、温和的话语，这样有利于消除恐惧、对立的情绪；为了对罪犯施加心理压力，监狱民警可走近对方站在他前面，用眼睛逼视对方，配合有声语言及手势语，使其产生压抑、被窥探到内心秘密的感觉。

[拓展阅读]

在人们的交际中，双方距离的远近可以反映双方关系的疏密程度。美国学者把人的交际距离分为：亲密区、个人区、社交区和公众区。一般认为不适当地进入他人的亲密区和个人区是对他人的侵犯，会使人产生不舒服和压迫感。反之，则会缩短心理距离，实现心理接触。此外，界域也可以表现出关系信息。（见图3－1）

亲密距离：半米之内。感触到对方身体的气息，使人寻求安全，安慰的必要距离；个人距离：1米左右。友好亲切，但接触不到对方身体；社交距离：210厘米至360厘米，正式场合，表示庄重严肃；公众距离：无特殊心理关系的界域，不交往。

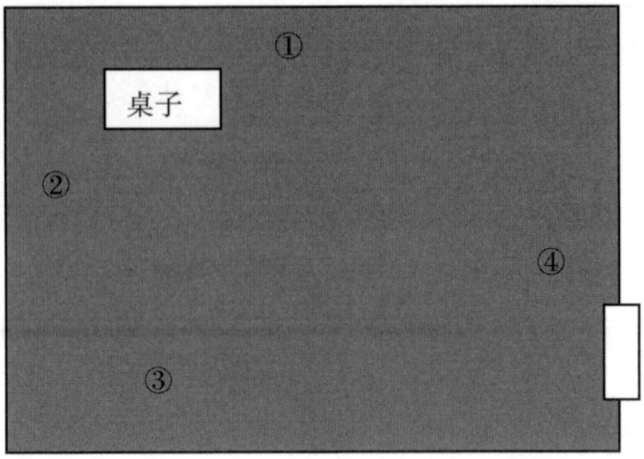

图 3－1　界域表现出关系信息

①亲密关系　②工作关系　③敌对关系　④公共关系

三、课堂实战训练

【训练一】请分析下列案例采用的说服技巧，谈谈你受到的启发。

1. 曹操用的马鞍被老鼠咬坏了。曹操认为这是不吉之兆，要以死罪治管理仓库的官吏。曹冲获悉后，戳破了自己的衣服，状如鼠咬一般，到曹操面前故作愁容。曹操问他原因，曹冲乘机答道："世上一般人认为被老鼠咬破衣服的主人不吉祥，现在我的单衣被老鼠咬了，所以忧愁。"曹操忙劝慰说："老鼠咬破衣服，主人就不吉祥，这全是无稽之谈，何用忧愁？"后来管仓库的官吏来向曹操请罪，曹操只得一笑了之。

2. 两千多年前，马其顿国王亚历山大率领军队出征印度，途中断水，全军将士干渴难忍。于是，国王命卫兵去四处找水。但卫兵找回来的却只有一杯水，便把它献给了国王。这时，国王下令，立即把部队集合起来，端着这仅有的一杯水，充满信心地对全军将士说："水源已经找到了，我们只要前进，就一定能够找到水的！"话音刚落，大家只见国王把手中的那杯水泼在地上。将士们顿时精神振奋，怀着巨大的希望，不顾难忍的干渴，跟着国王继续前进。

【训练二】模拟监狱个别谈话对罪犯进行劝说。

由教师在一周前布置训练项目。要求每两个学生为一组，明确身份；"监狱民警"要运用劝说的技巧，根据劝说的要求说服对方改变自己的观点，作出符合监狱改造要求的行为。"罪犯"根据自己的身份尽量提出各种理由妨碍、刁难和阻止劝说者的劝说。

训练要求：

1. 训练开始前，双方按各自规定立场准备理由，互相不能通气。

2. 虚构的理由已经说出，就视为真实，双方都不得指责对方虚假。

3. 学生在训练过程中也可模拟激动、愤怒等言行，教师要注意控制场面。

4. 训练时间控制在20分钟以内。

训练题目：

1 劝说罪犯改掉一种不良的嗜好（如赌博、酗酒、吸烟等）。

2. 劝说罪犯从家庭变故中重新振作起来。

3. 劝说罪犯亲属到监狱参加亲情接见。

【训练三】结合案例分析或者进行说服。

案例一：罪犯王某多次因自伤自残受到处分。一次，王某用剪刀划伤胸口被送往监区医院，伤口包扎处理后，其主管民警张警官将其带到监区谈话室，问道："白天你的情绪还挺正常，现在是怎么回事？你的脑袋到底在想些什么？这已经是这个月的第二次了，上次被处分你说是鬼使神差、不由自主，这次又怎么了？你对自己的身体就那么不负责任？"王某耷拉着脑袋，目光呆滞，神情黯然。这时，张警官真想狠狠地抽他几巴掌，痛打他一顿，但是经验告诉他，越是这种时候，粗暴的方式越会适得其反。

"刚才在车间到底是怎么回事？"张警官缓了缓语气。

王某抬头看了看，没有吭声。

"不吭声是吧？不想说是吧？还是不知怎么说？不说话能解决问题吗？"说着说着张警官的火气又上来了，大力拍了下桌子，"再给你点时间想想，你的问题该怎么跟我讲清楚。"张警官感觉到谈话陷入了僵局，意识到要重新调整自己的情绪和方式，于是停了一会儿说："伤口疼吗？"并递了一支烟过去。"多谢！"王某接过烟后，低着头狠狠地吸着。

见王某有所反应，张警官试探地说："我以前听你讲过你奶奶对你很好，你对她的感情也最深。如果把这件事告诉你奶奶，她知道你没有认真接受改造，还老伤害自己的身体，她会怎么想？"

听到这句话，王某立即停止了吸烟，连忙说："千万不能让她知道，千万不能……我不……不想让她担……担心。"

此时，张警官话锋一转，问道："最近有人反映说你的指甲变了颜色，是吗？"

"是呀！你看，我的手指甲全变成灰色的了，听人说手指甲变成灰色，身体的内脏可能有大问题,也可能有生命危险!”王某伸出一双手比画着,眼睛里带着某种渴望。

“身体有没有病要以医生的检查诊断结果为标准,自己不要胡思乱想。”张警官说。

王某说:“我最近老是感觉自己的身体不舒服,却又说不出哪里不舒服,我想去医院检查一下拍个片。”

“不要太紧张,你现在并没有明显的症状显示你的身体出现了问题,对于是否外出就诊和拍X光片的问题,也必须听医生的意见。”张警官口头安慰着,心里却明白了王某自伤的原因,于是接着劝说:“干部们对你入监后的表现还是肯定的,但你一而再、再而三地做这样的傻事,不仅违反了监规监纪,也影响监区的改造秩序,对自己更是伤害,给你的家人知道了也会担心!你担心身体有问题没有错,但是采取刚才这种做法是非常愚蠢的。”

“别人有病都可以出去看,我的胸口经常疼,况且,我的指甲真的变了色,为什么不能去检查?”王某伸出手盯着看。

“这些情况你有和干警反映过吗?”“没有。”“自己有病或觉得身体不适要及时报告,并真实地向医生反映,对于外出就诊,必须要由医生诊断后提出建议,经监狱批准后才能执行。你先调整好自己的情绪,有问题可以直接反映。”张警官见王某已经有所触动,便鼓励其放下心理包袱,重新认识自伤自残的危害性,并重申了监规纪律。此时,王某的情绪已经基本稳定下来了。

第二天,张警官带王某做了检查,结果显示,李某健康状况良好,灰指甲是由于毒菌性感染的癣类病,不会影响内脏及其他器官。经过多次谈话教育,王某已经有所转变,不仅接受了监区对他的处理,人也开朗很多,再没有发生过自伤自残的事情。

请分析张警官的说服工作用到了哪些原则和技巧。

案例二:罪犯李某,29岁,初中文化,已婚,因故意伤害被判处有期徒刑3年。主要犯罪事实如下:李某于2005年5月某日在酒店因争一个特色菜与另一桌的陈某、钱某发生争执,在争执中李某拿起啤酒瓶朝陈某头部砸去,致使陈某重伤。

李某捕前系皮革厂下岗工人,住某市皮革厂宿舍。李某在上小学之前,因为父母都上班,把他放在爷爷奶奶家。爷爷奶奶因为忙农活,给他的照顾很少,常把他放在比他大5岁的表哥家,经常受到威胁和欺负。回到家后,常受到父母的责罚和打骂。曾在17岁时因聚众斗殴被判刑2年。李某家庭生活困难,仰仗父母退休工资生活,与妻子育有一女,对妻子非常粗暴,有明显的家庭暴力倾向。在与朋友的交往中,常常因为难以控制自己的情绪而使交往关系破裂,一般维持交往关系的时间不长。李某对自己的这种表现非常不满意,因为自己的情绪吃了很多亏,办坏了很多事情,连自己都不明白是怎么回事,往往把好事变成坏事,试图改变自己,但结果总是不理想。

制作一个对李某的说服工作方案。

第三节　调解口才

一、教学案例导入

枫桥经验,是指20世纪60年代初,浙江省绍兴市诸暨县(现诸暨市)枫桥镇干部群众创造的"发动和依靠群众,坚持矛盾不上交,就地解决,实现捕人少,治安好"的"经验"。发动和依靠群众是"枫桥经验"的精髓所在、灵魂所在。诸暨充分发挥群众主体作用和首创精神,全面推广"三上三下"民主议决事制度,打造以"红枫义警""老杨工作室"为代表的品牌社会组织。目前共有各类社会组织4767家,其中仅平安、调解类社会组织就达1000余家,平均每4个常住人口中就有1人参加社会组织。诸暨还建立了包括13个专业调解机构、742家调解组织、3536名人民调解员的大调解体系;形成了人民调解、行政调解、司法调解相衔接的"多层次、社会化、全覆盖"大调解格局,调解成功率达到97.7%。迄今,诸暨已连续15年被命名为"平安县市",人民群众安全感满意度始终保持在96%以上。

——摘自《光明日报》

2020年,保定市共调处各类民间矛盾纠纷27532件,调解成功27367件,调解成功率达99.4%,有效发挥了人民调解维护社会稳定的"第一道防线"作用。"枫桥经验"保定模式进一步落地落实,全市建成乡镇(街道办)联合调解中心158个;完善人民调解、行政调解、司法调解之间的对接渠道,实现了"三调联动"。

——摘自《保定市人民政府关于保定市2020年度法治政府建设情况的报告》

二、本节知识要点

调解是指双方或多方当事人就争议的实体权利、义务,在人民法院、人民调解委员会及有关组织主持下,自愿进行协商,通过教育疏导,促成各方达成协议、解决纠纷的办法。监狱调解是指在监狱人民警察以国家法律法规以及社会公序良俗为依据,对产生矛盾的罪犯教育疏导,促使罪犯就争议的问题自愿协商沟通,达成相互谅解的工作方法。调解的目的是使罪犯形成一致的意向,达成有利于双方的协议。调解口才就是对罪犯调解时所使用的口语表达技巧和方法。相对于其他监狱工作口才,调解口才具有对象的多边性、观点的矛盾性、表达的劝服性和目的的导向性的特点。

(一)调解口才运用的基本原则和要求

1. 分清是非原则

《民事诉讼法》第96条规定:“人民法院审理民事案件,根据当事人自愿的原则,在事实清楚的基础上,分清是非,进行调解。”这一规定要求人民法院应当在查明事实,分清是非的基础上进行调解。以调解的方式处理罪犯之间的纠纷,同样要在事实清楚的基础上,分清是非。监狱民警在调解过程中,要对纠纷事实和纠纷罪犯态度有充分的了解,明辨是非,坚持原则。如果是非不分,无原则地和稀泥,当和事佬,是无法获得罪犯的信任,更无法达到调解目的的。即便罪犯表面认可和解,也只是暂时掩盖了矛盾,纠纷冲突随时可能暴发。一定要在明辨是非基础上处理纠纷,才能使罪犯心悦诚服,真正地化解矛盾。

2. 公平公正原则

一切调解工作,都要建立在矛盾双方对调解者的信任的基础上。因此,调解者对待矛盾双方要做到一碗水端平,不偏不倚。监狱民警作为一名调解者,要学会蒙上双眼,排除一切表象的干扰,秉持公平正义原则,用心去感受冲突的本质。如果无法坚守中间人的角色,对冲突一方罪犯偏袒,借机打击另一方,调解的效果是无法达到的。

3. 求同存异原则

《礼记·乐记》中说:“乐者为同,礼者为异。同则相亲,异则相敬,乐胜则流,礼胜则离。”人与人相处,最重要的原则还是求同存异,同则和睦相处,异则矛盾丛生。在矛盾调解过程中,监狱民警要引导罪犯学会求大同存小异,使罪犯认识到他们都生活在一个特殊环境中,都处在一个特殊人生阶段中,都面临着相同的困难,应该互相体谅,相互理解。一些细枝末节的小矛盾小纠纷背后实际上是共同的追求。

4. 多听少说原则

调解过程中,坚持多听少说原则可以发挥多重功效。通过倾听,有利于了解情况、查明事实;通过倾听,有利于调解对象宣泄情绪、平静心情;通过倾听,有利于争取时间,有针对性地完善和调整处置方案。

(二)调解口才表达技巧

1. 冷却降温

矛盾纠纷发生时,特别是双方情绪激化时,调解者要冷静处理,首先制止冲突双方,防止事态进一步扩大。一般双方在冲突发生时情绪冲动,很难接受意见。调解者可以对事件进行冷处理,待双方心平气和后再分别进行劝说调解。

［案例欣赏］

陈某甲和陈某乙二人是就读于南平市延平区某中学的同学。2021 年 9 月下旬某日,陈某甲将陈某乙骗至自己家中,对其实施伤害霸凌行为。事发后,陈某乙的监护人郑某报警,某镇派出所立案侦查,因陈某甲未满 14 周岁,也未对陈某乙造成严重身体伤害,南平市公安局延平分局作出不予执行行政处罚的决定,将本案民事赔偿部分委托移交某镇调委会进行调解。

在调查了解中,调解员多次前往某镇派出所和当事人家中,向派出所民警、当事人及其监护人了解案发情况。因此案是涉未成年人校园暴力案件,考虑到当事人的身份及事件性质的严重性,调解员决定联合派出所民警及中学校长共同开展调解工作。为防止矛盾激化,调解员采取“背对背”调解方式,对陈某甲监护人吴某和陈某乙监护人郑某单独进行沟通。

调解初期,调解员首先向陈某甲监护人吴某进行了批评教育,告知其作为监护人应该尽到管理教育子女的义务,孩子作出欺凌同学的行为,监护人负有不可推脱的责任,这与家庭教育的缺失有很大关系,并明确指出,《民法典》第 1188 条规定:“无民事行为能力人、限制民事行为能力人造成他人损害的,由监护人承担侵权责任……”孩子犯了错,监护人就必须担起责任,对受害者及其监护人有个交代。吴某听后进行了反省,表示是由于自己平时工作忙,疏于对孩子的管教才导致了此事的发生,以后会加强对陈某甲的管教,防止类似的事再发生,并同意在能接受的范围内对陈某乙进行赔偿。

因陈某甲的伤害侮辱行为导致陈某乙身心受创,陈某乙母亲郑某不满陈某甲没有受到法律的制裁,故对调解员介入调解心存抵触,称陈某甲监护人无论赔偿多少钱都无法弥补陈某乙受到的创伤,只想让陈某甲接受法律制裁。考虑到受害者家属的这种情绪,调解员决定先以安抚为主,采用情感共鸣方式,逐步使郑某情绪稳定下来,同时提醒郑某当务之急是先保护好陈某乙,在此期间一味地追究责任很可能对孩子的身心造成二次伤害,应该及时去医院做必要的身体检查以及进行心理干预治疗。与此同时,校方也表示会特别留意陈某乙今后在校内的表现,加强对陈某乙的心理疏导,随时与监护人进行沟通。

鉴于现阶段郑某对与对方就民事赔偿进行调解一事较为抵触，调解员决定循序渐进，借助多方力量做其思想工作。在案发后的一个多月中，调解员和校方频繁与郑某进行沟通，通过电话或者实地走访的方式了解陈某乙近期生活情况、治疗情况等。待陈某乙情绪趋于稳定后，又邀请郑某到某镇调委会，进行再一次调解。调解员向郑某解释，《中华人民共和国治安管理处罚法》第 12 条规定："已满十四周岁不满十八周岁的人违反治安管理的，从轻或者减轻处罚，不满十四周岁的人违反治安管理的，不予处罚，但是应当责令其监护人严加管教。"现在公安机关已经根据当事人实际情况依法作出了不予处罚的决定，既然在行政处罚部分无法深究陈某甲的责任，那么可以在民事赔偿方面争取自己的权益。

经过多方努力，最终郑某态度逐渐转变，同意就民事赔偿部分进行协商，双方达成一致。

评析：本案使用的调解策略得当，因为案情敏感且极易因调解不当引发不良影响，更要求调解员不能急于求成，要给予双方当事人充分的时间，引导其平复情绪，冷静、理性地思考问题。本案中，调解员恰当地运用多种调解方法，依法调解是基本原则，调解员在法律与事实的基础上，准确找到矛盾纠纷点，明确双方的真实意图，与此同时，充分考虑施暴者家庭的实际赔偿能力，做到情、理、法相统一，最终找到一个让双方都能接受的调解方案。

2. 深入浅出

调解工作中，往往需要用到法律法规和道德原则作为依据，但罪犯的文化程度不高，对法律道德这些抽象的条款认知能力不足。监狱民警在调解过程中，要做到深入浅出，切忌过分追求理论深度和华丽辞藻，把道理用贴近实际生活的小故事、小例子等大众化的语言讲出来。

3. 换位思考

矛盾纠纷发生时，双方往往刚愎自用，固执己见，调解者需要引导双方换位思考。罪犯往往利己意识较强，好钻牛角尖，监狱民警要启发罪犯转换角色，设身处地为对方着想，考虑自身得失时，同样要考虑到对方的利益。

[**案例欣赏**]

李某,男,1996年12月出生,小学文化程度,甘肃人。2017年9月李某因故意杀人、故意毁坏财物罪被人民法院判处有期徒刑8年,于2017年10月送监服刑改造。入监后李某妻子与之离婚,父母不与其联系,李某情绪极度失落,对家庭有较强的怨恨心理,加之年龄小、心理极其脆弱,其间,曾有过自伤自残行为,与其他罪犯之间关系紧张,对民警敌视抵触情绪极强。在缝纫车间劳动期间,李某一直认为从事上一个环节的罪犯王某总是针对自己。2019年1月,因不满上一个生产环节的罪犯王某的工作效率,与其发生口角。李某羞辱王某腿脚有些问题,王某动手打了李某一拳,二人随即厮打在一起。监狱民警发现后及时制止。

李某父母皆为农民,自小家里经济条件一般,但对其溺爱有加,"衣来伸手,饭来张口",长期的价值观偏离,加之缺乏家庭的正确引导和教育,导致其性格急躁冲动,爱逞强显能,一旦进入社会独立生存,又会产生恐慌心理,明显缺乏安全感,内心深处期待身边人关怀,极度渴望受人关注。

心理测评报告显示,其性格内向,同情心、合作能力较差,缺乏主见及正义感和责任感,比较自私和不近人情,固执己见,感知觉尚好,情绪明显低落,逻辑思维不清晰,思维状态极偏激,存在认知偏差,情感表达自如一致,自控能力差,改造难度较大,说谎指标分过高,有强烈的掩饰或装好倾向。

转化小组运用合理情绪疗法,逐步改变李某非理性观念,帮助他解决情绪和行为上的一些问题。一是转化小组咨询师运用"黄金法则",让李某明白"如果你希望别人怎样对你,你就要先去怎样对待别人",尝试着让李某学会换位思考,引导其学会健康理性的思维方式,以此来改善他对家人及同犯的错误认知,使李某能够设身处地为父母妻子以及罪犯王某考虑。二是根据李某的家庭情况及性格特点,转化小组认为必须从根源上解决矛盾。针对李某渴望亲情、对女儿心存愧疚的心理,转化小组多次与其家人联系,动员家人参与对李某的帮教中,讲清楚家庭对于罪犯改造的影响和李某对家庭的依赖及对好好改造早日出狱的渴望。一次次的亲情电话、视频会见,一次次家人真情流露的泪水,唤醒了李某深藏内心的善良,李某开始正视自己的性格缺陷,与家人开始互通书信,在看到家人寄来的女儿照片时,他忍不住失声痛哭,"女儿都这么大了,我却没有尽到一点当父亲的责任呀",民警抓住这个时机,立刻对其谈心安慰,李某也终于打开心扉,向民警吐露心声,并表示为了孩子一定会好好改造,之后李某对妻子和父母的怨恨也开始慢慢释然。

此后，李某重拾生活的信心，情绪好转，能主动参加劳动，对民警的管理教育也有了正确的认识和理解，并表示在今后愿意好好改造，回归家庭后好好生活孝敬父母，做一个对社会有用的人。

4. 先扬后抑

在调解的过程中，及时、充分地对调解对象的优点长处予以表扬和激励，可以满足调解对象的心理需求，形成良好的调解气氛，使被褒扬者作出一定的妥协和让步。但是，在调解中，表扬、肯定不等于不批评、不训诫，对于一些是非观念薄弱、无理取闹、胡搅蛮缠、胡作非为、固执己见、不听劝告的调解对象就要直面矛盾，敢于批评，严厉指出其继续坚持错误观点的后果，也可以以法律政策为依据反驳对方的错误观点，使其知晓利害，知难而退。“扬”和“抑”在调解的过程中要根据实际情况适时替换使用，“扬”中有“抑”，“抑”中有“扬”。①

5. 逆向求同

逆向求同是指引导矛盾双方运用逆向思维方式，让双方明白争执的结果是双输的，从而冷静思考，端正态度。罪犯情绪激动时，只争一时之气，忽略后果，监狱民警可以在其冷静后，指出争执甚至发生严重后果，双方目的达不到，反而都要被扣分甚至接受行政处罚，得不偿失。与其造成一个双输的局面，不如各退一步，求得和解。

三、课堂实战训练

【训练一】请针对下列情形进行调节。

1. 两个孩子争抢一张图画。
2. 邻居因宅基地发生纠纷。
3. 夫妻因家庭琐事闹离婚。
4. 兄弟因遗产分配发生纠纷。

【训练二】不同性格类型的调解对象应采取不同的调解对策，请为以下八种不同性格的调解对象设计调解对策：

1. 理智型：情绪表现理智，言行举止不易冲动，但由于感知能力、记忆等缘故对纠纷形成不正确的认识；存在不合法、不合理的需求，产生不正确的动机：或者对于法律缺乏了解，有对法律片面甚至错误的理解。

---

① 王莉、陈碧红主编：《监狱工作口才》，中国政法大学出版社2020年版，第124页。

2. 情绪型:知觉和观察能力比较敏锐、迅速,但往往是混乱的、无组织的,这类型的人不善于考察、分析现象的细节,也不善于概括反映现象的本质,对客观刺激表露出过强的兴奋。

3. 独立型:有个人信念,善于独立发现、思考和解决问题,遇事沉着、冷静、自信、果断、有主见,能独立判断是非,不易受暗示。

4. 顺从型:不善于独立思考,易受暗示,不加思考地接受他人的意见,容易按别人的意见行事。

5. 纯理论型:能冷静地认识、评价纠纷的性质,看待自己和对方当事人,但是对问题的认识常常是片面的甚至出现错误。

6. 纯经济型:对一切事物都只从经济的观点出发,从实际功利角度来评价事物的价值,以获得财产、追求利益为生活目的。

7. 外倾型:性格外向,心理活动溢于言表,感情外露,不拘小节,情绪变化明显,易于冲动,处事果断,随和,独立性强。

8. 内敛型:感情不外露,不轻易暴露各种心理倾向,抵制外部影响,孤僻,不喜欢交际,顾虑多,处事谨慎,适应环境困难,缺乏自信心,对批评敏感。

【训练三】

1. 罪犯张某,经常违反监规监纪,多次受到罪犯小组长王某的批评,张某怀恨在心,并对王某说:"你又不是警察,你凭什么管我?再管我有你好看!"于是经常在监舍里故意找王某的麻烦,还扬言要对王某进行报复,并私自将一根小钢钎带入监舍。王某也不甘示弱,利用小组长的身份多次刁难张某,两人矛盾愈演愈烈。为了转变两犯的错误思想,防止发生恶性冲突事件,作为监狱人民警察,你认为应该怎样进行调解?

2. 罪犯张某曾因犯抢劫罪服刑 2 年,现因入室盗窃罪被判有期徒刑 12 年,其家属认为该犯无药可救,与其断绝了关系,始终不来监狱探视。入狱以来,张某时常发呆,沉思不语,经常半夜突然起床,面墙而泣。后接受心理咨询,该犯表现出心理矛盾冲突的症结。作为监狱人民警察,你认为应该如何调解张某与其家属的矛盾,让其家属来监狱进行会见?

学生可以进一步丰富以上案例细节,明确角色身份,由监狱人民警察调解矛盾,化解纠纷。

第四章　授课口才训练

本章内容提示

目前我国监狱重点开展的以授课方式进行的教育主要是政治思想教育、文化知识教育、职业技术教育和心理健康教育等。监狱中的课堂教育，是授课教师根据监狱法的规定，挽救和改造罪犯成为守法公民所实施的教育。

课堂教育过程中，要想使罪犯能够真正习得和掌握教育内容，获得最佳的教育效果，授课教师必须在口语表达方法和技巧方面多下功夫，力争做到将教育内容系统、准确、高效地传授给罪犯，从而保证相关课程能够充分发挥其教育和改造功能，对罪犯在转变思想观念、提高文化水平和掌握各项技能等方面起到显著作用。

本章主要是针对监狱中课堂讲授中的课前准备、授课语言特征以及授课的基本技巧进行探讨。

训练目标与要求

1. 训练目标：通过本章的学习，了解课堂授课前的准备工作，掌握授课过程中语言表达的特征和技巧，在课堂授课时达到良好效果，提高对罪犯的教育改造质量。

2. 训练要求：要求授课教师能够较为熟练地使用多种多样的语言开展课堂教育工作，处理好课堂讲授中的各种问题，不断提高自己的口语表达能力和水平。

第一节　授课前的准备

一、教学案例导入

2021 年 3 月 31 日，山东监狱思想政治教育大讲堂在泰安监狱正式启动。第一课邀请了山东省委党校马克思主义学院院长林学启教授。思想政治教育大讲堂由全省监狱轮流主讲,并通过专线联网组织全体罪犯同步视频观看。在授课内容上,以思想政治教育为主,其他教育内容为辅。主要包括:宪法、中华优秀传统文化、中华人民共和国史、改革开放史、社会主义发展史、沂蒙精神等。林学启教授在讲课中娓娓道来,以翔实的史料和大量的实例,对新中国的改革开放史作了全面系统的讲解,梳理了改革开放史的基本脉络,展现了党和国家将改革开放进行到底的信心和决心。通过视频观看课程的罪犯张某说:"今天有两个没有想到。第一个没有想到,在监狱里面能够听到党校老师的精品课程。第二个没有想到,林老师能把政治课、历史课讲得这么生动,让我在这两个半小时的课程中,学到了很多,受益匪浅。我的犯罪给社会和他人带来了巨大的伤害,经过这节课,让我重新认识了国家、民族的大爱,我一定洗心革面、服从管理、积极改造,早日回归社会做一个守法好公民。"

二、本节知识要点

在监狱的课堂教育中,要想实现教学内容被罪犯理解、接受并掌握的目的,作为教师,授课前的精心准备工作是其中很重要的一个环节。很多教学实践都充分表明,在授课前的准备工作中下功夫的多与少,将会直接影响授课的效果与质量。

授课前的准备工作主要包括三个方面:充分了解罪犯、授课知识准备和选择合适的教学方法。

(一)充分了解罪犯

作为一项教学活动,在实施过程中必须要从受教育者的实际水平和现实情况出发,帮助他们形成良好的思想意识和道德观念,并发展其智力水平,使他们真正理解和掌握各项知识和技能。监狱中的课堂教育,授课教师面对的罪犯是一个特殊的群体。因此,在授课前的准备工作中,全面深入地了解和掌握监狱中罪犯的情况,并根据他们的具体情况来开展教学,这是非常重要且十分必要的。

对于罪犯的实际情况,要对他们的年龄、文化基础、智力水平有所了解;要掌握他们的兴趣爱好、思想认识、学习态度及情感意志等;要对他们的民族习俗、宗教背景、犯罪前的职业和社会经济地位进行充分的摸排。

[**案例欣赏**]

"没想到在监狱里面也有这样好的学习条件,我一定要珍惜这个学习机会。"近日,当在省新郑监狱服刑的李某坐在窗明几净的教室里参加文化学习之后这样说。和李某一起参加文化学习的还有440余名罪犯。这也意味着,该监狱新学期的"三课"教育正式开课。

据了解,为了严格落实"5+1+1"改造模式,提高教育改造质量,该狱在新学期开课前作了充分的准备,进行了合理编班,为每名入学人员建立了学籍,确保入学率。同时,开展师资培训,明确教学任务,开展教学研究。制订教学计划,明确教学内容和教学进度。思想教育以司法部统编教材《认罪悔罪教育》为重点,文化教育开设扫盲、小学、初中三个层次的学历教育,技术教育开展缝纫、烹饪、护理等技能培训。

评析:恰当地分组,灵活地运用各种教育资源,选择适合罪犯的、可接受的教育内容是授课的前提条件,然后再运用各种适宜的口才要素,将教学内容与各种口才形式完美地结合起来。

(二)授课知识准备

1. 深入分析教学内容

教学内容是完成教学任务、实现教学目标的基础。为了实现教学目标,要求罪犯系统学习各类知识。授课教师在教学中要根据课程大纲的要求,以课时或课题为单位,对教学内容进行具体且深入的分析,力争做到教学内容组织合理,便于罪犯理解并系统掌握的同时,突出重点,解决难点。教学内容的选择在范围上要注意知识的广度和深度,还要注意教学内容的科学性、思想性、整体性和系统性;在重点和难点上,要注意知识的关键部分;在顺序上,要注意知识的逻辑以及递进关系。

2. 广泛查找相关资料

罪犯的文化基础不同,学习能力、接受能力也不尽相同。很多教材由于受篇幅的限制,只能罗列一些基本的或结论性的内容。因此,教师还应当有选择地阅读一些参考文献和新闻资料,了解本学科知识的前沿信息,选择经典案例。只有拥有足够的知识储备,教师在课堂教育中,才能引经据典、旁征博引,以及说理透彻、逻辑严密、联想巧妙和见解深刻,真正做到得心应手,还能让罪犯感到教师所教授的课程内容丰富,贴近实际,有时代气息。

3. 积累实践经验

作为课堂教育主体,除了从书本上学习广博和深邃的知识以外,还要具备一定的社会实践经验和丰富的生活阅历,从中获得更多的感受和体验,以便更好地揣摩和把握罪犯的心理定势,摸准他们的思想脉搏,做到在授课过程中选择恰当的语言深入和打动他们的心扉。

［案例欣赏］

2018年4月10日，西南政法大学刑侦学院郑海教授一行前往重庆市涪陵监狱就“罪犯教育改造问题”进行了专题调研。参与调研的还有重庆市监狱局彭正容副局长、重庆市司法局教育改造处崔跃翔处长、政策法规处徐勤处长，刑事侦查学院肖毅副教授、王跃副教授、李涛副教授、茹士春博士也参与了本课题的调研。

此次调研，共分为两个小组，分别对监狱罪犯和监狱管教人员进行了深度访谈，调研内容涉及当前教育改造体制机制方面存在的问题、罪犯改造需求教育方式创新、刑事政策与罪犯心理矫治关系、分类教育与个别教育问题、罪犯教育改造质量评估体系完善等方面。郑海教授认为教育改造首先要明确何为“教育”？“教育”的目的是什么？明确这些问题才能对进一步的教育改造方式、内容进行细化和完善。

据悉，此次调研是我校与重庆市监狱管理局合作共建的形式之一，下一步双方将共同推进在监狱治理及罪犯改造领域开展横向科研课题合作研究；开展科研成果的推广转化，互派教师和教官开展业务培训和学术讲座，加强在课程建设和人才培养方面交流与合作；建立教学科研基地，推动教学科研的实践工作。

评析：扎实的理论知识和丰富的实践经验对于授课教师而言，是授课前准备工作中非常重要的。

（三）选择合适的教学方法

教学方法是指师生为完成一定的教学任务，在共同的教学活动中采用的手段，既包括教师教的方法，又包括学生学的方法。[①] 选择科学、合理、适宜的教学方法，有利于教师更加有效地支配课堂时间，更好地组织教学活动，提高教学质量，达到预期的教学效果。授课教师在深入了解罪犯的基础上，确定课程讲授内容后，就要进行教学方法的探索和选择。只有恰当地选择和运用教学方法，才能调动罪犯学习的积极性，激发他们的学习兴趣，才能真正把教学内容转化为罪犯的思想品德、行为准则和知识能力。还需要注意的是，教学方法的选择一定要符合教学内容的特点和罪犯的实际情况。

课堂教育一般主要采用讲授法、讨论法、演示法等。

---

① 《教育学原理》编写组主编：《教育学原理》，高等教育出版社2019年版，第278页。

1. 讲授法

讲授法是教学中比较传统和最为常用的一种教学方法，是教师通过口头语言向罪犯系统传授科学文化知识或某种技能的教学方式。它主要通过叙述、描绘、解释、推论等方法引导罪犯理解概念、了解现象、感知事实等，从而使他们能够认识问题，进而分析问题和解决问题，最终促进罪犯智力与人格的全面发展。

讲授法可分为讲述、讲解、朗读、讲演等不同形式：

（1）讲述

讲述是指教师用生动形象的语言，对教学内容进行系统的叙述或描述，从而让罪犯理解和掌握知识的一种课堂讲授方式。讲述可分为叙述和描述。叙述在教学中主要用于叙述学习要求、政治事件、社会面貌、时代背景、人物关系等。描述在教学中用于刻画人物、描绘环境、介绍细节、渲染气氛、表达感情等；叙述和描述的相同之处在于都是陈述事实，而不是讲明道理，其不同之处在于，叙述所使用的语言简洁明快，朴实无华，而描述的语言则细腻形象，生动有趣。

［**案例欣赏**］

也许是勇敢，也许不过是草率，是鲁莽或无暇旁顾。他在一个早春的礼拜日启程，摇着轮椅走过融雪的残冬，走过翻浆的土路，走过滴水的屋檐，走过一路上正常的眼睛，那时，伤残的春天并未感觉到伤残，只是感觉到春天。摇着轮椅走过解冻的河流。走过湿润的木桥，走过满天摇荡的杨花，走过幢幢喜悦的楼房，那时，伤残的春天并未有什么卑怯，只有春风中正常的渴望。走过喧嚷的街市，走过一声高过一声的叫卖，走过灿烂的尘埃，那时，伤残的春天毫无防备，只是越走越怕那即将到来的见面太过俗长……就这样，他摇着轮椅走进一处安静的宅区——安静的绿柳，安静的桃花，安静的阳光下安静的楼房，以及楼房投下的安静的阴影。

评析：这是史铁生《我与地坛》中的一段描写，他把叙述和描述二者结合起来运用，起到了很好的效果。需要注意的是，叙述时要思路清楚、结构严谨、有吸引力，描述时要生动形象、有感染力。

（2）讲解

讲解法是教师用富于理性的语言阐明原理、分析成因、揭示规律、推导结论等的方法。讲解法主要用于传授理论知识，对课堂教学有重要作用。在运用讲解法的过程中，要在理解教材的基础上设计授课语言，逻辑清楚，深入浅出，言之有物，论之以理;要用所授学科的科学语言进行讲解,并注意符合罪犯的认识规律,做到从具体到抽象、从感性到理性。讲解还应注意突出重点,将最基本的理论讲清楚,并且要给罪犯留出思考、消化、吸收的时间。

[**案例欣赏**]

"勿以恶小而为之,勿以善小而不为。惟贤惟德,能服于人。"这是刘备去世前给其子刘禅的遗诏中的话,目的是劝勉他要进德修业,有所作为。不要因为好事小而不做,更不能因为坏事小而去做。小善积多了就成为利天下的大善,而小恶积多了则"足以乱国家"。

评析:一些经典的文言文语句,在思想教育中会经常使用,对于文化程度偏低的罪犯一定要讲解透彻,让他们了解其中真正蕴含的深意。

(3)朗读

朗读法是教师以诵读方式表述教材或其他文献的方法。它可以在所讲课程内容为概念或重要原理,且需要阐释、加深印象的时候使用,这样既可以增加课堂授课语言的多样性,也可以突出朗读内容的重要性。教师要把朗读内容安排在恰当时机,同时在朗读后进行讲解。使用朗读法时,既可以自己朗读也可以请罪犯来朗读。朗读时,要声音洪亮,吐字清晰有力。例如讲到思想教育,它的内涵是:我国监狱在执行刑罚的过程中,以改造人为根本宗旨,把一定的社会思想和社会道德转化为罪犯个体的思想意识和道德品行的有组织、有计划、系统的教育影响活动。类似这样重要的概念,采取朗读的方式加以强调,是很有必要的。

(4)讲演

讲演,又叫演讲、演说。在课堂教学中以翔实的材料、严密的逻辑、精湛的语言来表达自己的内心感受,并以此来教育罪犯,起到感召和说服作用的时候可以使用这种方法。教师在讲演之前要进行充足的准备,写好讲演稿。由于讲演具有一定的艺术性,在讲演的过程中要注意语言的铿锵有力和声音的抑扬顿挫,同时伴有得体的肢体语言,真正达到对罪犯视觉和听觉的双重冲击效果。

[**案例欣赏**]

忠诚,是信仰,是核心价值观的灵魂,是为崇高理想努力前进的源泉。穿上了这身警服,不仅是一种职业的选择,更有一份使命的担待。久存责任心,以决心、耐心和细心开展工作，实践“教育、感化、挽救”失足人员的誓言。

永葆廉洁心，把淡泊明志、拒腐防变的一身正气作为正确的权力观和利益观的集中体现。当今社会灯红酒绿，充满诱惑，无时无刻考验着我们的立场和信念。近年来，腐败贪污、蝇营狗苟的事件层出不穷，一颗廉洁心便显得弥足珍贵。作为人民警察，从踏上从警之路开始，就要树立正确的权力观和利益观，就该在清白做人，严守纪律，为警徽添光彩和腐化沦陷，自甘堕落，为群众所唾弃之间毫不犹豫地选择前者。

恒立平常心，让甘于平淡、奉献事业的精神成为人民警察职业道德的最高境界。所以，我们要看淡一切，不计得失，全情投入我们的事业，经历过后，去体验奉献和收获的快乐。

理想是一种获得也是一种牺牲。少一声叹息，多一些实事，奉行“忠诚、公正、廉明、奉献”的人民警察核心价值观，今后我必将加强自身学习，不断完善自己，争做一名让党和人民满意的监狱人民警察。

评析：演讲者要思想明确，这样才能语言准确。要想使演讲语言准确、恰当，演讲者必须占有和掌握丰富的词汇，为了准确地概括事物，就需要筛选出最能反映出这一事物的词语来，还要注意词语的感情色彩，讲演的语言应该是生动感人的。

在使用讲授法时，语言需要注意准确、清晰、简练、生动、通俗易懂，并符合罪犯的理解能力与接受水平。讲述法节省时间、便于表达抽象概念、重视知识的逻辑和分析思维的优势，但它也很难关注罪犯的个别差异，不利于罪犯主动探究能力的培养。因此在授课过程中，授课教师需要灵活选择和运用教学方法，最好是几种方法的综合运用。

2. 讨论法

讨论法是在教师的指导下，罪犯分成若干个小组，围绕教材的中心问题，通过讨论或辩论，各抒己见，获得知识或巩固知识的一种教学方法。这是罪犯在教师的指导下解决某个具体问题、辨明是非真伪，从而掌握知识的有效方法。其优点在于能很好地发挥罪犯的主动性、积极性，有利于培养罪犯独立思考能力和口头表达能力，能够帮助罪犯灵活地运用所学知识。教师使用讨论法时，需要注意的是：讨论前教师要用简洁、概括的语言提出讨论的具体要求；在讨论的过程中，教师要善于使用启发和引导的语言，让罪犯在自由发表意见时围绕中心，联系实际；在讨论结束后，教师要及时进行总结，表述要直指问题的核心且条理清晰、逻辑严密。

[案例欣赏]

事件：

近日，珠海发生一起令人非常愤怒的事，一名外卖员先是蹲在地上用手抚摸一只小猫，随后拎起猫的尾巴，连续4次将猫摔向地面。看到猫在地上挣扎后，该男子又用脚多次踩踏这只猫，导致猫咪死亡。

讨论主题：

请大家就此事件从个人和社会的角度对外卖员的行为展开讨论。

教师总结：

(1)这是一起虐待动物事件，该外卖员的行为令人愤怒；

(2)无论何种缘由，对一只没有任何攻击性的猫施加毒手，以残忍方式虐杀，都已经突破了道德底线；

(3)外卖员被所属平台开除，永不录用，并且遭到网友一致谴责，这是自食其果；

(4)社会应加大宣传教育力度，形成爱护动物的良好风气；

(5)希望国家能够尽快出台反虐待动物相关法律，给虐待动物者以震慑和相关的处罚；

(6)国家应严厉打击利用动物非法牟利的行为，要采取相关举措斩断此种利益链。

3. 演示法

演示法是指在授课过程中，运用一定的实物或教具作示范教学，为了使罪犯了解某种现象是如何产生的，某种技能是如何操作的，某项工作是如何完成的等情况下使用的。此种授课方式是在单纯的语言授课不能达到最佳的学习效果时使用，它可以将罪犯的听课、看课以及实际操作有机地结合在一起，使他们比较直观地掌握理论知识或技能。

通过演示实验，提供正确的示范操作，除了可以帮助罪犯建立概念、认识规律以外，还可以激发他们的好奇心和学习主动性，同时培养他们的观察和实验能力。在使用此方法时，教师应边演示边解说，二者要有机结合，不能先做完演示然后再讲解，演示与讲解不能脱节。演示过程中教师的讲解语速要适当放缓，语言必须准确不含糊，语句通俗易懂，且能抓住要害。最好在演示的同时伴随着提问，让罪犯积极参与到演示的过程中来。

[**案例欣赏**]

一位教师在讲相向而行的行程问题时，为帮助学生认识相向而行且相遇问题的特点，运用演示法教学，收到良好的教学效果。

教师先在幻灯片上画一条线段表示两地间的距离，并把两个小人通过幻灯机显示在屏幕上。

教师：两个人在这一段距离中行走时，在运动的方向上会有哪些情况？出发时间和地点有哪些情况？

学生：面对面行走，同时不同地出发或不同时不同地出发。

学生：背对背行走，同时同地向不同方向出发，或同地不同时向不同方向出发。

此时，教师把两个小人放在同一地点，根据学生说的情况移动两个小人，让学生看清楚同时同地、同向而行和不同时同地、同向而行的两种情况。

教师根据学生所说的两种情况，移动两个小人儿各作了一次演示。

教师：两个人在同一路段上相向而行时，将会产生什么结果？

学生：向同一方向行走，同时出发，或一个先出发，一个后出发。

教师再一次演示教具，让学生看相遇和交叉而过的两种情况，向学生介绍相遇的含义，同时进一步问两个物体在运动时，在什么条件下会相遇？

评析：上述这一教学片段，教师利用直观教具，使学生充分感知相遇问题的特点，为学生理解相遇问题打下了一个坚实的感性基础。

三、课堂实战训练

【训练一】若给女犯讲授一堂婚姻家庭教育指导课，请把要讲的主要内容以及选择的教学方法罗列出来。

【训练二】若给罪犯讲授一堂劳动教育课程，请把要讲的主要内容以及选择的教学方法罗列出来。

【训练三】若给罪犯讲授一堂初中物理的力学基础课程，请把要讲的主要内容以及选择的教学方法罗列出来。

第二节　授课的语言特征

一、教学案例导入

在多年的求学生涯中，林红老师给我留下了非常深刻的印象，她开朗、乐观、幽默，每次上课都带领着我们走进多彩的知识世界。

我们感觉她就是知识和智慧的化身，她的一言一行都影响着我们。她的语言非常规范，在遣词造句方面从来没有语句不通、颠三倒四的语病，总是用准确无误、规范严谨的语言向我们传播着新的知识。老师还会对知识举一反三，并且通过提问的方式不断启发我们，来调动我们学习的主动性和积极性，老师充满启发性的语言可以让我们获得更多的知识。

老师还经常用鼓励性的语言称赞和表扬我们，这些由衷的夸奖和赞美，让我们学生看到了老师的认可和鼓励，增进了我们师生之间的感情，也让我们感觉到学习是一件非常快乐的事情。老师在讲课的过程中，时而眉飞色舞，时而严肃庄重，时而屏气凝神，让我们感到上课是一次丰富的情感体验。老师还经常用生动有趣的语言来弥补教学内容本身的单调和枯燥，让我们从原本很多枯燥乏味的知识中获得了意想不到的享受和乐趣。

二、本节知识要点

语言是沟通的媒介，是认知思维的工具，也是课堂教学中师生交流的重要手段。课堂授课语言不同于一般简单的人际交往语言，它是一种具有特殊表现形式的认知工具和信息载体。具体而言，课堂授课语言是指在课堂教学时空内，教师根据一定的教学目标和教学任务，对特定的教学对象进行专业知识教学，与他们进行课堂交往时所运用的语言，它既具有一般语言的表现特征，又具有自己独到之处。同时，课堂授课语言也是师生之间思想交流、情感传递、文化碰撞的特殊语言。课程教学与教师的语言素养关系紧密，苏霍姆林斯基说："教师的语言修养，在很大程度上决定着学生在课堂上的脑力劳动的效率。"授课教师作为知识和品行的楷模，对罪犯各方面的发展都具有潜移默化的影响。为此，授课教师要从一言一行上来规范自身，既体现在行动上，也要用语言的魅力来促进罪犯的教育转化工作。监狱的课堂授课教育内容广泛，因此教育形式也多种多样，在课堂讲授过程中，教师的口语表达能力对于能否保证课堂教育充分发挥它的教育和改造功能会产生至关重要的影响。

罪犯教育改造情况的特殊性也更加决定了教师必须要充分了解课堂教育口才的特征，掌握各种语言的使用方法，巧妙地运用语言的力量来提高授课质量和教学效果。

（一）课堂教育与课堂教育口才的内涵

课堂教育是指监狱将罪犯按监区、犯罪类型、文化程度编成有固定人数的教育班，由教师根据教学计划中规定的课程类型和学时数，按照大纲要求以及创建的课程表，进行以思想道德、政治文化、法律、职业技术、心理健康等为内容，采取分科教育的一种组织形式，它是教育改造罪犯的基本方法和手段之一。

课堂教育口才，是指教师以课堂教学为主要形式，采取多种教学方法，充分运用口语的表达方法和技巧，将教育内容系统、准确、高效地传授给罪犯，促使他们转变思想意识，提升道德品行，提高科学文化水平以及掌握一定劳动生产技能的口语表达才能。

（二）授课的语言特征

在课堂教育中，罪犯受教育水平普遍较低，很多处于教育的基础阶段，在认知方面有着一定的局限性，在实施教学时更要体现出积极的引导和示范，并从中来激发他们思想和品德、智力和能力的全面发展。因此，授课教师要不断提升课堂语言的运用和把握能力，结合监狱教学现状，针对罪犯的理解和认知实际，推动课堂授课教育的发展。

具体而言，课堂授课的口语表达应具备以下几个特征：

1. 严谨性和规范性

（1）严谨性

课堂授课语言是一种按照一定规则表达教学意义和教学思想的通用语言，也是教学知识和思维的载体。严谨、科学的课堂授课语言是罪犯正确掌握学科知识，深刻洞悉事物发展内在规律，形成对客观世界合理认知的基础和保障。严谨性是课堂授课语言的一个重要特征，在课堂教学中，尤其是对于某些学科知识的讲解更要注意语言的严谨性。授课教师的语言应具有一定的内在要求和表现范式，如果授课教师的语言缺乏严谨性，有时还会人为地造成罪犯听课过程中出现思维混乱和认知上的矛盾，可能会导致他们概念模糊或判断失误，不利于他们对知识的理解、掌握和智能水平的提高。因此在课堂教学中要注意授课语言的严谨性，做到精准、专业。课堂授课语言的严谨性还体现在课堂授课语言要简洁明快，干净利索。莎士比亚曾经说过：“简洁是智慧的灵魂，冗长是肤浅的藻饰。”

［**案例欣赏**］

一定的社会危害性是犯罪最基本的特征。所谓社会危害性就是指对国家和人民利益的危害性。上述三罪犯对他人的财产和人身就造成了危害。没有社会危害性就不是犯罪，社会危害性没有达到相当的程度也不是犯罪。社会危害性的大小是由以下几个方面决定的：一是决定于行为侵犯的客体，就是行为侵犯了什么样的社会关系；二是决定于行为的手段、后果以及时间地点；三是决定于行为人的情况及其主观因素。

评析：教学中关于事物最基本的特征的描述，语言表达要符合科学和事实，做到言简意赅，应注意避免含糊其词和不必要的重复，力争做到授课语言链条清晰，逻辑合理，层次清楚。

（2）规范性

授课教师的语言也要注重规范性。规范是指教师在语言表达形式和表达内容上要符合规范化要求，不能凭个人的主观好恶，必须要有客观根据。语言规范，是指教师授课时要用普通话进行教学，如果使用方言，会影响教学内容的广泛传播，会影响课堂教学的质量和效率，甚至有可能会由于语音障碍而形成误解。普通话具有字正腔圆、旋律优美的表达效果，要做一个好的合格的教师，必须要学好普通话，说好普通话。课堂语言的规范除了要做到发音准确，还要声音响亮、清晰流畅。清晰是指课堂教育口才要用清楚的语言表达清楚的思想内容；流畅是指出语和表意要做到衔接顺畅、结构完整、富有节奏感和韵律美。在语言质量上，授课教师还需要从语音、词汇以及语法特征上进行严格规范。

2. 教育性和启发性

（1）教育性

衡量一个教师的语言水平，一个很重要的标准就是在语言的运用方面是否符合教育性的价值追求。教学并非单纯的知识、信息、认知与传递，而是知情意行与情感的融入，教师要向罪犯传达一种向善、向好的精神，这才是教育中“育”的精髓所在。

授课语言既然是教学的工具，就应该符合教学的价值预设，教育性是授课语言的价值预设与功能实现的融合，真正的教学是教育罪犯向善、求真、趋美的。教师的教学语言应体现教育本质的内在要求，要对罪犯的认知和情感方面产生作用，要着重于改造人的过程。教师的语言要能够体现自己的教育观念和思想，体现出“为谁教”、“如何教”以及“为何如此教”的意识。在教学过程中，不能出现语言歧视或排斥,甚至语言暴力的行为,这样会影响罪犯人格的健康发展。

因此,作为授课教师要确立坚定的教育信念,秉持涵养通达的教育智慧,形成良好的教育思维,拥有丰富的教育知识,具备卓越的教育能力,这样教育性的语言才会如行云流水般自然淌出。

[**案例欣赏**]

今天,你是一名接受改造的罪犯,这是你人生中的一段特殊经历,也是你新生的开始。要与过去决裂,对自己的未来有一个憧憬,就必须寄希望于今天。把握现时的改造,遵循警察的教诲,走好服刑改造生活的每一步。

个别罪犯把监狱人民警察的教育挽救视为儿戏,丧失了改造信心,混刑度日,使刑期越坐越长。而绝大多数罪犯,把刑期变学期,立足于自己的岗位,学习一技之长,走踏实改造之路,用收获的积累,为明天的新生打下了基础。

评析:教育性是授课语言应该表现出来的一个很重要的特性,尤其是对于罪犯的课堂教育,具有教育性的授课语言可以实现它的教育功能,促进罪犯更好地转变和发展。

(2)启发性

教师用语言进行教学,不只是简单地向罪犯灌输知识,还要引起罪犯的思考。罪犯在听课过程中,要跟随教师授课语言的叙述和描绘来进行思考、判断,从而发展和提升自身分析问题和解决问题的能力。授课语言的启发性,不仅在于课堂中多提问,教师更要注重语言内在的启发因素,从而充分调动罪犯学习的积极性和主动性。这就要求授课教师的授课语言具有启发性,激发罪犯去思考和探索,然后引导他们一步一步地寻求答案,获得真知。

授课教师要善于激发罪犯的主体意识,让他们带着问题去听课,增强其学习的内动力;要多为他们制造悬念和创设意境,激发他们思考的动力和求知渴望。可以在讲授的过程中不时发问,例如,你们觉得这样做对吗? 你们感觉应该是什么样子的? 你们发现了什么问题呢? 很棒! 已经找到了一种方法,再试试,还有其他办法吗?

3. 可接受性和趣味性

(1)可接受性

课堂中教师使用的语言能否为罪犯所接受和吸收,直接影响着教学活动的效果。授课语言的可接受性,在教学中发挥着重要的作用。在具体表现上,要注重语言方式的灵活性和生动性，从语法构成和词汇运用上要通俗易懂，浅显明白，有时还要贴近生活。

［案例欣赏］

敬一丹坦言自己早年当记者时也有过采访失败的经验教训。喜欢下基层采访的敬一丹曾一度以为自己很会和农民说话，也很懂得见什么人说什么话，但一次采访经历却"教训"了她。有一次，她到山东采访一位养猪协会的会长，之前特意找专家了解，做了很多功课，对农民自发成立的产业协会做了很多了解，自己觉得心里已经很有底儿了。但采访一开始，她刚问了一句"您的养猪场辐射了多少农户时"，被采访者就摇头表示"记者同志，您的话我听不懂"。他说，"我不知道什么叫辐射"。敬一丹头一下子就大了，不知道该怎么说了，采访一度中断。最后还是那位会长一句"你别管我叫会长，我就是个养猪头儿"使她茅塞顿开，她一下子找到了"辐射"的替代问法，"那你这个养猪头儿管着多少家?"采访才得以继续。

敬一丹说，人要对自己的语言惯性有一个自醒，很多人一张口就带着自己的语言惯性，却发现不了自身的毛病。不管是记者还是官员，都不能把开会的语言直接搬到媒体面前，更不能用公文语言对老百姓说话。

评析：敬一丹曾经的经历告诉我们，语言选择的前提是受众的可接受程度。针对罪犯的文化水平普遍偏低的情况，授课教师更要注重教学语言的可接受性。

（2）趣味性

课堂授课语言的趣味性，是指课堂授课语言要生动、形象和有趣。具有趣味性的授课语言，会像磁石一样吸引罪犯的注意力。要使罪犯觉得课程"有趣"，关键在于教师的授课语言能否悬疑激趣，扣人心弦，能否化深奥为浅显，化枯燥为风趣。课堂授课语言的趣味性，不仅能够有力地抓住罪犯的注意力，更能够在恰当的时机以恰当的方式来巧妙地引导罪犯，吸引他们的注意力，唤起他们想继续听下去的愿望，从而激发他们的学习兴趣和学习热情，并由此打开他们的心智之门，增强他们对事物的理解和感受，在比较轻松的课堂中习得知识的同时，也能获得精神上的充实与享受。

[案例欣赏]

有位客人到某人家里做客,看见主人家的灶上烟囱是直的,旁边又有很多木材。客人告诉主人说,烟囱要改成弯曲的,木材也需要移去,否则将来可能会有火灾,主人听了没有作任何表示。

不久主人家里果然失火,四周的邻居赶紧跑来救火,最后火被扑灭了,于是主人烹羊宰牛,宴请四邻,以酬谢他们救火的功劳,但并没有请当初建议他将木材移走,烟囱改成弯曲的人。

有人对主人说:"如果当初听了那位先生的话,今天也不用准备筵席,而且没有火灾的损失,现在论功行赏,原先给你建议的人没有被感恩,而救火的人却是座上客,真是很奇怪的事呢!"主人顿时省悟,赶紧去邀请当初给予建议的那个客人来吃酒。

评析:这个小故事可以告诉我们,在生活中,有时我们常常辨识不出谁是对我们能够起到真正帮助作用的人。因此教师要博文广知,和教学内容有关的笑话、故事、格言、典故、诗词等均可引入课堂,烘托气氛,让罪犯感到课堂新奇多趣,知识易于理解接受,不仅能轻松愉快地完成教学任务,还能活跃课堂氛围。

4. 情感性和激励性

(1)情感性

授课语言的情感色彩是增强语言感染力的关键。苏霍姆林斯基在《给教师的建议》中说:"在知识的活的身体里要有情感的血液在畅流,这是课堂授课语言的生命、灵魂。"为此,在授课语言的应用上,要力求做到将丰富的情感融入其中,使罪犯受到感染,并在情感上引起共鸣。唐代大诗人白居易说过:"感人心者,莫先乎情。"晓之以理、动之以情,这是教育罪犯的一种方法,也是课堂教育口才的一个特征。

授课语言的情感性要求授课教师在对教材内容进行理解时,要充分把握蕴含在其中的思想感情,并进行深刻挖掘和仔细品味。在教学过程中,将喜、怒、哀、乐、忧、惧等情感因素声情并茂地展现出来,达到"情动于中而言溢于表"的效果,从而触动罪犯的情思,拨动他们的心弦,震撼他们的心灵,使他们产生强烈的共鸣。

[案例欣赏]

理想是每一个人前进的路标，是每一个人为之追求的崇高目标。一个人放弃了理想，就放弃了追求。讲到这里，一幅幅难忘的情景浮现在我的面前：一个年过花甲的老人，到预审室后像孩子似的哭泣。他是个厅级干部、老党员，在战争年代的枪林弹雨中，他挺着胸膛走了过来。然而，改革开放后，他落伍了，在金钱、美色的诱惑下，他掉进了陷阱……

一个才华横溢、备受赞扬的党校初任教员为了追求那纸醉金迷的生活，出卖了党性，践踏了良心和法律，走上了吸毒、贩毒的邪路。

谁没有纯洁无邪的童年？谁没有人生路上奋力拼搏的轨迹？而那些过去曾拥有辉煌历史的罪犯，也曾有过远大的理想和抱负。但是，为什么纯洁变成了罪恶？为什么光荣变成了耻辱？为什么美好的憧憬化成了无情铁窗？那老干部的忏悔，那许许多多罪犯的深刻反思，我们发现，只有一个答案——在人生的旅途上他们泯灭了最宝贵的理想之火！

这泯灭了理想之火的人生，犹如海洋里失去了罗盘的航船，只能随波逐流，直至葬身海底。那么，大家难道只能等待毁灭？不！一条光明的路摆在大家的面前，那就是，把握今天，重树新生的理想，在劳动中洗刷污渍，在改造中摒弃旧我，从而走向新生。那些正视人生，正视错误，在阵痛中净化自己，从而重燃理想之火的人们，必将在阵痛之后，走向新生。记住吧，昨天已是历史，今天才是最珍贵，失去了现在，就等于失去令人羡慕的未来。

最后，我想起了俄国革命者车尔尼雪夫斯基的名言："未来是光明而美丽的，爱它吧，向它前进，为它努力，迎接它，尽可能地使它成为现实吧！"

评析：授课的有些内容，是需要教师饱含热情，以情动情，以情感人，它本身就是一种很好的教育手段。如果没有教师情感的授课语言，教学内容就会使罪犯感到苍白无力，枯燥乏味。

(2)激励性

激励性语言是教师口语艺术中最富有激情，同时也是运用极其广泛的一种课堂授课语言。激励性语言，正是以激励为手段，以语言为载体，充分显示出它在教学中的功能。这种语言一般从正面入手，运用期待、赏识、引导、谅解、表扬等方式来加强罪犯的信心，引导他们思考，是一种比较感性的教育语言。如果激励性语言运用得当，可以起到很好的教学效果。教师在课堂授课过程中，要善于使用富有激励性的语言，把生活的灵感和思想贯穿到自己的话语中去，这样可以使罪犯受到强烈的语言冲击,不仅可以激发他们的学习兴趣,消除心理上的疲倦,还能调动他们的内驱力,进而打动他们的内心。

[案例欣赏]

没有一个人生来就会犯罪,也没有一个父母愿意自己的儿女成为国家和社会的罪人。犯罪是可悲的、可叹的,也是可耻的。然而,失足未必千古恨,回头便是万年春。在什么地方跌倒,就在什么地方爬起,通过自己踏实的改造,必将洗刷污渍,重铸美好的人生。

有人说:能把握今天的人,明天一定充满希望。回忆昨天是沉重的、痛苦的,然而,一味沉溺在昨天的人,是很难前进的。你们虽然犯了罪,党和政府没有抛弃你们,给了你们第二次生命,给你们创造了良好的改造环境,唯有把握今天,才是一个对自己负责任的人。

评析:在课堂授课过程中,授课教师要多关注罪犯的感受,通过激励性的语言与罪犯进行多方面的心灵交流,给予他们更多鼓励、关爱、信任和期待。

5. 丰富性和艺术性

(1)丰富性

语言的丰富多彩是课堂授课语言艺术的主要表现之一。通常情况下,针对不同罪犯,不同文体、不同内容、不同风格的教学内容,要采用不同的课堂授课语言,避免单调、刻板的课堂授课语言。课堂教育过程中,授课教师要加强词语的丰富性,还要注意同样的词语在不同场合和语境下会表达出不一样的含义,要用更丰富的词语来阐述自己的看法和表达自己的观点。

[案例欣赏]

英国也许因为温和渐进,容易被人批评为不深刻。然而细细一想,社会发展该做的事人家都做了,文明进步该跨的坎人家都跨了,现在社会该有的观念人家也都有了,你还能说什么呢?较少腥风血雨,较少声色俱厉,也较少德国式的深思高论,只一路随和,一路感觉,顺着经验走,绕过障碍走,怎么消耗少就怎么走,怎么发展快就怎么走——这种社会行为方式,已被历史证明,是一条可圈可点的道路。

评析:余秋雨的这段话充分展示了丰富的词汇对于表达起到的重要作用。

(2)艺术性

课堂授课语言忌平淡,有时要具有艺术性。课堂授课语言的艺术性能以起伏自如、轻重有致、自然和谐、音义兼美的艺术魅力,使罪犯得到精神上的熏陶和艺术上的享受。课堂授课语言的艺术性是口语运用能力的最高境界,也是教师在课堂教学过程中追求的最高目标。艺术化的语言是有生命的,不仅能够给罪犯带来对课程美的享受,更能帮助罪犯提高发现美、鉴赏美和创造美的能力。

授课教师要注意对语言艺术魅力的感知、锤炼和积累,在授课过程中增加语言的艺术性,抓住罪犯的心。具体而言,就是教师在课堂上,语言要注意切忌平铺直叙,平淡无奇,应尽量做到高低起伏,长短相间,快慢适宜,根据教学内容和教学实际的需要,时轻时重,时缓时急,抑扬顿挫,声情并茂,使罪犯听起来兴趣盎然,津津有味,从而提高教学效果。

三、课堂实战训练

【训练一】若以"刑期也是学期"为主题上一堂思想教育课,语言应呈现哪些特征。

【训练二】以"你最崇拜的一个人"为题进行语言表达训练。

【训练三】选择曾经听过的一堂课,分析授课教师的语言特征。

第三节　授课教师的要求和基本技巧

一、教学案例导入

2018年12月18日,庆祝改革开放40周年大会举行!王沪宁宣读了《中共中央　国务院关于表彰改革开放杰出贡献人员的决定》。决定指出,党中央、国务院决定,授予100名同志改革先锋称号,颁授改革先锋奖章。

著名的特级教师于漪,是100人中唯一的基础教育界代表!

于漪老师的主要经验是:

第一,"挖掘文章内在的思想性,揭示其寓含的深意";

第二,"重锤敲打关键词句,使它们溅出耀眼的火花";

第三,"变换提问的角度,选择最佳入口处,激发学生的感情";

第四,"创设情境,带领学生置身于情境之中,使他们耳濡目染,受到熏陶";

第五,"联系、扩展,增添感情浓度,形成余音缭绕"。

于漪老师曾经说过,她把讲课要说的每一句话都写下来,然后像改作文一样修改,之后背下来,再口语化。她曾经对别人说:“每天,我脑子像过电影一样,把课堂上要讲的话规范化,力求做到出口成章。”

二、本节知识要点

(一)不断地练习和积累,提高各项能力和素质

1. 提升综合能力

作为课堂讲授的教师,要想很好地完成教学任务,除了课前要认真钻研教材,精心准备教案,良好的认知能力、组织能力、沟通能力、表达能力和创新能力也是一个教师需要具备的,这五种能力相互联系,构成了一个有机体。授课教师只有通过不断地练习和积累,具备了这些能力,方可准确、巧妙、得体和完善地表达自己的思想感情,获得最佳的口语表达效果。

(1)较强的认知能力

认知能力是观察事物,并对其进行分析、抓住本质的能力。人们常说眼见为实,但有时眼睛看到的,也往往不过是事情的表面现象而已。这就需要老师有很强的认知能力,前提是要具备敏锐的洞察力,清晰的判断力。例如一堂好的思想教育课程,需要有说服力,还要具有感染性和针对性,这些通常需要对罪犯思想动态和情绪有清晰的了解和掌握,这与授课教师具有较强的认知能力、判断能力和辨别能力是分不开的。

[案例欣赏]

有一次,孔夫子与众弟子们在陈、蔡的地方被围困,连续困了7天,只能吃些野菜,7天没有吃到粮食。有一天,孔子白天躺着睡觉。颜回去讨米,讨米后烧火做饭,饭快熟了,孔子看见颜回抓取锅里的饭吃。过了一会儿,饭做熟了,颜回拜见孔子并且端上饭食,孔子假装没有看见颜回抓饭,起身说:“今天我梦见了先君,把饭食弄干净了然后去祭祀先君。”颜回回答说:“不行,刚才灰尘落进了饭锅里,扔掉沾着灰尘的食物不吉利,我抓出来吃了。”孔子叹息说:“人所相信的是眼睛,可是眼睛看到的还是不可以相信;人所依靠的是心,可是心里揣摩的还是不足以依靠。”

评析:一次好的口语表达,要想做到既有针对性,又有说服力,并且解决实质问题,就需要口语主体具有一定的认识能力,可以透过现象看本质。

(2)高超的语言组织能力

语言组织能力是指准确使用词语,语言表达的意义清晰,结构恰当,句子简练且通俗易懂,符合规范,没有语病。语言的组织能力,会直接影响到口语的表达效果。如何运用精练、准确和生动的语句来表达博大精深的思想,这就要求授课教师必须具有高超的语言组织能力。良好的语言组织能力可以在一堂课有限的时间内,选择出最适合的语言材料并将其组织成一个有机的整体。

[**案例欣赏**]

植物是适应自然环境的能手。最著名的食肉植物捕蝇草在进化过程中具备了触觉,所以当昆虫掠过它的"触须"时,它的"下巴"就会合上,不幸的昆虫就成了瓮中之鳖。达尔文是最早提出这种行为是模仿了动物的神经系统反应的学者之一。按照达尔文的提示,伦敦大学学院的医学生理学家约翰·伯登·桑德给捕蝇草绑上电极,他发现当捕蝇草的触须被碰到时,便会产生类似动物神经冲动的电脉冲。

评析:这段话不仅揭示了食肉植物捕蝇草的本质特征,也告诉我们发现者的功绩,使用的语言意义清晰,句子简练,且通俗易懂。

(3)突出的表达能力

表达能力又叫作表现能力或显示能力,它是指一个人把自己的思想、情感、想法和意图等,用语言、文字、图形、表情和动作等清晰明确地表达出来,并善于让他人理解、体会和掌握。作为口语表达主体的授课教师要掌握这种具有一定审美价值的口语艺术形式,它要求在语言表达过程中,语义上要求用词准确、通俗、得体;语音上要求清晰流畅,说起来朗朗上口。对于罪犯而言,就是要能够做到入耳和悦耳。

(4)良好的沟通能力

沟通能力指一个人与他人有效地进行信息交流的能力。授课教师要善于用语言与罪犯随时沟通,以便及时掌握课堂授课过程中罪犯的思想动态,使他们跟随着自己的思路和节奏往前走,与他们做到情感共鸣和思想交融。只有这样,才能使罪犯较好地掌握、领会和消化教学内容,实现授课的最佳效果。在授课过程中,可以不时地使用一些沟通性的语言询问罪犯:这个问题大家听懂了吗?刚才的讲解还有不理解的地方吗?你们是否了解其中蕴含的深意?这部分还需要我讲得再详细一些吗?等等。

(5)较好的创新能力

如果授课教师具备语言表达方式的创新能力,会达到事半功倍的教学效果。授课过程中,教师不要总是重复过往的空话、套话,而要学会打破以往的思维定式,开阔思路,用新颖独到、有自己特色的语言,来启迪和开发罪犯的心智。只有这样,才不会令罪犯感到课堂的枯燥和无趣。

[**案例欣赏**]

地铁出口,一个盲人老汉坐在地上乞讨,面前摆着一个牌子,写着:"我是一个盲人,请帮帮我。"路人来来往往,给他捐钱的人寥寥无几。这时候路过一个黑衣姑娘,虽然走了过去,却又折了回来。姑娘蹲下身,拿出马克笔,把老汉放在面前的纸板翻了个面,唰唰唰地写了几个字,又把纸板放到了老汉的手里。老汉摸了姑娘的鞋子,不知道姑娘在做什么,但有了印象。没一会儿,几乎所有经过的人都给老汉捐了钱。半天过去,老汉的罐子里装满了硬币。姑娘再次在老汉面前停留,老汉通过鞋子认出了姑娘,很好奇地问:"你在纸上写了什么?"姑娘说,我写了这样一句话:这是美好的一天,而我却看不见。

评析:这个乞讨老人的故事说明,语言的创新会有意想不到的收获,如果总是人云亦云,陈陈相因,是不会让听众产生很大触动的。

2.稳定的心理素质

课堂教学是一项系统的、综合性的活动,如果说成功的课堂教学是由多种因素决定的,那么教师稳定的心理素质,对于有效开展教学,提高课堂教学质量有着举足轻重的意义,也直接影响着教学目标的实现。授课教师稳定的心理素质是指能够顺利完成课堂教育任务的自信心和积极饱满的情绪,以及出现偶发事件时临危不乱,可以从容应对的能力。口语表达能力的高低会直接影响一个授课教师的心理状态,而这又会直接影响课堂教学的效果。在授课过程中,教师往往会面临授课对象和授课环境的变化,可能会存在紧张和怯场等心理障碍,要想取得最佳的教育效果,充分发挥自己的口语才能,就必须进行心理素质的训练。稳定的心理素质来源于充足的自信心。一个教师足够的自信又源于不断的练习,尤其是口语表达能力的练习,这也是一个不断自我完善的过程。

[**案例欣赏**]

美国总统林肯天生说话有口吃,可是他自从立志要做律师之后,深深了解了口才的重要,从此每天到海边对着大海练习演讲。经过千万遍的练习,林肯不仅成为一位名声斐然的律师,而且踏入政界,成为美国有史以来最为人怀念的一位总统。林肯很喜欢把经典作品片段有声有色地读给别人听。他千方百计争取听众,面对面地读给人听。他会公开大声朗读,他会临时找人当听众。有时他午夜醒来,会随手拿起枕边的诗集念起来。一旦发现特别美好的句子,他常常只穿睡衣,兴奋地跳下床来,还把一首首他认为最奇妙的诗高声念给秘书听。读得抑扬顿挫,像是作者本人在与人畅谈似的。朗读的毅力是惊人的。他从青少年时期起,到25岁就当选洲议员,47岁成为副总统候选人,52岁担任总统进入白宫以后,一直坚持朗读优秀文学作品。即使在南北战争那段最繁忙的岁月里,他都忙里偷闲朗读一些作品。可以说,他一生时时伴随着演说活动也时时伴随着优秀作品的朗读。朗读,是林肯从演说家迈向总统宝座的成功之路。当然,林肯学会演说还用过其他多种方法,如去法院旁听、归途中面对树桩、玉米秆等做模拟演说等。

评析:林肯勤奋练习的故事印证了德国的一句谚语:"练习成就大师。"总之,要想具备稳定的心理素质,就需要经常练习口语表达,积累经验,让自己越来越自信。

(二)教学导入的技巧

课堂教学中的导入环节,是整个课堂教学的有机组成部分,其重要性不可忽视。著名特级教师于漪说:"在课堂教学中要培养、激发学生的兴趣,首先应抓住导入新课的环节,一开始就把学生牢牢地吸引住。"好的导入如同联系着旧知识和新知识的桥梁,也是引导罪犯思维方向的路标。所以说,导入环节是整个课堂教学的"起始动作",为即将进行的教学活动打好基础,也让罪犯做好心理准备。

教师一定要精心设计课程的导入环节,让它起到先声夺人的作用,使整堂课有一个良好的开端。

1. 开门见山

开门见山是课堂教学中常见的一种导入方法,它意味着课程一开始就直接进入教学内容。教师用准确、精练的语言开场,直接点题,指出本堂课的所讲所学的内容,使罪犯直接进入角色。

[**案例欣赏**]

同学们,今天我们要学习的内容是红楼梦中《林黛玉进贾府》这个章节,我们知道,林黛玉是一个出身贵族家庭的小姑娘,母亲去世后孤身一人来到贾府,投奔外祖母,这林黛玉常听得母亲说过,她外祖母家与别家不同。在这个章节的开端,我们看到她步步留心,时时在意,不轻易多说一句话,多行一步路,唯恐被人耻笑。

评析:开门见山是授课中使用较多的一种方法,它可以用最短的时间让听众了解这次课程的主旨。

2. 情境导入

情境导入是指教师通过语言描述或演示创设一种情境,以诱发罪犯的想象和探究心理,引起其学习的欲望和兴趣的方法。情境导入,有利于罪犯主动地介入教学活动,它能极大地调动他们思维的积极性,激发其智慧潜能,更有利于情感的激发,从而陶冶他们的性情。

[**案例欣赏**]

这是一场"真刀真枪"的考验,2020 年 8 月 5 日 20 时 30 分许,正值休假的马珺与家人外出就餐,行至成都市金牛区光荣北路与新华大道沙湾路交叉口时,看到两名男子正尾随一名骑车女子伺机行窃,得手后,两人朝人行道方向逃离。此时,马珺和两名嫌疑人之间隔着一条公路辅道,下一幕,他已经越过公路,站在与嫌疑人一车之隔的距离,大喝道:"你们刚才偷了什么,把东西放下来!""当时也没多想,就觉得是自己应该做的,"马珺回忆道,"其中一名同伙闻声后,朝一旁跑开,摸包的男子转身面对我,从腰间拔出一把匕首,用刀尖指着我。""当时,正值聚餐高峰期,路两旁人流、车流越聚越多,为避免伤及无辜,我试图把持刀歹徒引到偏僻地带,同时,为了稳定嫌疑人的情绪,我并没有表明警察身份。"如果不是派出所后来需要报案人配合做笔录,可能至今也不知道是同行出手帮的忙。在判断周边有利地形后,马珺迅速招呼热心群众帮忙,对嫌疑人进行围堵,突然,持刀男子挥舞匕首刺向马珺。得益于常年系统训练下养成的良好职业素养,马珺敏捷地举起身边的共享单车,挡住了数次迎面的捅刺袭击,打击了嫌疑人的嚣张气焰。

评析:"感染者先受感染",要想用好情境式导入法,教师首先必须为教学内容中所描绘的自然和社会中的真善美所感染,然后才能用生动、形象以及充满激情的语言再现情境,去感染和打动听众。

3. 情感烘托

情感烘托是指从情感入手来导入课堂教学。兴趣、动机、情感都可以使学习过程富有感情色彩,成为一种享受,尤以情感为最佳。"知之者不如好之者,好之者不如乐之者",就是情感作用的生动反映。教育心理学研究表明,只有学生真正热爱自己所学的知识,才能对它产生兴趣,才会更好地去学习。情感具有动力功能,教学需要依靠情感的增力作用。

[**案例欣赏**]

你是否还记得50年前的那段悲惨的历史?那时,日本帝国主义的铁蹄踏进我泱泱国土,山河被毁坏,村庄被烧光,兄弟被掠杀,姐妹被蹂躏。多少人家破人亡,多少人妻离子散。今天,回顾这一悲壮的历史,重翻这痛心的一页,您的心情如何呢?

评析:这段动人的述说,像一颗巨大的情感炸弹,使深沉的气氛顿时弥漫开来,对后面所学知识会产生倾向性的效果,同时,教师的语言表述、眼神里流露出来的情感也触动听众的内心,产生共鸣,实现情感的信号功能。

4. 设置问题

设置问题是指在课堂授课开始时先提出问题,设置疑团,却不作答,以激发罪犯的兴趣和好奇心的一种方法。问题是思维的火花,它能点燃求知的欲望。罪犯通过对问题的思考和探讨,会对学习产生更强烈的兴趣。因此,在课堂教学,恰当运用教材,精心设置问题,积极引发思考,是调动罪犯的学习积极性和主动性,实现师生良好互动的行之有效的好方法。让他们在对问题的分析、判断、思考和总结中既学会了知识,又掌握了获得知识的方法和技能。

[**案例欣赏**]

美国十大金融财团的首富摩根,当年从欧洲到美洲时,穷得发慌,只得卖鸡蛋为生。他弄了三篓鸡蛋,可卖了三天,一个也没有卖出去。第四天,他让妻子去卖。结果,不到半天全卖完了。请问:这样的结果,是什么原因导致的呢?

评析:以一个有趣的问题来导入,吸引听众注意力的作用还是很大的,一下就抓住了他们的心。

5. 引用

引用式开场即引用诗句、名言、格言等来开场,这是一种表意深刻,启迪性强的导入方法。

[**案例欣赏**]

"不知道您去过内蒙古没有?如果没去过,您一定听过这样的诗句:'天苍苍,野茫茫,风吹草低见牛羊',还有'大漠孤烟直,长河落日圆'。无边的草原和黄沙,从来都是历代文人墨客赞美的对象。我们今天谈的是在库布奇改造沙漠、绿化植树这个话题。"

评析:从诗情画意中进入课程的讲授中,既立意深远,又水到渠成。

(三)教学讲授的技巧

教师根据特定的教学任务,针对特定的教学对象,使用规定的教材,按照一定的教学方法,在有限的时间内为达到预期的教学效果需要掌握一定的口语表达技巧。教师在授课过程中,要掌握一定的讲授技巧,力争使教学能够取得事半功倍的效果。

1. 讲解结合,深入剖析

教师在进行教学内容的讲授时,要注意做到讲解结合。讲,就是将规定的知识体系转化为自己的思想观点,用口语方式详尽地表达出来。解,就是对所讲的知识体系加以分析、阐释和说明,对其中隐含的或引发的问题作出回答。这就要求教师必须对自己的授课内容有深刻的理解和透彻的分析,通过自身的体验和感悟形成独到的见解,对涉及的问题或罪犯的困惑能够从容应对。例如确定怎样开头,怎样过渡,怎样结尾。只有思路井然有序,讲解才会条理清晰,在重点、难点等关键问题上才能够使罪犯对知识理解透彻。

［**案例欣赏**］

春秋时期，思想家孔子说过一段话，“君子求诸已，小人求诸人”（《论语·卫灵公》）意思是，君子遇到事情会反躬自问，严格要求自己，而小人则专挑别人的毛病和不是，苛求别人。儒家另一位思想家孟子进一步发挥了孔子的这一观点，他说：“爱人不亲反其仁，治人不治反其智，礼人不答反其敬，行有不得，皆反求诸己。”（《孟子·离娄上》）这段话的大概意思是：我爱别人，可是别人不亲近我，那得反问自己，自己的仁爱够不够；我管理别人，可是没有管好，那就得反问自己，我的才能智慧够不够，我有礼貌地对待别人，可是得不到相应的回应，那得反问自己，自己的恭敬够不够，任何行为如果没有得到预期的效果，都要从自己身上找原因。罪犯在监狱中改造自我，也要有这样的勇气和决心，逐渐从被动改造过渡到主动改造，从“要我改造”变成“我要改造”。但是在现实当中，总还是有些罪犯不能正视自己的过去，凡事都采取求诸人的态度，想敷衍了事，蒙混过关，殊不知这样做的结果是害了自己，使自己永远也走不出昨天的阴影。

评析：在课堂教育中，授课教师应该对每堂课的知识点都做到深入钻研和细致分析，弄清所讲知识的来龙去脉，掌握其确切的含义和规律，精心组织课堂授课语言进行讲解，在此过程中须注意，内容不要杂乱，要有条理性。

2. 内容充实，深入浅出

在教学中，讲课不应信口开河、夸夸其谈，或者空发议论、离题太远，而应言之有物，论之有实，要有科学性和真实性。课堂教育的内容通常要完成由教材体系向教学体系再向口语表达体系的转化，授课教师不仅要认真熟悉和深入领会教材和教学大纲规定的内容，更要通过个人经历和广泛阅读等方式，收集大量的典型事例、数据和名人名言等充实教学内容。根据罪犯的心理特点，教师要能有意识地把已学知识和未学内容联系起来，把课本知识与现实生活联系起来，有意识地穿插有关的时代背景、作者生平、名人轶事等，最大限度地充实教学内容，力求做到既有对历史故事的娓娓道来，也有对现实案例的生动刻画，还有对种种数据变化的信手拈来，不时伴有诗词名句、格言警句，使罪犯获得一种贴近生活，易于理解和接受的感受。

在教学的过程中，总是不可避免地要讲到一些理论性比较强，或者比较抽象的知识点，这些知识由于其理论性与抽象性，罪犯往往不容易理解，因此最好能化抽象为直观，变深奥为简明。深入浅出作为一种常见有效的教学方法，在课堂教学中发挥着重大的作用。这个方法的运用主要是在讲解知识的过程中，寻找一个最佳的切入点，对本质问题进行挖掘，由浅入深地把复杂、深奥的理论问题讲得大众化、通俗化。教师可以从直观现象入手，采用比喻、类比、举例、对比、引申等手法，以小见大、引古喻今、由表及里，通过层层抽丝剥茧，引导罪犯最终达到对事情的本质和发展趋势的认识。

［**案例欣赏**］

“六尺巷”的故事告诉今天的我们，礼让、和睦是中华民族的传统美德，古代的贤明之士尚能如此，今天同事之间、邻里之间处理小是小非，更应该比封建时代做得更好。事情就是这样：争一争，行不通；让一让，六尺巷。

这是清代康熙年间，桐城境内的一桩脍炙人口的民间故事。大学士张英的府第与吴姓相邻。吴姓盖房欲占张家的一处空地，双方发生纠纷，告到县衙。因两家都是高官望族，县官欲偏袒相府，但又难以定夺，便称凭相爷做主。

相府家人遂驰书京都，张英阅罢，立即批诗寄回，诗曰：“一张书来只为墙，让他三尺又何妨。长城万里今犹在，不见当年秦始皇。”家人得诗，旋即退让三尺，吴姓深为感动，也让出三尺。于是，便形成了一条六尺宽的巷道。

评析：用生动形象的语言再现一些经典事例，既可以吸引罪犯的注意力，也会使课堂气氛活跃、生动起来，还能够使他们对单调枯燥的理论知识理解透彻，印象加深，势必会收到良好的教学效果。

3. 神情自然，仪态大方

课堂教育口才虽以口语表达为主，以态势语为辅，但后者的作用同样不可忽视。态势语言是口语表达的重要组成部分，它能弥补有声语言在表达上的不足，辅助有声语言更准确、更有效地表情达意。莎士比亚曾经说过，“动作是一种雄辩力”。在课堂教育中，为了更好地吸引罪犯的注意力，增强授课效果，教师要准确使用一定的态势语言，去辅助有声语言的表达，恰如其分的态势语言，会使课堂格外生动、形象。

达尔文曾指出：“面部与身体的富于表达力的动作，极有助于发挥语言的力量。”授课教师可以用庄重威严的仪表、期待而信任的眼神、得体而洒脱的动作，使罪犯受到感染和鼓励，产生一种愉悦的听课体验，激发他们的大脑进入兴奋状态，让他们产生一种强烈的感情共振，进而达到理性的共识。温和的眼神、微笑的表情、优雅的手势、得体的姿态等，既可展示授课教师的独特风采，也会给罪犯美的感受，形成良好的教学氛围。一个赞许的点头、一个鼓励的目光、一个会意的微笑，更会渗入罪犯的心头，给予巨大的精神力量。

（四）教学提问的技巧

美国教学专家卡尔汉认为：“提问是教师促进学生思维，评价教学效果以及推动学生实现预期目标的基本控制手段。”课堂提问是课堂教学的重要手段，既可以引发罪犯积极思考，还可以督促检查他们掌握知识的程度。课堂提问也是师生之间学习信息交流的主要途径，恰到好处的课堂提问，不但有助于了解罪犯知识的消化程度，激发罪犯的求知欲，培养罪犯思维的积极和主动性，还可以使罪犯在不断探寻中获取知识，使课堂充满生机和活力。

提问的目的，在于获取信息。一个问题如何发问，有时比问什么重要得多，要使回答问题的人有平和而从容的感觉。教师的提问能否得到满意的答复，达到预期的目的，或者说是有效提问，很大程度上取决于“如何问”。如果在罪犯回答问题时，感到不完整，没有得到理想的答案，或是没有达到自己的问话目的，可以运用延伸艺术，比如可以继续问“你觉得为什么会是这样呢？请说出你的理由”。或者采用默语，用适当的沉默，让对方进一步思考，作为之前回答的补充，前提是给对方一个宽松的气氛，使他能更详尽地做答。当对方回答正确或是感到满意时，可以用肯定的语言夸奖他们的同时，配以赞许的一笑，充分满足对方渴求教师肯定评价的心理。

课堂提问应多使用开放式提问，它是一种常用的提问方式，它对回答的内容没有严格限制，可以给罪犯以充分自由发挥的余地。开放式问题常常运用包括“什么”“怎么”“为什么”等疑问词在内的语句发问，不是仅仅以“是”或“不是”等几个简单的词来回答。开放式的问题回答时，能更多地讲出自己的想法、主张和观点等，可以使教师更多地了解对有关问题的较为详细和个性化的答案。

（五）课堂总结的技巧

课堂总结在课堂授课中有着举足轻重的地位，一堂课结束前教师及时进行总结，是提高教学效果的重要措施。课堂总结时，可以根据本次教学的内容，在教师的带领下，让罪犯回忆所学内容，引导他们对学过的知识进行回顾和梳理，这样既有利于掌握和巩固所学的新知识，也能使新旧知识之间建立有机联系。

课堂总结要多使用以下几种语言：

1. 凝练性语言，凝练性主要指语言要准确、简洁、要言不烦，切忌笼统、累赘。尽量选用压缩的语句，用概括、简单明了的表述，提纲挈领地去引导罪犯对刚刚学过的知识进行回味、咀嚼和消化。

2. 平实性语言，平实性主要指语言的质朴、严谨、实在，让罪犯能够深入领会所学知识的主旨，语言不必有夸张和渲染。

3. 延伸性语言，延伸性主要指在总结中要延展到新的深度和广度，使罪犯能够联想起与本次课堂上所学的相关或相近知识。

［案例欣赏］

今天这节课告诉了大家，地球上有人类开始，动物和植物与人类就一起共同生存在这个世界上，维持着自然界的生态平衡。我们虽然不知道这些动物和植物已经生存了多久，而且我们也不知道未来他们是否会消失，但是我们要做的就是为他们营造一个良好的生存环境。从生命学的角度来看，植物从某种意义上来讲是我们人类的元祖，在地球形成的初始阶段，植物出现后进行光合作用，吸收了原来地球上大量的二氧化碳，释放氧气，才为动物的生存创造了环境。因此，人类是因为有了植物的存在才得以存活于这个地球的。

所以我们从现在起就要让人们知道动物和植物与人类生存息息相关。通过对这门课程的讲授，希望让大家明白以后要更好地爱护环境，禁止滥伐滥杀，为植物与动物的生存创造良好的生态环境，等于也是为我们人类的生存创造更好的环境。

评析：这段总结完全符合总结的语言要凝练、平实和延伸的特性，简洁、质朴、严谨且延展到了一个新的深度和广度：爱护动植物对我们人类具有重大意义。

三、课堂实战训练

【训练一】为内容是“罪犯在法律上应享有的权利和义务”的课堂设计几个提问环节。

【训练二】为一堂生态环境课程设计几种教学导入方式。

【训练三】针对内容是“法律与道德的关系”的课堂进行总结。

第五章　集体讲评口才训练

本章内容提示

集体讲评是罪犯集体教育的一种常用形式，是民警教育管理罪犯的基本功之一。讲评教育不仅是民警通过言语表达完成与罪犯交流沟通、心理疏导、思想交锋的过程，更是执法工作，要求民警做到语言文明、表达准确、语气与当时情景相称，所说话语合法有理，令人信服，既具有严肃性，又要适当得体，对民警提出了很高的要求。民警在讲评过程中切实掌握一些讲评技巧和套路，将有助于提高讲评教育的效果，起到事半功倍的作用。

训练目标与要求

1. 训练目标：通过集体讲评口才训练，使学生了解什么是集体讲评、集体讲评的种类，熟悉集体讲评操作的一般过程，掌握集体讲评的基本方法和技巧，能够熟练地开展集体讲评工作，处理好相关问题。

2. 训练要求：能够科学地撰写讲评提纲和讲评稿；能够正确运用有声语言和态势语言，依据讲评提纲和讲评稿准确地表达讲话内容，提高讲评教育效果。

第一节　集体讲评的准备

一、教学案例导入

某日上午，上周三越狱逃跑的罪犯在某省某市被抓，管教民警小王经过充分准备，在晚点名时以“逃跑无出路”为主题对全监区罪犯开展讲评教育。下面是小王的讲评内容：

今天上午，上周三逃跑的张某已在某省某市被抓回，再次证明了逃跑是无出路的。

逃跑,是逃避劳动改造的表现,是严重违反监规纪律的行为,不但严重影响了场所正常改造秩序,而且也严重影响了自身的改造。

逃跑,给社会治安带来了不稳定因素。逃跑在外,身无分文,只得靠偷窃来维持生存,张某逃跑也印证了这个事实。张某逃跑5天,他是怎么过的?他白天有时躲藏在破庙角落里,有时躲在桥墩下;饿了,就到附近的瓜棚偷瓜吃;渴了,就到旁边的水池找水喝;晚上,夜深人静,他就偷偷爬到个体超市偷面包,这次就是到个体小店偷粽子被抓住的。据张某自己讲,逃跑在外的日子根本不是人过的日子,惶惶不可终日,整天提心吊胆,听到汽车声就会心惊肉跳、胆战心惊。

逃跑,只会跑长刑期。按照法律法规的规定,逃跑在外的时间是不计算为已执行的刑期的,而且逃跑者还要受到严厉的处罚。

逃跑,严重影响了家庭关系。张某逃跑后,他的父母整天哭哭啼啼、愁眉苦脸。派出所的民警天天到他们家,协助查找线索,了解他可能落脚的地点和去向。他父母反映,要和张某脱离父(母)子关系,再也不认这个不孝之子了。

因此,逃跑,只会跑长刑期,跑离家庭关系;不但破坏了场所正常改造秩序,而且严重影响了社会治安。逃跑绝无出路,唯一的出路就是安心服刑。只有安心服刑、积极改造,才能早日新生。

评析:民警小王在讲评前做了充分的准备工作,所以讲评时能够做到表达准确,条理清晰,合法有理,令人信服,取得了良好的教育效果。

二、本节知识要点

集体讲评是指以监区、分监区或罪犯小组为单位,由主管民警就当天或某一时间段或某项改造活动中罪犯的具体表现等情况进行讲述评论,肯定成绩,指出缺点,提出要求,是教育罪犯的一种常见形式。

集体讲评是监狱民警教育管理罪犯的基本功之一,蕴含着监狱民警对罪犯的引导、批评、警告、鼓励、教育等作用,对改造罪犯起着积极的作用。

集体讲评通过对上一阶段罪犯改造情况的概括和总结,民警及时纠正罪犯的错误,禁止不当的言行,肯定获得的成绩,鼓励积极的改造,处理违规违纪……使得罪犯能正确认识自己的改造生活,认真分析自己,反思存在的问题,明确今后的努力方向,对下一阶段改造起着重要作用。可见,集体讲评在教育改造罪犯的过程中起着承上启下的作用。监狱民警要充分认识集体讲评的作用,用好用足集体讲评这一教育改造手段。

（一）集体讲评的类型

罪犯教育过程中，由于讲评的专题、时间、形式不同可以分为不同的类型，常见的分类标准有以下几种：

1. 思想教育讲评、劳动讲评、学习讲评和活动讲评

集体讲评根据教育专题不同，可以分为思想教育讲评、劳动讲评、学习讲评和活动讲评。

这四种讲评都是围绕罪犯在监区、分监区或罪犯小组开展的思想教育、劳动生产、文化技术学习、生活卫生、文娱体育、遵守监规等专题进行的讲评。

2. 日讲评、周讲评和月讲评

根据时间规定的不同，集体讲评可以分为日讲评、周讲评和月讲评。

日讲评主要由当天值班民警针对本监区、分监区、小组罪犯改造情况进行通报、小结，同时布置次日的生产和学习任务以及应当注意的事项。

周讲评主要由分监区领导组织、参与，针对一周来分监区罪犯思想、行为、生活、劳动和学习等方面情况进行小结、通报。

月讲评主要由监区领导组织、参与，通报监区一个月来罪犯改造情况，对罪犯改造中存在的问题提出改进意见和措施，对罪犯改造过程中涌现出的先进事迹、先进个人进行公开表扬。

3. 会议讲评、现场讲评

集体讲评根据其讲评形式不同可以分为会议讲评、现场讲评。

会议讲评主要是指把全体或部分罪犯集合在一起，在专用的场所或其他适合讲评的地方，就改造中罪犯的思想教育、生产劳动、文化技术学习以及各种活动等情况，由专人进行讲解和评述，讲评内容涉及罪犯改造诸多方面，时间较长。

现场讲评主要是解决罪犯在改造、劳动、生活等现场中产生的问题，多数运用列队形式，如出工和收工劳动前后的讲评。形式从简、时间从短，语言简练，富有说服力。

（二）集体讲评的准备

监狱民警要在集体讲评中取得良好的效果，必须在集体讲评前做好充分准备。没有准备，往往会给讲评时造成一种“上句接不了下句”的尴尬局面。有了准备，可以防止讲评时出现不应有的错误。讲评的准备分为长期准备和临时准备两种。

长期准备，就是平时加强自身的政策法律学习，不断提高自己认识和分析问题的能力，努力提高自己的语言水平，特别是加强口头语言表达能力的锻炼和培养，同时还要经常积累罪犯改造过程中的典型事例，深入了解罪犯的改造情况。只有

不断加强这些方面的修养，才能使自己在“德、才、学、识”四个方面具备较为全面的知识结构，从而为进行有针对性的讲话奠定基础。

临时准备，就是讲话前的短时间准备。根据集体讲评类型的不同，确定正确、鲜明、集中、深刻的讲评教育主题，并事先撰写讲评教育提纲以及讲评教育讲话稿。

1. 讲评主题的确定

讲评教育的主题是讲评者在对罪犯进行讲评教育过程中，通过讲评的全部内容和讲评方式所表达出的核心内容。主题是讲评的核心，它贯穿着讲评教育的全过程，体现讲评者对罪犯在生活、劳动、学习等改造现场的思想、行为的认识和评价。确定讲评教育的主题必须坚持从实际出发，民警通过深入观察罪犯改造的客观事实，大量掌握罪犯改造的材料和相关知识、信息，而后对材料进行归纳分析，结合自己掌握的相关法律知识、业务知识等，经过深入思考后拟定。讲评教育主题的确定应做到正确、鲜明、集中、深刻。

（1）正确

主题正确一般表现为正确的观点和主张，或反映事物的普遍真理和某种科学的信息。这是对讲评教育主题的最起码要求，或者说，是对主题的思想性、科学性的要求。因为主题正确与否，直接关系到讲评教育的好坏成败。讲评只有主题正确，才会对罪犯的改造产生积极的意义，反之，则会产生消极的影响。

（2）鲜明

讲评教育主题一定要明确，其倾向性一定要鲜明确切，决不可含糊笼统，或模棱两可，前后矛盾。比如讲评者对罪犯改造过程中表现的是非、美丑等观念，应在讲评时保持始终如一的鲜明态度和明确观点，不能似是而非，暧昧含糊。

（3）集中

这主要指的是讲评教育主题应当简明和单一，突出讲评教育的中心，不宜同时存在两个或者两个以上的主题，避免讲评者顾此失彼，枝叶滥蔓。同时，讲评主题不集中也会造成罪犯在听讲过程中注意力分散，成效不明显。

（4）深刻

这是以主题的深度而言，即主题不能仅仅停留于罪犯改造表面现象的罗列和叙述，而且应该通过对罪犯思想和行为的深入、细致观察，对罪犯存在问题的反复思考，抓住关键点，确立深刻和新颖的主题。

2. 讲评提纲的撰写

编写讲评提纲有助于教育者厘清思路，突出重点，避免文不符题，主次不清，层次紊乱。讲评教育提纲的撰写就是组织材料，在确定中心后，把要讲评的内容用简明的文字拟出一个一体计划。

提纲要简明准确,切实具体。它的基本格式一般包括:讲评的主题;讲评顺序,即讲评的开头语;讲评的主要内容;讲评最后的结束语。

讲评教育提纲的撰写可繁可简,最简单的提纲只有几十个字,只用一张纸片就能写下;有的讲评提纲长达几百个字。可以根据每一个讲评者的实际情况、习惯爱好因人而异。当然也不应把提纲变成公式,即使是同类专题的讲评,也不宜用同一格式的提纲。

3. 撰写讲评教育的讲话稿

把准备在讲评教育时说的话事先写下来,不仅可以缓解讲评人在讲评时紧张、局促不安的心理,能较好地把握和支配时间,把所讲的内容从容不迫地讲出来,避免丢三落四或虎头蛇尾,而且可以确保讲评教育的内容正确、讲评教育的过程完整,使讲评教育富有逻辑性,把教育罪犯的思想表达得更加精确和完美。对罪犯的讲评教育讲话稿,可以根据不同的内容、对象和要求,灵活安排其结构。但是,一般都离不开标题、正文和结尾。

(1)标题

即讲话稿的题目,是讲话稿的有机组成部分,不少讲话稿的标题就是讲评教育的主题。恰当的标题可以对讲评教育起到画龙点睛的作用。讲评教育讲话稿的标题有直接标明主题,指出内容范围,设问、反问、感叹以显示主题倾向,提出问题,引起深思等形式。

(2)正文

讲话稿的正文包括开头和主体两大部分。开头要简明扼要,点到即可。常见的方法有叙述式、设问式、比喻式和评议式等。主体是讲话稿的核心,讲评教育效果好坏的决定性部分。讲话稿的结构有两种:一是并列式,就是把要讲的问题分成几个问题以并列的方式展开,集中阐明讲话的中心论点,其先后次序不那么固定;二是递进式,就是围绕着讲话稿的中心问题,各部分层层递进,每一部分也不可缺少,前后顺序也不能颠倒。当然,在一篇讲话稿中,两种方法可以互相交叉,即以一种方法为主,在某一部分即层次中用另一种方法。

(3)结尾

讲话稿的最后部分,它可以通过对讲评过程的总结,对罪犯提出要求的形式,使罪犯对讲评教育形成一个清晰、完整、深刻的印象;也可用抒情、感染的语句形式作为讲评的结束语,引起罪犯的情感共鸣,把讲评推向高潮;还可以用赠予名言的形式,给罪犯以启迪而达到教育目的。

[**案例欣赏**]

某监狱三监区罪犯曾××,1987年1月出生,汉族,高中文化,因绑架罪被判处无期徒刑,刑期自2019年7月12日起。2021年×月×日上午,曾××在床上用热水瓶内胆碎片(从楼层垃圾桶里捡来)刮破自己手腕三处造成出血,同监舍罪犯张××发现后及时呼叫民警,制止曾××的行为。值班民警迅速向上级报告并送曾××到监狱医院治疗,经医生诊断,创口不深且没有划破动脉,经消炎包扎处理后没有生命危险。罪犯自杀是危害监管秩序的重大事件,也是反映刑罚执行效率,监管秩序和罪犯改造质量的重要指标之一。为防范、控制此类事件的发生,决定由主管管教的赵副监区长在监区会议厅对罪犯进行专题性会议讲评教育。

赵副监区长就曾××自杀事件进行全面调查了解,发现曾××自杀的原因主要是:该犯妻子是外省人,没有文化,依靠在曾犯服刑的城市搞家政服务赚钱。一方面供小孩上幼儿园,另一方面还每月给曾××100元,家庭经济较为困难,在会见时看到老婆衣衫褴褛,形如乞丐,心情很沉重,负疚情绪较重;该犯生产劳动时,手脚偏慢,考核难以评上高分,丧失改造信心;由于银行卡有少量进账,不属于三无人员,又担心法院对无期减刑追缴罚金力度大,又要给家里增加经济负担,从而思想产生矛盾,导致轻生行为的发生。

在全面调查了解曾××自杀的事实后,赵副监区长确定讲评主题,撰写讲评提纲和讲话稿,对全监区罪犯开展了讲评教育。

讲评教育的主题确立为:勇敢面对挫折,扬起生活风帆。

讲评教育提纲:

1. 通报曾××事件,客观分析曾犯轻生的原因;

2. 人生不如意的事十有八九,勇敢面对挫折有助于我们发现自己的缺点和不足;

3. 生命可贵,珍惜自己的生命,改善自己,完善自己,扬起生活的风帆。

讲评教育的讲话稿:

2021年×月×日上午,三监区罪犯曾××在床上用热水瓶内胆碎片刮破自己手腕三处造成出血,同监舍罪犯张××发现后及时呼叫民警,制止曾××的行为。曾××因家庭经济较为困难,在会见时看到老婆衣衫褴褛,形如乞丐,心情很沉重,负疚情绪较重;同时因银行卡有少量进账,又担心法院对无期减刑追缴罚金力度大,给家里增加经济负担。此外他在生产劳动时,因手脚偏慢,考核难以评上高分等因素影响，导致其丧失改造信心，作出错误的行为。经过医生诊断，创口不深且没有划破动脉，经消炎包扎处理后没有生命危险。

常言道：人生不如意的事十有八九。人生，是一次艰难的旅程。在人生的道路上，我们随时都可能面临挫折、痛苦和疾病，而这种种的不幸正是生命对我们的考验，也是我们对困难的挑战。我们要勇敢面对挫折。民间有一个故事，讲的是过去东家挑选“车把式”（赶车人），一般愿意选有过翻车经历的人。什么道理？东家认为，有过翻车经历的“车把式”，多了一种处置险情的经验教训，在今后的驾车中会格外谨慎，雇这种“车把式”反而可以增加安全感。事不同理同，没有人希望翻车，但这其中包含的哲理，和你们今天的处境有相似之处。你们犯过罪，并且已经为自己的罪行付出了沉重的人生代价。有过错就要吸取教训，不能再犯，更不能轻视自己，丧失生活的信心，跌倒就要再爬起来，踏踏实实走好今后人生的每一步。改造中有困难、心中有苦要说出来，监狱、民警和在座的大家共同帮助你们解决烦恼。

众所周知，咱们监狱罪犯甘×认为自己无罪，多次申诉无望后开始违规抗改，甚至绝食、割腕自杀。监狱领导和民警对此很重视，认真研究了甘某的案情，终于发现疑点，通过法律援助的形式，帮助他将原判11年改判为3年。去年年底的一个深夜，罪犯刘××突然口吐白沫呼吸困难，民警发现后，立即将他紧急送到市医院进行抢救，经查，张某某为多发性脑梗塞，已处于重度昏迷状态。为了救他，在刘××住院的20多个日日夜夜里，是我们民警放弃休息时间为他喂水喂饭端屎倒尿擦身换衣服，直到他保外就医回家。有困难找民警，大家共同面对，心灰意冷要不得。

人，最宝贵的东西莫过于生命，生命属于自己且只有一次，无论遇到多大的挫折，我们都要始终坚持求生的意志，决不放弃生的希望。人不应该总在回忆的痛苦中活着，寻死挽回不了过去，反而造成更大的痛苦，既不能赎罪，也报答不了谁，而且落个抗拒改造的罪名。应该对父母妻儿负责、对社会负责，鼓足勇气，转变观念，用劳动的汗水、积极改造的行为将刑期缩短，争取早日回归社会。让我们抓紧每一个现在、重视每一个过程，珍爱自己的生命，肯定生命、尊重生命、悦纳生命、完善生命、延伸生命。

评析：赵副监区长准备充分，讲评主题鲜明，内容深刻，把教育罪犯的思想表达得精确和完美。

三、课堂实战训练

【训练一】元旦期间，监区组织了丰富多彩的文体活动。罪犯张三、李四、王五利用纸牌娱乐进行赌博，其中张三输了红梅烟 20 条，李四赢了 15 条，王五赢了 5 条。张三无力偿还，李四和王五多次追债未果，遂在监舍对张三进行恐吓、殴打，被监舍长及时制止并报告民警。

请根据上述提供的材料，确定讲评教育主题，撰写讲评教育的讲评提纲和讲评稿。

训练要求：中心突出，观点鲜明，讲有依据、评有事实，语言流畅，逻辑性强。

【训练二】2021 年 12 月 29 日下午，当××监狱八监区罪犯曾某某，在监区会见室，将凝聚自己辛勤劳动的 200 元现金，交到家兄曾某均的手中作为子女上学的费用时，令在场的人员无不为之感动。曾某某因犯故意伤害罪被判刑 11 年，于 2017 年 9 月入监，在监区民警的关心和教育下，他将对家中老人和子女的牵挂化作改造的动力，积极改造，省吃俭用，把监狱发给他的劳动补贴，除了用于自己的一些日常开支外，积攒了近 300 元。

请根据上述材料，确定讲评教育主题，撰写讲评教育的讲评提纲和讲评稿。

训练要求：中心突出，观点鲜明，讲有依据、评有事实，语言流畅，逻辑性强。

【训练三】时下在少数罪犯中存在着混刑度日的思想。一些短刑犯认为反正自己的刑期不长，就那么两三年，一混就过去了，而有些长刑犯则认为自己刑期漫漫，这辈子完蛋了，对改造失去了信心，因而整天糊里糊涂过日子。有混刑度日思想的人，一般都害怕改造生活，希望劳动轻一点，学习少一点，纪律松一点，伙食好一点，东西多买点，电视多看点，有的甚至装病，不思进取，做一天和尚撞一天钟。

请就上述不良现象进行一次集体讲评，确定讲评教育主题，撰写讲评教育的讲评提纲和讲评稿。

训练要求：中心突出，观点鲜明，讲有依据、评有事实，语言流畅，逻辑性强。

【训练四】某中队通过认真准备，迎接监狱组织的队列、规范和狱园歌曲考核，全中队上下都决心要考出好成绩。但在考核时，某罪犯由于紧张，规范没有背全，两名罪犯在队列考核时，听错指挥员口令，跑错位置，影响了中队的考核成绩，其他罪犯都用抱怨的眼神看着这几名罪犯。

请根据上述材料，确定讲评教育主题，撰写讲评教育的讲评提纲和讲评稿。

训练要求：中心突出，观点鲜明，讲有依据、评有事实，语言流畅，逻辑性强。

【训练五】某女子监狱一监区 2021 年教育改造工作基本情况：思想教育方面，

根据监狱的部署，一监区不仅认真开展了认罪服法、道德教育、国情国策、法律常识等专题教育，而且还开展了“女性心理健康”“防自杀”“防行凶”“防斗殴”“防脱逃”“打击牢头狱霸”等六个专项教育。为提升教育效果，监区不断创新教育形式，如结合民警讲课，组织罪犯自学，布置作业，在休息日以监舍为单位进行讨论、演讲等。一年的思想教育，使许多罪犯增强了法律知识，提高了思想认识。一年来，监区配合监狱开展了“阳光沐高墙，温情化僵冰”的社会帮教活动，邀请6位罪犯的亲属来监狱进行帮教。监区罪犯参加了监狱举办的各种活动，取得了较好成绩。如“祖国在我心中”歌咏比赛，荣获第二名；“祖国在前进，女监在变化”演讲比赛，第二分监区罪犯徐某获第一名；板报比赛，第一分监区、第二分监区分别获第二名和第四名。截至11月，监区共有152名罪犯得到不同幅度的减刑，还有许多罪犯在生活、劳动、学习等方面积极主动地帮助他人，努力克服和改进自身存在的不足，在思想、劳动和学习等方面都有了很大进步。如第二分监区罪犯陈某某，作为中队医务犯，尽心尽责，耐心细致地关心病号，每次分监区有高血压病犯血压升高的时候，其经常陪伴到深夜，等情况有所好转才去休息。自己还利用业余时间积极学习医务常识，通过学习不断提高医务技能。第一分监区罪犯詹某、盛某某生产进步明显，主动学习，主动帮助新犯，改造达标从以往的四、五级进步到一、二级。第三分监区罪犯余某某、郭某某、吴某某，担任车班小组长，能努力克服自身存在的不足，较好地协助民警安排好线上流水，注意与组员沟通，积极配合小组组长提高本小组的生产产量。第三分监区罪犯李某，刑期较长，缺乏改造信心，经常将“死”字挂在嘴边。今年来，有较大进步，改造积极性明显提高，积极参加各种学习，完成生产任务。但是，在过去一年中监区仍然有一些罪犯总是问题不断，反管教、反改造等违规违纪事件仍经常发生。监区一次性扣3分的违规事件共5起7人，主要有打架和寻衅滋事、自伤自残、顶撞民警、消极怠工、抗拒改造等现象。

请根据上述材料，确定讲评教育主题，撰写讲评教育的讲评提纲和讲评稿，作一次年终讲评。

训练要求：中心突出，观点鲜明，讲有依据、评有事实，语言流畅，逻辑性强。

第二节　集体讲评的技巧

一、教学案例导入

某日上午，管教民警小张在无意中听到新入监的罪犯李某对另一名罪犯林某说:“我入狱的原因是生活所迫,家庭环境太差。”联系到近日来,有些罪犯在查找违法犯罪原因时一味强调外因,小张准备在晚点名时对全中队罪犯作“真的是外因吗”的讲评。下面是中队民警小张的讲评内容:

有些罪犯查找违法犯罪原因时,不从自己主观上挖根源,却一味强调外因,说自己被坏人引诱,受骗上当;或为生活所迫,没有其他办法;或环境不好,无人管教等。这种认识是错误的,因为外因只是变化的条件,内因才是变化的根本。

诚然,客观外界条件对人的成长具有重要影响。但是,人绝不能消极地、被动地接受影响。人有主观能动性,完全可以反作用于环境,战胜环境,改造环境。为什么生活在同样的环境,例如同在一个家庭,哥哥违法犯罪,被改造,而弟弟却入了党,成了国家干部?为什么同在一个学校,同在一个单位,偏偏你去违法犯罪?生活所迫,更是无稽之谈。现在,只要你有力气,可以去打工,生活就会有出路;如果你有技术,可以到人才市场去应聘,或许能找到一份相对固定的工作。因此,我们认为,一个人只要立场坚定、思想过硬、爱憎分明,违法犯罪思想必然不得其门而入。

通过上述分析,我们完全可以明白,一个人违法犯罪的主要原因是本人的思想意识。如果自己不从主观上找原因,到现在还一味强调客观、强调环境,那么,你必然在违法犯罪的道路上越陷越深,同样也必然会阻碍你自身的改造。我希望“外因”论者少一分抱怨,多一分自责,深挖罪错根源,抓紧世界观、人生观的改造,争取早日新生,这才是最好的出路。

评析:民警小张所说话语合法有理,令人信服,既具有严肃性,又适当得体,说明民警小张切实掌握了集体讲评的方法和技巧。

二、本节知识要点

(一)语言表达技巧

讲评教育对于民警的语言表达要求较高,在讲评过程中要想收到事半功倍的教育效果,在语言表达上应做到言之有物、言之有序、言之有故、言之有情、言之有度、言而有信、言之有理。

1. 言之有物。言之有物,出自《周易·家人》中“君子以言有物,而行有恒”,指文章或讲话内容具体而充实。民警在进行讲评教育时,要说得实实在在,讲得清清楚楚。具体来说,集体讲评中的言之有物须把握两个词:具体和充实。

“具体”指的是民警讲评教育的内容要清楚明白,要告诉罪犯什么事情,安排什么任务,宣讲什么规范,禁止什么行为,批评什么现象……必须有所指向,说清楚道明白。

“充实”指的是民警讲评教育的内容大多来自罪犯具体真实的改造生活，或是和罪犯改造相关的事件，是经过民警犯情收集、要素整理、归纳提炼而又要素齐备的内容，并非掐头断尾、断章取义，也非拉杂繁冗、言之空洞。

［案例欣赏］

新民警小赵在监区罪犯面前作自我介绍：“我的情况刚才监区长已经做了简单介绍，我就不再做自我介绍了，反正以后你们就会认识我了。监区长让我给大家讲几句话，那么我就简单地讲几句。因为是第一次见面，我对你们还不了解，情况知道得不多，你们也还不了解我，你们的改造情况我也还不熟悉，所以没有更多要讲的……”在场的罪犯个个无精打采，对小赵的讲评丝毫不感兴趣。

评析：新民警小赵拉杂啰唆，言之无物，所讲内容没有实质含义，听起来索然无味，没有勾起罪犯想接着往下听的欲望，也不利于在罪犯面前建立良好的第一印象。可见，在讲评过程中，言之有物才能吸引罪犯，才能表达到位。

2. 言之有序。所谓言之有序，指的是讲评教育要条理清晰，主次分明，富有逻辑。在民警讲评过程中，最常见的毛病就是言之无序，具体表现为前后矛盾、颠三倒四、主次不分、没有条理。在讲评过程中要做到言之有序，可参考以下讲评技巧。

告知类讲评，讲清楚事件的来龙去脉，起因、经过、结果；政策宣讲类讲评，先讲政策出台的背景、意义，再就重点、关键点进行解读，结语告知政策落实手段；日讲评，先要总结一天的劳动、学习、生活等情况，再就其中需要强调的内容进行说明，最后安排布置下阶段的工作；任务布置类讲评，先讲任务是什么，再讲通过哪些措施来完成任务，最后鼓励表态；警示类讲评，先讲事件的来龙去脉，再讲处理意见，最后警示他犯，提出要求。

总的来说，要想言之有序，还有以下技巧可供参考：我发表三点见解，第一……第二……第三……宣布四点规定……就此事，进行三方面的说明……我举几个事例……你们在学习中存在以下几个问题……

［案例欣赏］

罪犯张三因盗窃罪被判处有期徒刑 5 年，该犯系四进宫，惯犯。张犯多次在监区舍房、储藏室、晾衣间趁他人不备之机，盗窃他犯香烟、日用品、内衣裤等，多次被民警处罚和教育，但该犯屡教不改，在最近一次偷盗他犯香烟时被罪犯李四、王五发现,李四、王五遂对其实施殴打,被居委会成员孙某及时制止并交民警处理。民警结合监区处理情况对罪犯进行集体讲评教育。讲话内容如下:

我就今天发生的事情讲一下。张三在盗窃其他罪犯香烟时,被李四、王五发现,李四、王五对其实施殴打,幸亏孙某及时制止并向我汇报。

首先偷盗行为是违反道德和法律的可耻行为,既侵犯了其他罪犯的合法权益,又造成了犯群关系的紧张,监区对此类违规行为将予以严厉打击。张三多次盗窃同改生活物资,屡教不改,根据《中华人民共和国监狱法》第58条的规定,予以行政禁闭15天处罚。大家要引以为戒,清清白白做人。

另外,发现有偷盗行为的罪犯不能私自解决,尤其不能采取恐吓、殴打的方式,应及时报告民警处理。李四、王五发现张三违规行为,不应该采取殴打的违规违纪行为,而应及时报告民警,根据《中华人民共和国监狱法》第58条的规定,给予行政记过处分。

最后,希望大家严格遵守监狱的法律法规,好好改造,争取早日出狱!

评析:民警首先讲清楚事情的来龙去脉,接着讲盗窃和打架斗殴行为的危害性,并宣布了对违规违纪的罪犯的处罚决定。最后对全体罪犯提出要求,讲评条理清晰,内容完整。

3. 言之有故。言之有故,出自清·魏源《默觚下·治篇六》:"其言之有故,其持之成理,上博会乎经义,使人主中其腊毒而不自知,君子所深恶也。"指的是所说的话有根据。"故",原因、根据,言之有故,来自客观事实,不虚假,不捏造事实。

在民警进行讲评教育中,要做到言之有故,就是在讲评中要做到有理有据,所说的话是有根据、有出处的,并非空穴来风。

[**案例欣赏**]

民警李某在日讲评中说道:"现在宣布今天在卫生检查、生产劳动中出现问题的相关人员的处理决定:根据《××监狱罪犯改造奖惩实施细则》规定,对内务卫生不规范的号房进行扣分,其中8号监舍卫生间地面有积水、洗漱台物品摆放不整齐,扣0.2分,2号监舍罪犯张××,被褥褶皱,扣0.2分……"

评析:民警李某在宣布处理决定时,并非随意而为,信口开河,而是有理——卫生不达标的具体表现,有据——《××监狱罪犯改造奖惩实施细则》的规定,从而让罪犯心服口服。

4. 言之有情。言之有情,指的是说话要入情入境,将自己的感情倾注在讲话对象上,要有感染力。监狱民警在作讲评时,要真诚,情绪表达要自然,要视讲评主题、问题轻重、对象情绪等恰如其分地表达,或喜或悲,或褒或贬,或鼓励或批评,或叙事以寓理、抒情,都有一个"情"字蕴藏其中。

如民警在作运动会动员讲评时,提高音调,鼓舞气势;在批评犯群中的不良现象时,声色俱厉,有理有据;在新年贺词时,语速中等,面露悦色;在犯群情绪低落时,语气平缓,加以安慰;在宣布纪律规定时,字字铿锵,斩钉截铁……要想言之有情,讲解具有感染力,在讲评中还应恰当使用语气词、手势语、停顿、重音等。

5. 言之有度。言之有度,指的是讲话的时候适可而止,把握分寸。在罪犯讲评教育中,民警说话要有尺度,说与不说,说到何种程度,什么场合说,都需要仔细思考。

言之有度,要注意"度"的把握,该讲透的不能蜻蜓点水,如常用的法律法规,必须要向罪犯讲透彻;该强调的不能一句带过,如生产安全与纪律要求;该点到为止的不能拉杂繁冗,如新政策尚未正式出台实施前的"吹风"宣讲;该严厉批评的不能点到为止,如罪犯的违规违纪必须严肃处理;该缄默不语的不能肆意妄言,如涉及监狱秘密及未确定之事;该公开宣讲的不能一言不发,如新的政策法规必须普及到位,先进典型事件必须进行宣讲……

言之有度,还体现在民警讲评时,要留有余地,指的是在解决和答复罪犯一些问题时,尤其是涉及一些政策法规适用问题时,若自己也拿不准,要谨慎处理,不能说死、说绝,可用一些"模糊"语言代之,待弄清问题后,再作详细解答。

6. 言而有信。言而有信,出自《论语·学而》,子夏曰:"贤贤易色;事父母能竭其力;事君,能致其身;与朋友交,言而有信。虽曰未学,吾必谓之学矣。"指的是说话靠得住,有信用。

民警在讲评教育过程中,要以诚相待,言行一致,表里如一,让罪犯知道民警的话不是开玩笑,具有权威性,是言而有信的,这样能给罪犯起到较好的榜样示范作用。

民警在教育改造罪犯的过程中,为了取得一定的教育效果,在不违背法律、规章、制度、道德的前提下会给罪犯一些"承诺",适当满足他们提出的合理要求和条件。需要强调的是,不能轻易给罪犯许诺,否则可能会造成失信于他,并且导致罪犯"凡事讲条件"的恶性循环。

7. 言之有理。言之有理,指的是说话有道理。民警讲评教育中,言之有理的"理",体现在法理、情理、道理、学理、伦理五个方面。

法理是讲评教育的首要条件,是民警在执法工作中必须遵从的基本规则,民警的言行必须在法律允许的范围内;情理是在法理基础上的“网开一面”;道理是做人处事的原则;学理是讲评教育的基础,不得胡编乱诌;伦理则是在讲评教育中用善恶美丑使罪犯明辨是非。

[**案例欣赏**]

一位民警在集体讲评时,批评一名搞恶作剧的罪犯将猪肉汤放入另一回族罪犯碗中。本想起教育意义,但在解释回族为什么不吃猪肉时,却错误地将原因说成了猪是回族祖先的救命恩人。此语一出,适得其反,引起了回族罪犯的强烈不满以及其他罪犯的唏嘘。

评析:民警在进行集体讲评时,所说的内容必须是正确的、科学的,否则,不但影响教育效果,民警自身形象也会大打折扣。

(二)非语言表达技巧

讲评时监狱民警要注重仪表,着装要规范整齐。民警在讲评时身体姿态主要有站着和坐着两种。站着讲评时,要站直站稳,不能耸肩曲背,东倚西靠;坐着讲评时,要端正、自然、大方。同时,站在或坐在讲话的位置上,要让每个罪犯都能看得见表情,听得声音,使他们感到是和他们讲话。讲评的民警要表情庄重,眼光平稳而不游离,可运用手势强化语言效果,但不宜过于张扬。

[**案例欣赏**]

一位老先生经常教育学生不要白天睡觉。可是有一天,学生却发现老先生白天睡觉,于是问他:先生教育我们不要白天睡觉,为什么自己却这样做呢?先生回答道:我是在梦中和周公约会。第二天,学生故意白天睡觉。老先生发现后,愤怒地用脚把他踹起来。学生争辩:我也是在梦里和周公约会。老先生问道:你且道来,周公和你说什么了?学生答道:其他的没说,周公只说,昨天没有见到先生你。

评析:笑话虽短,却有力地说明了教育工作者言行一致的重要性。监狱民警作为教育者,一言一行影响罪犯的矫正与转变,对罪犯起到言传身教与潜移默化的作用。

(三)临场应变的技巧

由于集体讲评是讲与听的结合,因此即使准备得很充分,也可能由于罪犯对讲评的民警信任程度不同,对讲评内容理解不同而反应各异,情态各具。因此讲评的民警应该做好临场应变的准备。

1. 沉着开场。讲评即将开始,心里一定要镇定,尤其是刚上岗的民警,难免紧张,这种紧张情绪大多数人会有,而且是一种正常的反应。但这种压力如果太大,得不到缓解,则势必影响集体讲评的效果。可以借助松弛法放松,如可以不断地告诉自己"放松,放松……"或者活动活动身子,以释放因紧张而剧增的多余能量;或者深深吸气,再均匀而缓慢地吐出。

2. 处变不惊。讲评时民警或因罪犯人数众多而怯场,或因罪犯出现骚动而说错话或漏话。此时,讲评的民警应稳住情绪,控制住紧张的心理,或接着往下讲,或以巧言加以掩饰,只要意思明白,丢掉一两句无关紧要。讲评时如果发现不安静或不注意听讲的罪犯,可以用目光对他们重点观察,罪犯发现了讲评民警的目光,就会触目知错,停止骚动、私语。另外,在讲评过程中可以穿插讲评民警提问、罪犯回答的方式,增强互动性和参与性,这样往往可以提高罪犯的注意力。

(四)集体讲评规范用语示例

2010 年 4 月,司法部印发通知明确要求,监狱人民警察执法工作规范用语应当按照《中华人民共和国监狱法》《中华人民共和国禁毒法》等法律法规以及监所规章制度规定,做到语言文明、表达准确、语气与当时情景相称,符合监狱人民警察公正、廉洁执法的要求。

1. 生活现场规范用语。例如,现在,清点人数准备进入(食堂、教室、劳动区),在此期间,保持安静,动作迅速,不得交头接耳、随意走动,若有问题举手示意。

2. 学习现场规范用语。例如,今天,进行 × × × 职业技能考试,在考试中,不得喧哗、交谈、遵守考试规定若有违纪行为,将按不合格处理。

3. 劳动现场规范用语。例如,今天,劳动项目是……劳动任务是……在劳动中,要注意安全,严格按照安全操作规程进行生产劳动,遵规守纪,服从管理,听从指挥,按时按质按量完成劳动任务,遇事报告,不得擅自行动。

在工作实践中,以下话语应忌用:不利于控制事态的话,带有歧视性、侮辱性的称谓或外号,容易造成情绪抵触、心理逆反的话,以及造成人格损伤的语言等。

三、课堂实战训练

【训练一】某监狱六监区第二分监区罪犯在册人数 121 人,其中保外就医 1 人,实际在册人数120人。暴力型罪犯66人,占55.0%;盗窃犯19人,占15.8%;性犯罪罪犯4人,占3.3%;其他21人,占17.5%;涉黑罪犯3人、涉毒罪犯4人、涉枪罪犯3人,占8.3%;外省籍罪犯47人,占39.1%;二进宫罪犯15人,占12.5%;余刑10年以上罪犯7人,占5.8%。2021年×月×日,该分监区民警组织罪犯进行了如下活动:7:30—11:30组织罪犯进行生产劳动;14:00—15:30组织罪犯参加文化课学习;15:30—17:30组织罪犯进行文体活动;19:00—19:30组织罪犯收看中央电视台新闻联播节目;19:30—21:00罪犯自由活动;21:00由值班民警小陆进行一日情况讲评。小陆是刚参加工作不久的新民警,当天他严格按照值班民警的一日工作规范,及时处理监区生活、劳动和教育等三大现场的各项具体事务,为做好日讲评,进行周密的准备。掌握收集当日罪犯改造的基本情况如下:

1. 检查处理罪犯生活现场的具体事务。在罪犯的生活现场,民警小陆及时检查罪犯的监舍,其中1号、3号、4号、5号、7号、9号、10号、11号监舍保持较好,整洁、干净、规范;发现2号、6号、8号和12号监舍室内卫生和日用品摆列不够整齐;8号监舍卫生间污水桶清理不够干净;检查中发现3号、8号监舍的卫生间灯泡损坏,通知电工及时更换。罪犯连××,43岁,因犯故意伤害罪被判6年,余刑4年9个月,该犯思想不稳定,精神恍惚,经常答非所问,想入非非。当日按分监区规定组织理发,该犯自认为自己即将刑满释放,不按要求理发,分监区民警对其进行耐心教育,使其按规定理发。但交流中该犯精神分散,经分监区研究将其作为重点防控对象。

2. 组织罪犯劳动,完成劳动定额。7:30监区罪犯118人,准时出工,留监2人。到达车间后,民警布置劳动任务,宣布劳动纪律。亲自发放劳动工具,按时组织罪犯工间休息,做工间操。当天上午9:18,罪犯陆××,现年32岁,因盗窃罪被判4年,余刑1年,在生产车间因不服从中队临时进行的劳动岗位调整,与罪犯生产组长杜××,现年30岁,因盗窃罪被判17年,余刑8年,发生口角。此外,生产中个别罪犯存在质量不合格问题,如罪犯林××在生产时用错线,导致生产质量出问题;罪犯陈××因锁边时操作不规范,出现质量问题。罪犯张××近期生产明显落后于他人,且出现不合格产品。

3. 文化学习、文体活动、收看新闻现场秩序良好。14:00—15:30,监区民警按罪犯文化教育编班情况,将小学、初中两种不同程度的罪犯准时带入指定的教室,并在现场维护课堂秩序。罪犯亦能认真听讲。15:30—17:30,监区民警组织罪犯开展文体活动,主要项目有乒乓球、象棋、篮球及各种健身器材。民警按照罪犯不同的兴趣分组进行,分工负责,罪犯积极参与活动,效果良好。19:00—19:30,准时组织罪犯收看新闻,了解国内外主要实事,现场秩序良好。

请根据提供的材料作一次日讲评。

训练要求:中心突出,观点鲜明,讲有依据、评有事实,语言流畅,声音洪亮,体态自然、端庄,时间掌握恰当。

【训练二】罪犯杨某,在劳动中总是偷奸耍滑,经常谎称自己有病不能出工。经医院检查,该犯身体健康,有劳动能力。

请以此作一次讲评教育。

训练要求:中心突出,观点鲜明,讲有依据、评有事实,语言流畅,声音洪亮,体态自然、端庄,时间掌握恰当。

【训练三】请对下个月即将开展的监狱运动会作一次动员讲评。

训练要求:中心突出,观点鲜明,讲有依据、评有事实,语言流畅,声音洪亮,体态自然、端庄,时间掌握恰当。

【训练四】监狱职业技能培训教学点 2021 年下学期考试成绩揭晓,参加统考的 628 名罪犯成绩全部在及格以上,罪犯统考成绩及格率 100%。

请通报此事,并鼓励大家积极参加学习。

训练要求:中心突出,观点鲜明,讲有依据、评有事实,语言流畅,声音洪亮,体态自然、端庄,时间掌握恰当。

【训练五】某日,两名罪犯在车间习艺劳动期间,因琐事发生争吵,继而相互殴打,幸亏被值班民警及时阻止,未造成严重后果。为防止类似现象再次发生,民警在习艺劳动结束后,准备对全体罪犯作一次讲评教育。

训练要求:中心突出,观点鲜明,讲有依据、评有事实,语言流畅,声音洪亮,体态自然、端庄,时间掌握恰当。

第六章　心理咨询与矫治口才训练

本章内容提示

监狱心理咨询与矫治是指监狱人民警察运用心理学的方法，对心理适应方面出现问题并企求解决问题的罪犯提供心理援助的过程。本章主要讲解监狱心理咨询与矫治和社会上一般性的心理咨询与矫治的异同；从事监狱心理咨询与矫治工作人员的基本素养要求、工作原则、基本技术、注意要点；监狱心理咨询与矫治口才的表达特点、表达原则、表达方案方法等。

训练目标与要求

1. 训练目标：了解监狱内心理咨询与矫治的特殊性和注意事项，领会一般心理咨询与矫治的语言表达特点，掌握监狱外与监狱内心理咨询与矫治中口才表达的常识和要点。

2. 训练要求：学习训练过程中，一要重视并反复研读思考本章案例，尽量做到练习场景化、生活化，尤其要注意咨询师的表达，并思考咨询表达背后的理论背景、技术特点；二要多留意观察日常对话及对话方的背景与对方表达间的内在联系；三要时时关注自己，观摩自己，内省自己，训练自己，提升自己。

第一节　心理咨询与矫治概述

一、教学案例导入

“以前接受过心理咨询吗？”

案例背景描述：小刘，男，31 岁，十几岁起开始出现人际关系问题。入狱前有过自杀未遂行为，曾被医院诊断为“抑郁症”，服用药物 15 天好转出院，出院后服药一段时间便自行停药,病情平稳,未见异常。入狱后未见异常。最近一年出现心情差、睡眠浅、食欲下降等情况,每天什么事情都不想做,精力不足,经常抱怨别人不理解、觉得自己不如别人,经家庭调查,独子,4岁前与爷爷奶奶共同生活,奶奶宠爱,与父母关系紧张。经由《精神障碍诊断与统计手册》第5版(DSM-5)诊断为边缘型人格障碍。

小刘进入咨询室,显得比较紧张,表情严肃,语速较快,有些问题会追问咨询师数遍。(小刘反复强调自己的问题希望得到咨询师的答案及帮助,表明他正处于非常焦虑的情绪之下,有亟待解决的痛苦,有较强的心理改善动力)

咨询师:你好。

(反常规开头,测试反应,给予积极暗示)

小刘:你好。

咨询师:以前接受过心理咨询吗?

(调查式封闭提问,了解其心理状态)

小刘:是的,接受过好几次,但是每次都是谈一两次就没有坚持下去,我觉得他们都帮不了我,我问他们的问题他们都回答不了。

(将民警谈话误以为也是心理咨询,入狱前也经常换医生,说明小刘对他人较挑剔,有强烈的不信任感,很难建立持久稳定的关系)

咨询师:有什么我可以帮助你的吗?

(不为所动,保持冷静,转入正题)

小刘:医生,我现在非常需要心理咨询,我需要您给我一些建议,我快受不了了,我觉得我一团糟!

(将咨询师抬到救世主位置,自己不主动找方法,缺乏主观能动性)

咨询师:能跟我说说是怎么回事吗?

(具体化技术)

小刘:我没有办法和其他人住一个房间,没有办法跟其他人在一起!

咨询师:你怎么会有这种感觉?

(将情绪情感进一步具体化)

评析:本案例为初始访谈的内容,咨询师为精神分析方面的专家。

二、本节知识要点

心理咨询与矫治是指运用心理学的方法,对心理适应方面出现问题并企求解决问题的求询者提供心理援助的过程。监狱内的心理咨询与矫治不同于社会,它服务于监狱工作中心任务，目的是把罪犯改造成为守法公民，是监狱教育改造工作的重要组成部分和基本工作手段，是监狱机关的重要任务，是法律赋予监狱的重要职责。

（一）监狱心理咨询与矫治主要是通过谈话

受限于特殊环境的条件，监狱民警开展心理咨询与矫治的主要方式是谈话。其谈话特点更加注重以下几个方面：把握对象，揣测心理；感化明理，有机结合；言辞简洁，话语明快，语调多变。说话是一门技术，也是一门艺术，更是一门攻心的学问。① 在监狱心理咨询与矫治中，咨询师本人、咨询师的口才言语、体态言语就是咨询治疗工具，必须慎之又慎；面对不同问题、不同患者、不同的咨询矫治阶段、不同咨询矫治目标，对咨询师的言语的要求也不同。

（二）在咨询中要始终保持非常清晰的自我意识

自我意识包括：躯体自我意识——包括对自己的音质、身体语言与自我的其他躯体方面的意识；心理社会自我意识——指你如何看待自己与他人的关系；发展性自我意识——指的是对个人的历史，即显著影响个人发展的具体事件的意识；文化自我意识——自己所属的部落、自己的国家或民族天生优于其他国家或种族的信念，或许与我们人类一样古老。

（三）确保安全的情况下严格注意保密

心理咨询师因为在实际操作过程中，对来访者而言，会涉及其很多非常隐私的问题，在监狱内由于身份的特殊，服刑人员在咨询过程中保有更多的猜疑、警惕和不安全、不信任感。

（四）监狱心理咨询与矫治更注重全面收集信息

重点关注以下三点：一是如何使自己平静下来，关注来访者所表达的内容，而非关注自己所想所感，即倾听与培养关系；二是如何迅速有效且准确地获得关于来访者及其问题的诊断或评估信息，即结构与评估；三是如何与各种各样的来访者建立积极的工作关系——包括不同年龄、种族、文化背景、性取向、社会阶层和心智功能的来访者。

（五）监狱心理咨询与矫治师需要更多的耐心和善意

“作为未来的心理咨询师，你要面对的未来有很多挑战。成为一名心理健康专业工作者需要才智、人际成熟、平衡的情感生活、持续的技能学习、同情心、真诚和勇气。在未来的一些年里，许许多多的课程、督导、工作坊和其他培训经历将丰富你的

---

① 张笑桓：《情商高就是懂得好好说话》，江西教育出版社 2017 年版，第 8 页。

生活。事实上，由于这项工作持续革新的性质，你需要做终身的学习者才能保持在心理健康工作中不过时、不落伍。”①同时还须具备监狱人民警察的理智、沉着、胆大、机智，具备比社会心理咨询师更强大的慈悲心、包容心和百折不挠的意志。有人说：“世上每一个人都是不同的个体，而在每个人的身上，也蕴藏着一份特殊的才能，那份才能犹如熟睡的巨人，就等我们去唤醒他。”罪犯内心向善的一面也如同巨人，监狱心理咨询师的任务就是“唤醒”他们心灵里沉睡的能量。

监狱心理咨询师需具备以下品质：一是乐于助人。只有乐于助人才能在咨询关系中给来访者以温暖，才能创造一个安全融洽的氛围，接受其各种正性负性情绪，从而消除其防御，进入其内心世界。二是责任心强。监狱心理咨询师面对的都是身陷囹圄的求助者，他们须被耐心听叙述，感到自己被关注，须被诚恳坦率谈心，有信任愿意暴露内心痛楚和秘密，真心接受咨询师的指导和帮助。三是完善的知识结构和熟练的咨询技巧，监狱罪犯的心理问题比社会一般问题更深重、更难以解决。四是顽强的意志力和抗挫折力。监狱心理咨询师在工作中相比社会心理咨询师的不同点在于：面临更多的咨询初期效果明显（平等感恩、宣泄效果和部分迎合心理导致的假象）带来的轻喜自得与后期困难重重（本身问题深重且防御机制强）导致的困苦挫折、怀疑人生、失落感交织的五味杂陈的复杂情绪体验；面临更多的求助者实际上更倾向于解决实际问题而非心理问题时的爱莫能助；面临更多的求助者固执地纠缠于当前的现实冲突中而拒绝对自己的创伤渊源作进一步的挖掘；面临更多的较高期望导致职业“枯竭”所产生的无助和悲观。

[案例欣赏]

以来访者为中心，非你不可（邀请新员工参加酒会）

A：去喝酒吧？

B：你不来不热闹，只有你务必得出席啊。

提供免费更换服务的客服

A：我们会免费为您更换。

B：我们只为一直支持本公司的您免费更换。

---

① ［美］萨默斯·弗拉纳根等：《心理咨询面谈技术》（第4版），陈祉妍等译，中国轻工业出版社2014年版，第2页。

因加班错失女友的约会。女友问"工作和我哪个重要?"

A:对不起,但我也不是因为喜欢才工作的。

B:对不起,我不愿让你认为工作比你重要,是我的问题。

评析:非你不可。听到"只有你是特别的",人就容易被说动。别人不行,你才是被选中的人。一般人都喜欢"非你不可"的特殊感,听到这样的话,就会感到一种仅限自己的优越感,从而乐于回应对方。

(六)监狱心理咨询与矫治相关规定

监狱心理工作重点是评估矫正。其中最关注的是罪犯的行凶、脱逃、自杀三种情形,且监狱心理工作有明文规定。如《监狱教育改造工作规定》第43条规定:"监狱应当开展对罪犯的心理矫治工作。心理矫治工作包括:心理健康教育,心理测验,心理咨询和心理疾病治疗。"第44条规定:"监狱应当建立心理矫治室,配置必要的设备,由专业人员对罪犯进行心理矫治。"第45条规定:"监狱应当对罪犯进行心理健康教育,宣传心理健康知识,使罪犯对心理问题学会自我调节、自我矫治。"

三、课堂实战训练

【训练一】观案例,思考如果你是心理咨询师,如何应对来访者的话语。

来访者小敏控制不住过量进食(尤其是零食)半年有余,经诊断为神经性贪食症,伴有焦虑不安症状。

治疗师:"你感觉这种念头是正常的吗?"

小敏:"我感觉是不正常的。有时吃饱了,还想吃,能正常吗?难受死了!但我没办法控制它不出现啊!"

治疗师:"那么,能不能称之为一种病态思维呢?"

小敏:"可以!"

治疗师:"你冒出这种念头后,是怎么对待的?"

小敏:"有时会很烦,但往往一出现这个念头,就是去吃东西!"

治疗师:"结果呢?"

小敏:"结果还是痛苦。不吃,痛苦;吃了以后更痛苦,后悔不该吃那么多!"

治疗师:"那么,是不是走入了误区呢?"

小敏:"是的。"

治疗师:"对待病态思维,必须要避免掉入误区。疏导疗法提出,对待病态思维要像对待一个自己不欢迎的人一样。如果一个自己讨厌的人——不妨称之为‘小痞子’,缠上你了,你怎么办?”

小敏(沉思):“不理他就是了。”

治疗师:“不理他,他一直缠你,让你心神不宁,什么事也做不下去,你怎么办?”

小敏:“那我就和他打、骂,赶他走!”

治疗师:“你打不过他!”

小敏:“那我就跑!”

治疗师:“你也跑不过他!你跑哪他追哪!小痞子嘛,是不讲道理的!”

小敏:“那我怎么办?”

治疗师:“你想想,你对待病态思维,是不是就像你说的一样,要么和他斗,要么逃跑?”

小敏(沉思):“好像是的。开始我烦它冒出来,排斥它!后来,我又顺着它!”

治疗师:“这两种办法有用吗?”

小敏:“没用,症状似乎越来越严重了!”

治疗师:“那么,如果现实中你真遇到这种小痞子,你该怎么办?有没有一种更好的摆脱他的办法呢?”

小敏:“对于这种无赖,真没办法了!”

治疗师:“在和他硬斗和逃跑之间,有没有一种好办法呢?”

小敏:“那我怎么办?”

治疗师:“如果你坚持一直不理他呢?”

小敏(沉思):“这个倒没想过!”

治疗师:“试想,无论他怎么干扰你,如果你一直坚持不理他,他会怎么样?”

小敏:“他应该感觉很无趣吧!”

治疗师:“长此以往呢?”

小敏:“他会感觉很无趣!但一定会离开吗?”

治疗师:“对,他出现的频率和时间都会越来越少的!也就是说,当你越关注他时,他对你的干扰越大!你越排斥他,越和他斗,越不想让他冒出来,他就越冒出来。他一出现,你就跑,他就会一直追着你!这两种方式就是对待病态思维的误区。而在这两个误区之间,还有一座独木桥可以走,就是坚持不理他——视而不见,少想多做,即该做什么!”①

---

① 王伟主编:《心理咨询与心理治疗案例分析》(第2辑),人民卫生出版社2016年版,第694-697页。

评析:来访者主因是追求完美过头的人格,诱因是对食物的不满以及对“再吃点”的排斥和恐惧。其进食障碍类似于强迫行为,是病态思维出现后,其减轻焦虑的一种逃避方式。关键点是她面对冒出的“没吃好,再吃点好的”的念头束手无策:一方面,知道不应该顺从而去进食;另一方面,如果不顺从于这个念头,会更痛苦、更焦虑。因此,出现了两种对待病态思维的错误方式,一是排斥病态思维:对病态思维的出现充满了恐惧,非常怕这种念头冒出来,结果是越怕出现,越冒出来,导致病态思维的泛滥。二是顺从病态思维:想到吃,即使自己感觉不应该去吃,但屈从于病态思维,还是继续病态的行为,贪食,以通过逃避、屈从来减轻焦虑。这两种方式都是对病态思维的强化,无助于从病态思维的困扰里走出来。此次访谈,主要帮助其从这两个误区里走出来,领会处理症状的正确策略。注意体会心理咨询面谈与日常谈话有何不同,并思考治疗师话语的理论背景。

第二节　心理咨询与矫治口才的使用原则

一、教学案例导入

“听起来,你对他们每个人都有很多希望”

案例背景描述:患者小张,与监狱民警经常顶撞,多次与同监舍内其他罪犯发生冲突,自述自己希望和谐相处,结果每每与自己设想相反,非常苦恼。经过前第四次咨询,已经察觉到自己非常反感自己的父亲,但是自己的行为和思考方式越来越像自己的父亲。

第五次咨询:

咨询师:你觉得你与父亲有相似的地方吗?

小张:我觉得没有,我不想成为他那样的人。我最近感觉很多事情不顺心,接见时与父亲又大吵了一架,家里有那么多不愉快,宿舍也有很多不喜欢的地方,监区我很不喜欢,听到这里的口音很不喜欢,医生,您别介意,我不是在说您。(小张潜意识里已经意识到自己与父亲有相似的地方,却又将这种意识压抑,最终通过攻击咨询师的方式表现出来)

咨询师:没关系,你的任何想法我都愿意听。我认为你需要一个什么都可以听你说的人。

小张:是的,有些话我跟您谈过之后感觉就好多了。

咨询师:是的,有时候倾诉本身就是一种治疗,你在平时也可以适当地多和家人、舍友倾诉。

小张:我也想倾诉,可是不知道为什么他们都不愿意听我说话,有时候一说话我们就吵起来。

咨询师:你跟谁倾诉会吵起来呢?

小张:家人,朋友。

咨询师:听起来跟你比较亲近的人之前都会出现这样的情况。

小张:好像是的。

咨询师:你觉得是什么原因呢?

小张:可能是每一次我一说话都会说到他们的弱点吧。

咨询师:那你为什么总是要提到他们的弱点呢?

小张:因为他们总是不能做到我希望的。

咨询师:听起来,你对他们每个人都有很多希望。

小张:是的,因为他们都是我很亲密的人,我当然要帮助他们。

咨询师:可是听起来他们好像都不太领情,你觉得是什么原因呢?如果你的家人对你有希望,你会怎么样?

小张:我当然是尽我可能地改变自己。

咨询师:那你什么时候会不耐烦、不愿意听他们的希望呢?

小张:在我感觉他们的要求不对或者我根本达不到的时候吧。我明白您的意思了,您是想告诉我,我对他们倾诉的时候总是带着他们根本做不到的要求。

咨询师:是的,小张你非常聪明,就像刚才我只是问了你的感受你却可以举一反三想到他们的感受。所以有时候只要你可以换一个角度看问题,就会发现很多有意思的事情。

小张:我觉得您说得对,想一想,我的确总是要求他们做到这个做到那个。

咨询师:这句话好像很熟悉,有时候你提到你父亲的时候也会用到。

小张:是的,我父亲就是对我要求很多。

咨询师:听起来虽然这一点上你不认同你的父亲,但是你跟他还是有相似的地方。

小张:我最近经常有一些这样的感觉,跟父亲起来越像了。

咨询师:但是你有跟你父亲完全不一样的地方。

小张:是什么?

咨询师:就是你意识到了自己的问题,而你的父亲还没有意识到。这正是你的生活将要发生改变的开始。

小张:是的,我觉得我现在知道了这件事,我以后就可以更加注意这类问题,尽量避免这样的情况。

咨询师:非常好。我很高兴你可以这么想,但是我还是想告诉你,这只是你治疗当中的一小步成功。毕竟你的问题是由你30年来的经历造成的,以后还需要漫长的过程去改变你的现实生活,使你能够追求更好的人生。

小张:好的,谢谢您。其实我感觉最近我的情况好多了,心情比以往也好很多,有时候我也愿意找一些自己想做的事情。我觉得我现在面对的问题不仅仅是问题,还有我自己本身性格上的一些缺点。我会有意识地观察自己和自己周围的人,尽可能地少受别人的影响。

咨询师:很好,我很高兴你可以认识到这些。最近我也看到了你的情绪改变,你不再急切地要求我直接给你答案,而是懂得了自己去思考观察。这些都是很好的改变。

二、本节知识要点

(一)遵循心理咨询职业道德

“心理师应按照专业的伦理规范与寻求专业服务者,建立良好的专业工作关系。这种工作关系应以促进寻求专业服务者成长和发展、从而增进其利益和福祉为目的。”[①]善行:心理师使寻求专业服务者从其专业服务中获益,应保障寻求专业服务者的权利,努力使其得到适当的服务并避免伤害。责任:心理师应保持其服务工作的专业水准,认清自己的专业、伦理及法律责任,维护专业信誉,并承担相应的社会责任。诚信:心理师在工作中应做到诚实守信,在临床实践、研究及发表、教学工作以及各类媒体的宣传推广中保持真实性。公正:心理师应公平、公正地对待专业相关的工作及人员,采取谨慎的态度防止自己潜在的偏见、能力局限、技术限制等导致的不适当行为。尊重:心理师应尊重每位寻求专业服务者,尊重其隐私权、保密性和自我决定的权利。这些都是指导和约束心理咨询的,咨询口才贯穿咨询始终,这些伦理守则对于咨询口才的要求也必然是贯穿其中的。

［案例欣赏］

支持尊重(安排人擦窗户)

A:你把窗户擦擦,我忙不过来;

B:你能够到高的地方,能把窗户擦得更亮,拜托了。

① 中国心理学会:《中国心理学会临床与咨询心理学工作伦理守则》(第2版),载《心理学报》2018年第2期。

让员工去向客户道歉

A:去向客户道歉,这是件小事情。

B:没关系,你一定能做到,客户也期待听你亲自说明。

让小孩拉手过马路

A:这里很危险,拉住我的手。

B:我一个人很害怕,你能不能拉着我的手一起过马路?

评析:被认可的欲望,也可称为心理学上的“尊重需求”。一个人得到别人的认可,就会回应期待相对应的成果,即使有些麻烦,对方也会欣然接受。利用“被认可欲”,对方即使很难对待,也会乐于回应期待。

(二)心理咨询与矫治中重要的是态度

心理咨询师,先要修炼好自己,把心静下来,能够聆听任何一个人,才能去帮助他人。强调一点,技巧不那么重要,重要的是关注每一个人,而不是表现自己。尊重、包容每一个人,不是技巧问题,是心态问题。

无论哪一个学派,在咨询的过程中都承认和强调建立良好的咨询关系,做到尊重、真诚、共情。咨询师借助求助者的言行,深入对方内心去体验他的情感、思绪;咨询师借助于知识和经验,把握求助者的体验与他的经历和人格之间的联系,更好地理解问题的实质;咨询师运用咨询技巧,把自己的共情传达给对方,以影响对方并获得反馈。咨询师能设身处地地理解求助者,从而更准确地把握材料;求助者会感到自己被理解、悦纳,从而感到愉快、满足,这对咨询关系会产生积极影响;促进求助者的自我表达、自我探索,从而获得更多的自我了解和咨询双方更深入的交流。监狱中的“共情”更多的是出于对罪犯面临的现实困难考虑,从罪犯的角度考虑问题,理解他们的难处。

[**案例欣赏**]

表达善意(请人帮忙)

A:把这桌子搬走。

B:请把这桌子搬走,谢谢啊!

面对“砍价高手”和不能打折的商品

A:抱歉,不能打折。

B:请允许我送上我的真心作为赠品,还请高抬贵手,谢谢。

评析:感谢。仅凭一句“谢谢”,就能拉近自己与对方的距离,使对方很难说出“No”。“感谢”,能让对方隐约产生信赖意识,从而难以轻易拒绝。明明不是自己分内的事,被命令时,一般人会觉得“真麻烦”“为什么偏让我做”。在这种情况下,加入“谢谢”,对方可能很容易就会被说动。提前说“谢谢”,人就会在一瞬间隐约产生信赖关系,所以不好意思拒绝。心理学称之为“互惠好感”,即一个人接受到好意,就会产生向对方回报好意的心理。感谢是突破口,时机在事前,要在提出请求的瞬间,趁对方还没作出任何思考和决定的时候,就说出“谢谢”。

(三)遵从心理咨询的基本原则

心理咨询的基本原则。一是助人自助原则,心理咨询是帮助来访者自己解决问题,而非代替来访者解决问题。二是保密原则,来访者与心理咨询师的谈话保密。其中包括来访者到中心接受帮助的事实也保密。但出现某些特殊情况时,需要向有关部门报告来访者的情况。三是时间限定原则,心理咨询必须遵守一定的时间限制,心理咨询时间规定为每次50分钟(初次咨询时可适当延长),每周时间频率固定,除有特殊情况,否则不能随意延长或间隔咨询时间。四是尊重来访者的原则,来访者寻求咨询完全出于自愿,无论是在咨询关系确立的时候,还是在心理咨询过程中,或是在咨访关系的终止时,是否接受或继续进行心理咨询完全尊重来访者个人的选择,“心理咨询师”不能进行主观强制。但对于一些特殊来访者如迫于父母或亲戚等的要求而来访的也要接待。五是感情限定原则,心理咨询师在心理咨询过程中始终保持客观身份,要尊重来访者,不把个人的认识、判断强加给来访者,也不为来访者作决定。在心理咨询期间,原则上禁止心理咨询师与来访者进行心理咨询室以外的任何私人交往,心理咨询师不能在心理咨询中寻求个人情感和实际利益(接受来访者的请客、吃饭、送礼等)的满足和实现。六是延期作出重大决定的原则,心理咨询期间,由于来访者情绪过于不稳和动摇,原则上应该劝其不要作出重大决定。在咨询结束后,来访者的情绪得以稳定、心情得以整理以后作出的决定往往不容易后悔或反悔的概率小,就此,应在心理咨询开始时即告之。七是守时性原则,由于心理咨询工作是咨访双方商定的具有契约性质的双边活动,守时对于心理咨询师来说是必须遵守的原则,心理咨询一定要按计划进行,不能随意更改,该开始就开始,当结束就结束。

[案例欣赏]

以人为本,自由选择(餐厅促销员)

A:要不要来份甜点?

B:甜点有芒果布丁和抹茶冰激凌,您要哪种?

送两岁女儿去幼儿园,女儿不愿穿鞋。劝小孩穿鞋

A:穿鞋。

B:蓝色的鞋和红色的鞋,你想穿哪双?

劝孩子穿上衬衫

A:穿衬衫。

B:有花纹的衬衫和小熊的衬衫,你想穿哪件?

通知大家参加碰头会,与会人员不积极

A:请出席碰头会。

B:碰头会的便当是可选的,烤肉饭和猪排饭,要哪个?

评析:选择的自由。能够引导对方,同时又不会留下被迫感。“选择的自由”是由对方决定的如何选择,所以对方能产生“自主选择”的意识,被迫的感觉就会减少。

(四)尊重不同心理咨询流派的表达要求

首先,心理咨询与矫治的口才表达取决于心理咨询师的理论背景、技术流派和咨询目标。比如,在实际咨询过程中,最常用的心理咨询与矫治流派有:罗杰斯倡导的“来访者中心”学派;华生、巴甫洛夫、斯金纳、班杜拉主导的“行为主义”学派,埃利斯、贝克和雷米、梅肯鲍姆推广的“认知行为”方法,弗洛伊德、荣格创立的“精神分析”流派;森田疗法;新兴的后现代心理咨询与矫治技术内观疗法、叙事疗法、短程焦点疗法、ACT 理论、意向疗法、厢庭疗法(沙盘游戏)、正念、内视观想等;当前正当其时的积极心理学衍生出的各种心理咨询与矫治技术。咨询目标的特点:人本主义学派把自我实现作为咨询的目标;行为主义者认为咨询目标应该以行为名称来描述,这些行为是具体的、可观察的、可测量的;精神分析学派的目标是将潜意识意识化,重组基本的人格,帮助求助者重新体验早年经验,并处理压抑的冲突,作理智的觉察;完形学派的目标帮助求助者觉察此时此刻的经验,激励他们承担责任,以内在的支持来对抗对外在支持的依赖;理性情绪学派的目标在于消除求助者对人生的自我失败观,帮助他们更能容忍与更能过有理性的生活;交互分析学派希望帮助求助者能有脚本自由、策略自由,成为自主性的人,能选择、达到他们想要成为的人,帮助他们检验早年的决定,并能在觉察的基础上作新的决定;现实治疗学派强调引导求助者学习真实与负责任的行为,发展一种成功的统整感,帮助他们对行为作价值评估,并决定改变的计划。

其次,心理咨询与矫治的口才表达取决于咨询的阶段。面谈的结构一般分为三部分:开始阶段、主体阶段、结束阶段,不同阶段有不同的任务。开始阶段的任务包括:运用非指导性倾听建立情感协调,运用开放式问题关注来访者对于生活和问题的看法,在必要的时候提供提示和支持,帮助来访者采取内在而非外在的参考体系,评估面谈的进程并且考虑在主体部分采取哪种方法可能最有效。主体阶段的任务包括:从非指导性倾听转向更具指导性的倾听;收集信息,获得诊断信息;运用恰当的干预措施;过渡到准备结束。结束阶段的任务包括:通过情感证实表示对来访者努力的赞赏,来安慰、支持来访者;解译来访者的内在感受,总结关键的主题和内容;通过说明治疗过程以及它通常如何起作用来灌输希望;通过向来访者询问他对你的意见或问题,引导并向来访者授权;安排进一步咨询的细节。以上的表述只是为了便于理解,仅供参考,实际操作过程中并不是严格依据时间进行的,而是在不同时间、不同阶段、不同内容、不同目标穿插交织中进行的。初始面谈是评估性的面谈,基本有三个目的:评估主诉和治疗目标,获得来访者的人际关系模式和个人经历有关的信息,评估来访者当前的生活状况和功能。

最后,从口才训练角度来看,心理咨询与矫治分为三个阶段,建立关系了解情况阶段、探讨目标方案问题解决过程阶段、成果巩固评估结束阶段。三个阶段的训练重点有所不同。

[案例欣赏]

例外经验的运用

问:你今天的感觉与昨天有什么不一样的吗?

答:没有,和平时一样糟糕。

问:能描述一下吗?

答:……(略)问:平时遇到这种情况,你是怎样处理的?

答:……(略)

问:有什么效果吗?

答:没有,还一样的糟糕。

问:在你以往的经验和记忆中,有没有遇到过一种特殊的情况,让你感觉好一些?

(沉静思考一会儿),答:有过,但不明显。

问:能描述一下当时你用什么方法吗?

答:……(略)

评析:这是一个运用叙事疗法例外原则开展心理咨询与矫治的案例。

(五)监狱心理咨询和矫治更注重通过倾听全面掌握情况

在心理咨询与矫治中,对于咨询人员来说,听比说更重要。一个好的咨询人员可以不是一个好的演讲者,但他必须是一个好的倾听者和引导者。对所有心理咨询与矫治来说,倾听是一种最基本的技术。叙述本身就是治疗调整痊愈的最好过程。情绪、认知有自身发展的规律,如同越过高山,咨询师的作用是陪伴,陪伴对方和自己一起爬过高山,确保过程安全、顺利,少些时间和挫折。从表面上看倾听似乎是被动地接纳求询者说话的内容,但实际上它包括一个非常主动地对整个信息反应的过程,是咨询人员运用整个知觉体系去感受对方语言和非语言的信息的过程(如眼神、面部表情、姿态、手势等)。比如,当一个儿童用非常迟疑的语调和唾涎三尺的模样说"我不想吃糖"时,事实上是他想吃糖。所以,心理咨询与矫治人员要熟练而敏感地正确倾听来访者语言及非语言的信息,这种熟练的倾听技巧是打开来访者心扉的一把钥匙。

每个人都需要别人的倾听,咨询师要倾听得有礼、有心、有水平。"对和你谈话的那个人来说,他需要和他自己的事情永远比你的事重要得多。在他的生活中,他要是牙痛,要比发生天灾数百万人伤亡的事情还重大;他对自己头上的小疮的在意,要比对一起大地震的关注还要多"(美国,卡耐基)。倾听别人讲话,要注视对方眼睛(不可长久直视,多停留在颈部较好),不时提出一些问题,不要突然打断或急切改变话题,要顺着对方的话题来说。喜欢倾听的人,是一个值得交往的人,保持一个倾听的态度,给对方最大的尊重。一旦遇到双方争执不下的情况,选择搁置争议或暂时同意对方的意见,关键时刻会示弱,也是一种说话的技巧。

［案例欣赏］

推销最后一件衬衫

A:抱歉,这种衬衫只剩下这一件了。

B:这种衬衫卖得特别快,这是最后一件了。

推销剩下更多的鱼

A:对不起,只剩下鱼了。

B:今日供应以优质香草、富含矿物质的天然岩盐和粗制黑胡椒嫩煎而成的白身鱼,以及普通牛肉。

寻求高质高价方案

A:让我们做高价的高规格型号吧。

B:让我们制作贵公司的旗舰号吧。

评析:投其所好。投其所好,既能获得对方的好感,又能实现自己的期望。(如:希望对方吃柑橘,对方心理:不能光吃柑橘、不想感冒;多吃柑橘就不会感冒了;符合对方的利益,对方就会变得乐意吃柑橘了)。不直接说出自己的想法(一般来说,人都容易不假思索地把脑中的想法直接说出来。然而,这不仅常常事与愿违,而且很容易招致反感);揣摩对方的心理(揣摩对方的心理,并根据其平日表现,猜测对方会对你的请求作何想法);符合对方利益的措辞(提出的请求,要让"对方的利益"和"自己的利益"趋于一致)。

(六)监狱心理咨询和矫治更关注体态语言

尽管咨询师首先要同来访者签署包括个人信息保密的协议,但他们都会本能地拒绝用口头语言表达,因此咨询师就要善于解读其语速、语音、音量、眼神、体态的变化和动作所传递的信息,特别是对警惕性普遍较高的罪犯而言,要密切注意其眼神、呼吸、手指、脚等的敏感而细微的体态变化传递的信息。甚至还要通过不同年龄、性别、文化背景及层次人群的表达方式与通常意义的差别来判断。

心理咨询与矫治面谈技术或者口才,不是咨询技术,不涉及具体心理理论、心理流派,是更基础的面谈技术,面谈不同于咨询。咨询师本人、言语、非言语沟通就是治疗仪器、治疗药物、治疗工具,面谈过程是心理疗程。

(七)科学评价咨询目标的有效性

一个有效的咨询目标的基本要素:具体、可行、积极、双方可以接受、属于心理学性质、可以评估、多层次统一。具体而言,一看性质,改善认知、行为和情绪属于心理学。二看减痛,消除或减轻该求助者的痛苦,最终达到心理健康是积极的目的。三看条件,从该求助者自身的能力和经济条件以及咨询师所能提供的条件看,确定的咨询目标都是可行的。四看可行,改变该求助者错误的评价、行为和情绪是具体的,可以操作的。五看量化,本案例拟定的咨询目标能够量化,可以通过问题的改善程度来体现,因此是可以评估的。六看主动,本案例拟定的咨询目标是双方商定的,符合该求助者的愿望,咨询师能够解决,对双方来说是可以接受的。当双方意见不一致时,能够以该求助者为主;当咨询师无法认可该求助者的目标时,应终止咨询或转介。七看目标,在拟定的咨询目标中,改变认知、行为和情绪是具体的目标,促进该求助者心理的健康和发展,达到人格完善是长远目标,符合多层次统一的要求。

三、课堂实战训练

【训练一】练习以“团队化”组织语言。“一起”这种说法,本身就令人愉快。喜欢和别人一起做事,本来就是人的本能。“团队化”,能使对方产生伙伴意识,即使麻烦的请求,也会乐于接受。

组织活动

A:你也来组织酒会吧。

B:咱们一起组织酒会吧。

球迷聚集路口,组织活动,即将拥堵

A:请不要踏入车道,请遵守交通规则。

B:巡警也是你们的队友,请听听队友的话。

女儿劝父亲运动

A:你运动运动吧。

B:我想夜跑,但自己一个人害怕,你能不能陪我一起跑?

【训练二】练习用“儆其所恶”组织语言。儆其所恶,对难以说服的人有效。

《把“NO”变成“YES”的7个突破口》[①]的案例

警示

A:请勿触碰展品。

B:涂有药品,请勿触碰。

---

① [日]佐佐木圭一:《所谓情商高,就是会说话》,程亮译,北京联合出版公司2016年版,第46-49、53页。

冲厕所

A:请冲厕所。

B:听说不冲厕所会失去好运哦。

制止打闹的小孩

A:为了避免打扰其他客人,可否请你们让孩子们坐在座位上?

B:刚做好的菜很烫,如果端出来的时候被撞撒了,会给孩子造成很严重的烫伤。可否请你们让孩子回到座位上?

减少偷书行为

A:偷窃是犯罪。

B:多亏大家的协助,我们捉到了盗窃犯,谢谢!

【训练三】看电影,辨真伪。观赏电影《催眠大师》(2014 年,中国),评析电影中两位心理治疗师的哪些语言是心理学的,哪些是电影艺术化的?并分析其背后的理论支撑。

第三节　心理咨询与矫治口才的使用技巧和注意事项

一、教学案例导入

“在医院让你自己叠被子是治疗的一部分”

案例背景描述:小孙,29 岁,未婚,胸闷、心烦、情绪不稳 6 年,经多次检查未发现器质性病变,存在抑郁焦虑情绪,意志活动减退。其母亲家族中有两位精神分裂症患者,经服药治疗能正常生活。根据 DSM-5,惊恐障碍(300.01,F41.0)、偏执型人格障碍(301.0,F60.0)诊断标准,确定小孙为两种障碍共病。在咨询过程中发现,小孙对人缺乏基本的信任,格外害怕被他人关注或控制,经常陷入这种巨大的恐惧之中,不能对多疑和幻想进行现实检验,其恐惧和焦虑持续存在而不能得到有效缓解。其原因与小孙早期的亲子互动有关。

心理咨询与矫治过程:小孙对周围的一切都非常警惕,经常在面部表情和头部姿势不变的情况下眼睛快速扫描四周环境,对咨询师的一举一动非常敏感,门外稍有动静就会马上停止谈话,坐直身体,眼睛斜下瞥向门口,解释说担心被别人偷听。

第十六次咨询:

咨询师:你好像有太多不愿意让人知道的事情,好像这些事情让你感到很羞耻。(共情)

小孙:是的。(开始抱怨监狱医院的护士让他自己叠被子)

咨询师:在医院让你自己叠被子是治疗的一部分。

(错误的面质,引起了小孙强烈的阻抗反应,拒绝继续讨论,咨询师转移话题,将错误本身转化为与小孙讨论其应对模式的契机)

咨询师:你好像认为只要双方观点不同就会相互有敌意,觉得人与人之间不能讨论问题,发表不同的看法,否则讨论就会产生冲突。

小孙:这可能与父母对我的过度控制有关,父母不允许不同观点存在,一旦我提出不同看法,他们就会骂我没有良心,白养了我,要气死他们,我不敢表达不同的看法,避免引起争吵和被责骂。

二、本节知识要点

(一)监狱心理咨询与矫治更要“将心比心”

人同此心,事同此理。有效率的说服是在第一时间就直指对方所求,在开口之前就应该明白对方需要什么,什么样的话能够打动对方。设身处地地替别人想想,了解别人的态度和观点比一味地为自己的观点和主张作争辩要高明得多。换位思考,揣摩到对方的心,知道对方需要什么或者不想要什么,能够更好地帮助我们解决问题,处理问题。站在对方的角度,思考对方真正需要什么,说服对方的一种简单方法,就是和对方交换一下所处的位置,即“将心比心”。消除防范心理的唯一方法就是“将心比心”。站在他人的立场来分析他人的问题,能给他人一种为他着想的感觉,这种投其所好的技巧常常具有极强的说服力。当我们想要钓一条鱼的时候,就要考虑鱼是怎么想的。摸透别人的心理,猜准对方心里怎么想,站在对方角度去考虑问题,才能作出相应的反应。从对方立场出发,了解他的心理、难处需求,这种方法最容易使对方接受,得到对方认可又少走弯路,从而达成统一认识。“晓之以理,动之以情,授之以术,戒之以规、导之以行”,将自己的观点和意图一步步慢慢地注入对方心里,只有对方自觉自愿地同意你的观点,才是真正的说服。

对待罪犯开展心理咨询与矫治,相对社会心理咨询与矫治,有其鲜明的特点要求。一是要更加宽容。情感上“共情”,以理服人,即用正确的思想去灌输或影响罪犯错误的思想,也就是谈话者综合运用分析、推理、引导、比较、解释等一系列方式方法,说明事物的原委,分清观点的是非曲直,使对方能认同、服从或完全接受,从而促使其思想观点、认识、立场、行为方式的改变。二是更加鼓励咨询,做到3A[觉察

（awareness）、接纳（acceptance）、行动（action）］同步。三是更加注意倾听。叙述本身就是治疗调整痊愈的最好过程。情绪、认知有自身发展的规律，如同越过高山，咨询师的作用是陪伴，陪伴对方和自己一起爬过高山，确保过程安全、顺利，少些时间和挫折。四是更加重视消除阻抗，高度警惕沉默、寡言、赘言，理论交谈、情绪发泄、纠结细节、假提问，外归因、健忘、顺从、控制话题、最终暴露，迟到、早退等现象。五是更加积极介入参与。做到倾听、询问、鼓励和重复、内容和情感反应、具体化、总结。六是更加强调以理服人和实质影响，可以面质、解释、指导、情感和内容表达、恰当地自我开放；良好的态度、稳定的心态，讲话的分寸尺度；更加注重因人而异，灵活运用方式方法。

［**案例欣赏**］

郑板桥释私仇

郑板桥早年家里很穷。有一年除夕，他去屠户处赊了一个猪头回来，正想下锅，又被屠户要了回去转手卖了高价，为此他一直记恨在心。后来，郑板桥到山东范县做官，就特别规定屠户不准卖猪头，以示对屠户的惩罚。夫人闻之，感到不妥。一天，夫人捉到一只老鼠，就用绳子绑住吊在房子里。夜里老鼠不停地挣扎，郑板桥一宿没睡好觉，便埋怨夫人。

夫人：我小时候，有一次好不容易做了件新衣裳，被老鼠啃坏了，所以我最恨老鼠。

郑板桥听后笑道："兴化的老鼠啃坏了你的衣裳，又不是山东的，你恨它有何道理？"

夫人反驳说："你不是也恨范县杀猪的吗？"

郑板桥恍然大悟，随即吟诗一首：贤内忠言实难求，板桥做事理不周。屠夫势利虽可恶，为官不应记私仇。

评析："宗因喻合结"为我国传统语言表达优势，在本土心理咨询过程中效果良好。

（二）监狱心理咨询与矫治更要注重倾听技术的运用

一是保持无条件的积极关注。对来访者及谈话内容表示积极的关注不能漫不经心、东张西望，应鼓励咨询。

二是不随意打断。在心理咨询与矫治中，来访者的说本身就是一种宣泄，咨询人员的倾听本身就是一种咨询。来访者的很多心理问题和情绪问题，咨询人员引导他讲出来之后，积郁的情绪得以宣泄，问题即得以缓解。所以，咨询人员不要随意打断来访者的谈话。心理咨询与矫治是一个助人自强的活动，来访者是咨询的主体，只有一个人能最终解决他的问题，那就是他自己。美国人本主义心理学家卡尔·罗杰斯的心理治疗技术强调反应式倾听——主要听病人讲话，在适当的时候给一些反馈。监狱心理咨询与矫治也是如此，要多听少说，不要随意打断。要克制自己的指导冲动、平静自己、倾听来访者。特别强调初次面谈采用非指导性倾听。

三是不妄加评判。咨询人员在与来访者谈话时，不轻易发表自己的看法，应持一种非评判性的态度。即使来访者的心理问题过多，或令人反感，或令人厌恶，比如多动症、性变态等。要求咨询人员不应在表情或言语上表现出来，否则，来访者有了顾虑，咨询将无法顺利进行。要求咨询人员对来访者的错误观点不能妄加评判，不能说“你这种想法是错误的”“你的做法是不道德的”，否则，来访者就会关闭心扉，咨询就无法进行下去。

四是积极反馈。倾听需要用一系列的方式表达出来，有言语的、非言语的。言语技巧包括提问的技巧、鼓励的技巧、简单重复对方的谈话内容，表明自己的见解，情感反应等。非言语的技巧如点头、手势、微笑、目光接触、身体动作等。练习使用倾听技术时应注意五个方面的问题：其一是倾听时咨询师要认真、有兴趣、设身处地地听，并适当地表示理解，不要带偏见和框框束缚，不要作价值评判。其二是听不仅用耳，更要用心。其三是以机警和共情的态度深入求助者的感受，细心地注意求助者的言行，注意对方如何表达问题，如何谈论自己及与他人的关系，以及如何对所遇问题作出反应。其四是不仅要听，还要参与。其五是注意倾听时容易出现的错误：急于下结论；轻视求助者的问题；干扰、转移求助者的话题；进行道德或正确与否的评判；不适当地运用咨询技巧，询问过多、概述过多；不适当的情感反应等。

［**案例欣赏**］

劝　阻

俄国十月革命成功，农民痛恨沙皇，坚决要烧宫殿。列宁出面做工作。

列宁：烧房子可以，在烧房子之前，让我讲几句话，可以不可以？

农民：可以。

列宁：沙皇住的房子是谁造的？

农民:是我们造的。

列宁:我们自己造的房子,不让沙皇住,让我们自己的代表住好不好?

农民:好!

列宁:那么这房子还要不要烧呢?

评析:农民觉得列宁讲得好,同意不烧房子了。

(三)监狱心理咨询与矫治更注重从情绪处理入手

"在当事人感情冲动的时候不适合提出忠告,因为在他冲动的时候,理智起不到半点作用,他也判断不清你的用意。这时提出忠告,不仅不能解决问题,反而会火上浇油"。[①] 面对求助者不合理的情绪、表达、行为,不直接打断,先承认对方的合理性,然后再说出自己的见解,防止激起对方更强烈的反驳。"世界上没有两片完全相同的叶子"(德国,莱布尼茨),任何人都有获得尊重的需要,当我们和对方意见相左的时候,先顺着对方的意图,反而更容易达到自己的目的。用自然的情感打动对方,并理性全面地阐述自己的道理,分析利弊得失,说话真诚、语气亲切随和,不卑不亢,才能大大地增强说服的成功率。美国总统林肯曾经说过,"一滴蜜比一加仑胆汁能捕捉到更多的苍蝇,跟他人交谈时不要以讨论意见作为开始,要以强调而且不断强调双方都同意的事作为开始,如果可能的话必须不断强调你们都是为相同的目标而努力的,唯一的差异在于方法而非目的"。"以爱解仇,仇必消之;以恨止怨,怨则深矣""好言一句三冬暖,恶语伤人六月寒""道理越辩越明,关系越辩越远",无论问题多么重要,你的观点多么正确,争辩的时候,你都会无意中把对方当作敌人来对待,那谁会亲善自己的敌人呢?对方自然会疏远你。为什么不给对方留点面子?为什么非要证明对方是错的呢?为什么一定要争论呢?那样并不会让对方喜欢你。争论中根本不会有获胜者。

端正心理咨询与矫治的态度,顺利展开咨询还需要一些面谈的技巧。面谈的技巧又称为面谈技术(也称会谈技术)。在心理咨询与矫治和心理治疗中人们很重视面谈技术,面谈技术的应用直接影响着咨询效果。面谈技术很多,我们概括为四类:摄入式谈话的技巧、影响对方的技巧、非言语性技巧、咨询环境设计的技巧。咨询的效果取决于对来访者情况的掌握程度,掌握来访者情况的主要面谈技术是摄入式谈话。摄入式谈话包括倾听、开放式提问、封闭式提问、鼓励、内容反应(说明语句)、情感反应、总结等。言语技巧中最重要的是倾听的技巧中要讲的内容。心

---

① 张笑恒:《情商高就是懂得好好说话》,江西教育出版社 2017 年版,第 21 页。

理学家艾维等人曾列举了有关言语引导的倾听的基本技巧，这些技巧是开放式问题、封闭式问题、鼓励、说明语句、情感反映和总结等。

［案例欣赏］

触龙说赵太后①

赵太后新用事，秦急攻之。赵氏求救于齐，齐曰："必以长安君为质，兵乃出。"太后不肯，大臣强谏。太后明谓左右："有复言令长安君为质者，老妇必唾其面。"

左师触龙言：愿见太后。太后盛气而揖之。入而徐趋，至而自谢，曰："老臣病足，曾不能疾走，不得见久矣。窃自恕，而恐太后玉体之有所郄也，故愿望见太后。"太后曰："老妇恃辇而行。"曰："日食饮得无衰乎？"曰："恃粥耳。"曰："老臣今者殊不欲食，乃自强步，日三四里，少益耆食，和于身。"太后曰："老妇不能。"太后之色少解。

左师公曰："老臣贱息舒祺，最少，不肖；而臣衰，窃爱怜之。愿令得补黑衣之数，以卫王宫。没死以闻。"太后曰："敬诺。年几何矣？"对曰："十五岁矣。虽少，愿及未填沟壑而托之。"太后曰："丈夫亦爱怜其少子乎？"对曰："甚于妇人。"太后笑曰："妇人异甚。"对曰："老臣窃以为媪之爱燕后贤于长安君。"曰："君过矣！不若长安君之甚。"左师公曰："父母之爱子，则为之计深远。媪之送燕后也，持其踵，为之泣，念悲其远也，亦哀之矣。已行，非弗思也，祭祀必祝之，祝曰：'必勿使反。'岂非计久长，有子孙相继为王也哉？"太后曰："然。"

左师公曰："今三世以前，至于赵之为赵，赵王之子孙侯者，其继有在者乎？"曰："无有。"曰："微独赵，诸侯有在者乎？"曰："老妇不闻也。""此其近者祸及身，远者及其子孙。岂人主之子孙则必不善哉？位尊而无功，奉厚而无劳，而挟重器多也。今媪尊长安君之位，而封之以膏腴之地，多予之重器，而不及今令有功于国，一旦山陵崩，长安君何以自托于赵？老臣以媪为长安君计短也，故以为其爱不若燕后。"太后曰："诺，恣君之所使之。"

于是为长安君约车百乘，质于齐，齐兵乃出。

子义闻之曰："人主之子也、骨肉之亲也，犹不能恃无功之尊、无劳之奉，已守金玉之重也，而况人臣乎。"

---

① （西汉）刘向：《中华国学经典读本：战国策》，北方文艺出版社 2013 年版，第 950 - 951、954 页。

（四）站在对方立场上的提问

提问包括开放式提问和封闭式提问。封闭式提问，其特征是以"是"或"不是"，"有"或"没有"，"对"或"不对"，"好"或"不好"等一两个字给予回答。这类问题在会谈中具有收集信息、澄清事实，缩小讨论范围，使会谈能集中探讨某些特定问题等功效，也可帮咨询者把来访者偏离主题的话引回正题上。当被问到"A和B选哪个"的时候，一般人都会从中选择一种。关键在于，事先准备好的两个选项A和B，应该选哪个都不影响结果。换句话说，无论对方选哪个，自己都能达到目的。开放式提问，其特征是常用"什么""怎么""为什么"等词在内的语句发问，让来访者对有关的问题、事件给予较为详细的反应。开放式问题能使对方讲出更多的有关情况，想法，情绪等。开放式提问有助于治疗者了解来访者的心理问题，但要注意语气的使用，避免辩论或进攻式、语气强硬的发问式，应使用共情式、疑问式和语气温和的发问，这样方能了解事实真相。

［**案例欣赏**］

美国图书推销员比恩·崔西的三个问题

我送您一套书您会读吗？

您若喜欢这套书，您会买下来吗？

如果您不喜欢，那么可以把书给我邮寄回来吗？

评析：比恩·崔西面对潜在客户，用诚恳、客气双隐藏着毋庸置疑的语气在跟顾客沟通，大部分顾客听了这番话后都表示拿回去看看，最终也都付了钱买下书。

（五）适当运用自我暴露

治疗者把自己个人相关的信息讲出来，一是向来访者表明，对其言行问题的体验，二是告诉对方自己过去的一些有关的情绪体验及经历经验。这种自我暴露因为和来访者的经验相似使来访者有"同病相怜"的感觉，咨询人员与来访者产生了共鸣，增强了同理心的效果，双方沟通更加容易；自我暴露还可以缩短与来访者因角色不同造成的距离；如果咨询人员将自己的私事告诉了来访者，表示了对来访者的信任，自然也就取得了来访者的信任。监狱心理咨询师在运用自我暴露技术时要非常注意把握分寸，除为暴露而暴露的流弊外，更为重要的涉及自身安全和监管安全时要确保所暴露的内容合理合情合法，有利于且仅限于保证心理咨询和矫治的顺利进行。

[案例欣赏]

咨询社交恐惧

当一个社交恐惧症来访者第一次不用他人陪伴而独自来到心理门诊时,治疗者说:“我很高兴你不再让你母亲陪着,而是你一个人独自来到这里了。”

评析:治疗者表明了对对方进步的欢欣。自我暴露传递给来访者的是积极的信息。

学生咨询

治疗者说:“你没有完成作业,我感到失望。但我想你也许有你的原因。”

评析:自我暴露也可传达负性信息。

咨询孤独

治疗者说:“你说你感到孤独,我可以想象得出,我也有过类似的体验。不过,你能说说什么时候这种感觉最容易出现吗?”

评析:治疗者就来访者的话题谈自己过去的经验、体验。

宴殊自我暴露

宋宴殊被提名太子太傅,大臣不解。

宋真宗:近来群臣经常出门游玩饮宴,唯有晏殊每天读书写文章,如此自重谨慎,难道不是最合适的人选吗?

晏殊:其实我也是个喜欢游玩的人,但因家里贫穷无法出去。如果我有钱,也早就去参与宴游了。

评析:群臣点头佩服,宋真宗赞叹晏殊说话的诚恳,对他更加信任。

李雪健谦虚受奖

1991年金鸡奖、百花奖揭晓,李雪健主演《焦裕禄》获奖。

李雪健:苦和累都让一个好人——焦裕禄受了;名和利都让一个傻小子——李雪健得了。

评析:30字的获奖感言,非常有感染力,给人以深刻的印象。

（六）恰当地运用解释技术

解释是最重要的影响技巧。解释能给来访者提供一种新的认识他们的问题和自身的方式。解释能使来访者的世界观产生认知性的改变。当来访者前来咨询时往往是有自己解决不了的问题困难和苦恼，这些问题、困难是从他们自己的参照系出发认识问题导致的，解释是咨询者从自己的参照系出发，以自己的观点说明求询者所叙述的事件，让他们换个角度来看自己的问题。这些解释都可以使来访者借助于治疗者提供的帮助从另一角度去了解和认识自己及周围事物，这对他来说可能从未想过。而这一角度使其看到了全新的世界，这可能非常有助于其认知、行为及情绪的改变，这就是解释的作用。事实上，解释只是帮助我们找到了问题产生的原因，要使问题得到改变，还需要指导来访者在改变其思维方式或行为模式上下功夫。在这方面各派各家又都有各自的方法和技术。精神分析强调领悟，行为疗法强调训练，认知学派强调改变人的认知。

［**案例欣赏**］

解释有多种多样，不同的理论有不同的解释

一位男性来访者，小时候一直被寄养在某地农村的亲戚家中，因其姓氏与村中人们不同，作为外姓人常常受到欺负。长大后与人相处不好，没有交往很深的朋友。与别人谈自己感兴趣的事还可以，如谈的东西自己不太了解就会感到索然无味，离群自走。他希望改变这种状况，但又不知问题出在什么地方。

心理分析：要追溯到来访者的童年经历，认为来访者从小与人交往就缺乏安全感，以避开或不与当时村中儿童一起玩耍的方式躲避欺辱。成人后与人交往仍是如此，当别人谈的东西自己不知道时，害怕的心理又占上风，因此一走了之。与他人没有深交也源于无意识中安全感的缺乏。

行为治疗：与人交往使来访者感到害怕、紧张、焦虑，采取某些逃避措施之后，紧张害怕的心情有所缓和，焦虑下降。最初是无意识地偶然地这样做，以后则形成了条件反射，一有类似的情况出现，就采用同样的逃避措施以减轻焦虑。

认知治疗：是来访者当时的想法使他产生了离开人群的行为。他当时的想法可能是：别人聊的东西我不懂，如果别人知道我不懂，他们会怎样看我？我可受不了别人那种看不起我的眼光，等等。有了这样的想法，来访者才会产生逃避式的行为。

(七)恰当地运用指导技术

指导被人认为是最有影响力的技巧。简言之,就是告诉来访者做某事,最直接的方式是让来访者干某事,说某话,或以某种方式行事。同解释一样,不同的理论有不同的指导方式。

指导言语的改变:来访者(自卑)说,“我干不了”,指导其改为“我可能干不了,”意思大致相同,但效果不同,当一个人说什么事情自己干不了时,很可能会放弃尝试的努力,而说我不干了时仍有努力尝试的积极含义在内。再如,来访者(强迫)说,“我应该是班中学习成绩最好的”,改为“我希望我是班中学习成绩最好的”。目标未变,客观效果却大不相同,“我应该”这种想法易走极端,在现实与想法不符时,极易产生心理问题。

特殊的建议或指导:如来访者有考试焦虑,治疗者可建议其修改复习计划,不要搞得过度疲劳,坚持体育锻炼等。如果来访者每日的事情都要拖到第二天才做,治疗者就要求来访者今日回去做一件事情,做完就奖励自己,没做则以某种形式进行惩罚。

自由联想式指导:“带着这种情绪进行联想,回想一下你儿童时代的经历”“保持这种情绪进行联想。现在告诉我,你最想先想到的是什么?”

角色性指导:如角色扮演、角色颠倒练习和固定角色练习。角色扮演在行为治疗中常见,让来访者扮演自己当时的情况,治疗者再进一步给予指导。治疗者会要求来访者“我们来重演一下当时的情景”角色颠倒的情况与角色扮演类似,但来访者不是扮演自己,而是扮演另一个与自己有关的人。固定角色则是人本主义心理治疗的技术之一。治疗者让来访者在一段时间内,以不同于他原来的情况的角色出现,以此让来访者获得不同于以往的新体验。

训练性指导:这方面的种类极多。如放松训练、决断训练、系统脱敏训练。

(八)忠告和面质的语言要简而精

忠告是指治疗者为来访者提供指导性信息帮助来访者进行职业心理咨询与矫治。例如,“如果我是您的话,我可能会……如果那样的话可能会对您更好……”面质指咨询者对来访者有了深刻了解之后,直接对问题症结所作的反应,目的是帮助来访者了解一些阻碍他“自我了解”与从事积极行为的一些矛盾冲突。反驳的最终目的并不是自己的观点战胜别人的观点,而是要让人信服。即便是对方不同意你的观点,也会信服你这个人。有理有据,有礼有节,不需要强求别人同意,用技巧和事实耐心说服。因为观点的差异和视角的不同,每个人对事物的看法都有自己的认知。任何人都喜欢坚持相信自己已经相信的事物,而不希望别人来加以反对。对对方情况多作一些深入了解,对别人的思想、感觉、看法等了解得越透彻明白,就可以使说服的语言更得体、更有效,更容易令人心悦诚服地接受,并最终打动对方的心。假设我们一开始就着重讲一些对方愿意听从的意见,然后再提出对方所乐于解答的问题,说服起来就会顺利得多。在阐述自己的观点后,也要听听对方的想法,再进行有针对性的说服,耐心是说服的“润滑剂”,有理有据是说服的推动力,有礼有节是说服的吸引力。

故事的形式,很容易就能让人记住,如同我们学习历史知识,单纯靠死记硬背很难记住,但配合历史故事一起记忆,就会变得非常容易。“知之则能”,措辞是有谱可循的,大家以前遣词用句,多数一直依赖自己的语感,在心理咨询与矫治过程中,践行“措辞菜谱”,形成自己的“措辞菜谱”。即使是同样的内容,只要使用高明的措辞,也能把得到“YES”回答的可能性提高三成。创造“警句”的7个技巧:惊奇法、反差法、直抒心意法、重复法、高潮法、数字法、顶点法。

[**案例欣赏**]

惊奇法精炼语言

噢咦!等等!震惊全国!喔喔!真是我的挚友啊!啊,物超所值!

(惊奇词:啊、哇、喔、哎呀、啊呀、真的!?)

评析:惊奇法是在想传达的内容中加入表示惊奇的词。增强气势,体现强烈的意志。特点是简单、迅速、效力强劲。

反差法精炼语言

请比较:A:半个小时就能学会骑自行车。B:啊!只要半个小时就能学会骑自行车!

好像在做梦,可又不是梦。(动画片:龙猫)

最好是枚金牌,最坏也是金牌。(某运动员被问及比赛感想时的回答)

(印度某孤儿院墙上的一段话):

人是不讲理的,会做自私的事。即使如此,也请原谅。

你若显露善意,必会被人怀疑。即便如此,也请坚持。

你若获得成功,必会遭叛树敌。即便如此,也请成功。

你若做人正直，必会为人所骗。即便如此，也请正直。

你用多日所创，别人一晚即毁。即便如此，也请创造。

你寻安乐幸福，必会遭人妒忌。即便如此，也请幸福。

今日纵然行善，明日呀即被忘。即便如此，也请行善。

你若予人以物，必有人不知足。即便如此，也请给予。

评析：将想要传达的内容，与“反义词”放在一起，就能形成令人印象深刻的信息。心理学称之为“得失效应”：最初的评价是消极的，但在不经意间看到积极的一面，评价就会猛然涨高。具体做法是：一是确定最想传达的内容；二是在前半句加入反义词；三是自由加入其他词，使前后句连接起来。

直抒心意法精炼语言

你忍痛努力了，我很感动。

我喜欢你，迷恋到连自己都觉得莫名其妙。

从没有打过像今天这样令人陶醉的比赛，很开心，真的连眼泪都出来了。

梦想不是想出来的，是从心里涌出来的。

脑中一片空白。

最近三个月内，你有没有送过别人花？

评析：“赤裸裸”，令人脸上发烧、难为情、暴露自我的措辞，能让你创造出充满人情味儿、生气勃勃、吸引人的话语。这是一种观察自己身上发生的事，并诉诸话语的方法。（具体找工作技巧：一是确定最想传达的内容；二是把自己身体反应赤裸裸地变成话语；三是在想传达的内容前加入“赤裸裸词”）

重复法精炼语言

不要着急，不要着急。休息一会儿，休息一会儿。（《聪明的一休》）

我有一个梦想……我有一个梦想……（马丁·路德·金）

不能逃避，不能逃避，不能逃避。（新世纪神音战士）

罗密欧啊，罗密欧！为什么你偏偏是罗密欧呢？（罗密欧与朱丽叶）

评析：一句话重复一遍，就会留在对方的脑海里。只需要重复想传达的重点，短时间内就能完成，而且非常有效。重复的语句，不仅容易留在人的记忆中，而且会令人产生模仿的欲望。“只靠增加接触次数就能提升好感度的心理学上的纯粹接触效应。”具体做法也很简单：确定想传达的内容，重复即可。

欲擒故纵的“高潮法”精炼语言

这里测验会考到——三角形的面积是……(老师常用的教学法)

只有两种选择——要么拼命去活,要么拼命去死。(《肖申克的救赎》)

我就直截了当地回答吧——抛弃金钱和名誉,剩下是就是生命。

有个问题——我想问一下。

评析:能让对方觉得“接下来的话很重要,必须仔细听!”从而集中注意力。其效果如同倒计时,很难不去关注,人都不想错过事件发生的那个瞬间,“高潮法”就利用了人类的这种本能。常用的提醒词有:请保密;这里测验会考到;能听见这个是你走运;只在这里说;只说一遍;关键有两点;只告诉你一个人,等等。

数字法精炼语言

天才就是1%的灵感加上99%的努力。101只斑点狗。3分钟烹饪。成功人士的7个习惯。

杨凤池:当你老了,一生最后悔什么?(全球统计前5项)。结果,第1名:92%的人后悔年轻时努力不够导致一事无成。第2名:73%的人后悔在年轻的时候选错了职业。第3名:62%的人后悔对子女教育不当。第4名:57%的人后悔没有好好珍惜自己的伴侣。第5名:45%的人后悔没有善待自己的身体。年轻人可以随时后悔并随时改进,所以,趁着年轻就要努力地学习、加倍地快乐,不要到了年老体衰的时候再去叹息万事成蹉跎。(一个62岁老人的忠告)

杨凤池:30多年前,我深刻地感受到人们对心理咨询与矫治的不理解。30多年后,我深刻地体会到人们完全理解心理咨询与矫治还需要一段时间。

不要让自己被三件事控制:过去、别人和金钱。

评析:在语句中加入数字,就能增强说服力。不仅在视觉上较为醒目,也会使内容变得更容易理解。从语言效果角度来看,2、4、6、8、10等偶数显得比较柔和,表达力弱一些;1、3、5、7、9等奇数显得有棱角,表达力强一些。

顶点法精炼语言

在一条街上，三个裁缝开了三家裁缝店，每一家都想招揽最多的客人。第一个裁缝挂出一块大牌子，上面写着：我是本省最好的裁缝。第二个裁缝一看，觉得我要比他更高一点啊，于是做了一块更大的牌子，上面写道：我是全国最好的裁缝。第三个裁缝想了想，难道我还能写是全世界最好的裁缝吗？想了半天，最后他做了一块很小的牌子挂出去，结果这条街上的客人都来第三家做衣服，前两家变得冷冷清清。第三个裁缝的牌子上写的是什么？上面写道：我是这条街上最好的裁缝。

评析：这个相比其他的是"最好"的。人们会对位于顶点的东西产生强烈的兴趣，对于第二乃至其下的东西则不会。要点是考虑截取怎样的范围才能让所表达的东西居于顶点。

（九）监狱心理咨询与矫治更加重视非言语行为

重视观察，注意来访者的言语和非言语细节，即微表情和微动作。谈话时，看与说是同时存在，一起发生的，要注意言语行为和非言语行为。监狱民警对犯罪谈话时，观察是相互的，罪犯观察得更用心、更仔细、更认真、更积极，监狱民警的谈话对其利害攸关，"察言观色""投其所好"是其常用的伎俩。看与说；由看到说；由说到看；观察是双向的。心理咨询与矫治师面谈时的五种非言语技巧（SOLER，心理学家伊根，Egan）：坐的位置；身体姿势；身体前倾；目光接触；心理放松。具体而言包括以下十二种有助于咨询的非言语行为：采用与求助者相似的语调；与来访者保持目光接触；不时点头示意；面部表情丰富；时不时报以微笑；时不时打手势；与来访者保持身体姿势相似；中等语速；身体向求助者适当倾斜；放松开放的姿势；语调自信；偶尔的抚触（心理学家奥肯，Okun）。切忌以下十三种不利于求助者的非言语行为：不看来访者；坐得离来访者太远或转向来访者以外的地方；打喷嚏；皱眉；怒视；紧闭嘴巴；摇晃指尖；用手势分散注意力；打哈欠；闭眼；令人不愉快的语调；语速过慢或过快；鲁莽的行为。

监狱民警非言语行为的职业特点：安全性（保持安全距离、注意位置方位、环境物品摆放）；教育性（大多数充当教育者和批评者，注意教育不是教训）；身份限制（关心不能过头，惩罚不能过头）。有利于个别谈话的监狱民警非言语行为：举止不能表现得过于亲近；面部表情以中为好；微笑不宜过多；语调简短有力等。具体而言有八项：一是着装整齐，警容风纪端正；二是态度端正，表情自然，不过于严肃，不嬉皮笑脸,比较愉快幽默,笑容不宜过分张扬;三是坐姿不后仰,无须前倾,不必与心理咨询矫治师坐姿相同;四是保持安全距离,一般在1米左右,监狱民警靠近出入口,确保背后无威胁或有支援,坐谈时民警的坐凳应较高;五是当面不记录,事后整理记录(特定情况除外);六是目光主动与罪犯交流,不必长时间注视在一点,如罪犯回避或低头时,可适当提醒;七是耐心听取意见,不轻易打断;八是如有辩论,尽量克制,避免大声呵斥,注意保持中等语速。不利于监狱民警个别谈话的非言语行为主要包括以下十种:如脸红,表情紧张;身体后仰,跷腿;眼神游移,始终不注视罪犯;衣着不整,不注意卫生;注意力不集中,表述不连贯;不问青红皂白,大声呵斥;时不时用手势打断对方说话;自己坐着,却不让对方坐着说话;蔑视和否定的语气;陈述自己的生活经历时表现得扬扬得意等。

(十)沉默的处理

沉默的类型包括:怀疑型、茫然型、情绪型、思考型、内向型、反抗型。咨询师应通过观察、练习、思考来改进,熟能生巧。沉默出现时,咨询师要保持镇静,给求助者一种不慌不乱、沉着冷静的印象,给求助者一种可信、充满信心和力量的感觉。如果求助者的沉默是由于思考问题所引起的,咨询师最好等待,同时以微笑、目光、微微点头表示自己的关注、理解和鼓励。如果咨询师发现求助者吞吞吐吐、欲言又止、犹豫不决时,应给予鼓励和必要的保证。当求助者以沉默表示气愤、对抗时,咨询师要及时发现,寻找原因,采取主动、和好、鼓励宣泄的方针。因个性原因导致的沉默,咨询师应以极大的热情和耐心加以引导,多用倾听技巧,多作鼓励性反应,善于领会对方已说的和想说的。若沉默是由于求助者本人不愿咨询引起的,那么咨询师的处理就更应注意方式方法。

(十一)多话现象的处理

多话现象的原因:一是与咨询师有关,咨询师角色的定位、咨询内容的难易、咨询时间的多少等因素会影响咨询师对多话的理解。二是与求助者有关,主要表现为宣泄型、倾吐型、癔症型、表现型、表白型、掩饰型、外向型等。咨询师遇到求助者健谈、多话时,应根据咨询目标、咨询安排以及多话的类型,作相应的调整。对于寻求注意型的健谈者,有可能有癔症的性格,咨询师给予注意就能满足他的要求。对于好表现型,可采用相似的对策。表白型的求助者没意识到自己的过错,他们往往缺乏自知,对此,咨询师一定要仔细听讲。至于掩饰型,一般不会出现在开场,对这种情况,咨询师应考虑是否为求助者创造了一个宽松、安全的氛围,可以请求助者慢慢讲。

(十二)监狱心理咨询师要高度重视面质的练习

没有支持的面质会发生灾害,而没有面质的支持则是贫血的(艾根 Egan)。面质又称质疑、对质、对峙、对抗、正视现实等，是指咨询师指出求助者身上存在的矛盾。矛盾包括：言行不一致、理想与现实不一致、前后言语不一致、咨访意见不一致。面质时要注意以下几点：要有事实根据，避免个人发泄，避免无情攻击；要以良好咨询关系为基础；可用尝试性面质。面质目的包括：

1. 了解内外世界：协助求助者促进对自己感受、信念、行为所处境况的深入了解。

2. 放下防卫心理：激励求助者放下防卫、掩饰心理来面对现实，产生建设性活动。

3. 实现自我统一：促进求助者实现言语与行动统一，理想自我与现实自我相互一致。

4. 利用优势资源：使求助者明了所具有而又被自己掩盖的能力、优势，即自己的资源，并加以利用。

5. 使用应对面质：给求助者树立学习、模仿面质的榜样，以便将来有能力去对他人或者自己作面质。

（十三）监狱心理咨询师要更加注重阻抗的觉察和应对

阻抗的表现形式主要有讲话内容上的阻抗、讲话方式上的阻抗、讲话程度上的阻抗、咨询关系上的阻抗。

来自求助者的阻力主要原因有三个：一是阻力来自成长中的痛苦。二是阻力来自功能性的行为失调；源于失调的行为填补了某些心理需求的空白，即求助者从中有获益；源于求助者企图以失调的行为来掩盖更深一层的心理矛盾和冲突。三是阻力来自对抗咨询或咨询师的心理动机；来自求助者只是想得到咨询师的某种赞同意见的动机；来自求助者想证实自己与众不同或咨询师对自己也无能为力的动机；来自求助者并无发自内心的求治动机。

阻抗的应对要点：一是要解除戒备心理；二是要正确地进行诊断和分析；三是要以诚恳帮助对方的态度对待阻力。

阻抗处理要点在于适当转移话题。“话题卡住了，就换话题，不要恋战。我知道有些话题你起了个头，是希望问出一个结果，或是要告诉对方某件事，但卡住了就是卡信了，暂且丢开就不会手忙脚乱，有机会再绕回来就可以了”“你看电影里的杀手，每次忽然发现手枪里的子弹卡住了，或者射完没子弹了，就会改用拳脚进攻，很少坚持拿着已经没有子弹的枪当武器去敲敌人的头。”（蔡康永）观察求助者非语言行为，从对方的言语、表情、手势、动作以及看似不经意的行为的细致观察中掌握对方的意图、了解对方的心思，根据对方的心理来组织自己的语言，适时转换话题。“打动人心的最佳方式是跟他谈论他最感兴趣的事物。”（美国，前总统，西奥多·罗斯福）“逢人只说三分话，未可全抛一片心”“浅而言深，既为君子所忌，既为小人所薄”，话语的深浅，由咨询关系的深浅所定，不能只顾自己过嘴瘾，不管对方想不想听。坚持问题导向，目标导向来解决问题。好奇心是人们普遍拥有的一种行为动机，抓住这一点，利用好奇心，就可以在最短的时间内与对方建立联盟。

心理咨询与矫治包括个别咨询和团体咨询，相应就有个别咨询的口才技巧和团体咨询的口才技巧。个别咨询是最重要和最根本的形式，我们重点谈个别咨询面谈的口才技巧。一般心理咨询与矫治过程中的倾听与培养关系，须贴合实际，契合咨询面谈情境，其中咨询师会产生的反应主要有：非指导性倾听反应、指导性倾听反应、指导性行为反应和提问等四种。心理咨询与矫治中影响对方的技巧包括：解释、指导、忠告、自我暴露、反馈、逻辑式推论、面质等。除以上所述，还有反馈、沉默等技术也经常出现在心理咨询和矫治过程中，这些都属于监狱心理咨询师的口才技术，需要在实践中反复练习和践行提高。

三、课堂实战训练

【训练一】运用“内视观想”三个问题，扮演导引师练习倾听

三个同学（分别为A同学、B同学、C同学）为一组，A同学扮演导引师，B同学、C同学扮演内观者。

导引师说：“今天我们共同做一个活动。活动的玩法是找一个你最熟悉的人，根据‘他为你做了什么？你为他做了什么？你给他添了什么麻烦？’三个问题，回忆发生在你和他之间的真实事件，你回想的事情越多、越清楚越好。现在就请你在座位上坐好或在床上躺好，做三次深呼吸，用鼻腔吸入新鲜的空气，用嘴呼出置换后的废气，吸气……呼气……吸气……呼气……吸气……呼气……（约30秒）。今天我们经由你对面的同学开始回忆，回忆发生在你和她之间真实事情。回忆一下，在你们共同在学校学习的这段时间里，他为你做了什么？你为他做了什么？你给他添了什么麻烦？回忆如同看电影一样，主角是你，事情不分大小，想得越详细越好。30分钟后，请针对‘三个问题’中的每一个问题，各举3个例子，谢谢。”

30分钟后，导引师首先对其中一位内观者说：“你好，请问您刚才这段时间，经由谁，检视了哪个阶段的自己？”

内观者：……

“请您根据他为你做了什么？你为他做了什么？你给他添了什么麻烦？三个

问题依次各举三个例子。”

内观者:……

第一位内观者讲述完毕后,再对第二位内观者重复上位的话。在倾听的过程中,导引师练习遏制插话、评价、打断、补充的冲动,努力做到不评价、不干预、认真倾听。

【训练二】运用“内视观想”三个问题,扮演内观者练习事实表达、情感表达

三个同学(分别为A同学、B同学、C同学)为一组,A同学扮演导引师,B同学、C同学扮演内观者。内观者在表述时根据5W(谁、时间、地点、什么事、怎么样)简单明了叙述,不要有过多的描述、过多的感情表达,只讲事实。

在导引师讲述导引词、经由对面的同学,静心思考回忆“他为你做了什么?你为他做了什么?你给他添了什么麻烦?”内观者想三个问题30分钟后开始。

导引师首先对其中一位内观者说:“你好,请问您刚才这段时间,经由谁,检视了哪个阶段的自己?”

内观者(B同学):“我刚才这段时间经由C同学,检视了从入学一直到现在的自己。”

导引师:“请您根据他为你做了什么?你为他做了什么?你给他添了什么麻烦?三个问题依次各举三个例子。”

内观者(B同学):“第一个问题,他为我做了什么?某年某月某日……”

“第二个问题,我为他做了什么?某年某月某日……”

“第三个问题,我给他添了什么麻烦?某年某月某日……”

第一位内观者表达完毕后,导引师和第二位内观者重复上面的流程。

【训练三】发现不同①

以下的咨询发生在一个繁忙的产前诊所,一个患有艾滋病的孕妇正面临着需要保持健康的饮食,坚持抗逆转录病毒药物疗法,并采取安全的性行为。

咨询师A

访谈者:早上好,今天我们要讨论一下关于我们不想让你生一个HIV呈阳性的宝宝的事。

当事人:呃,这个很困难,因为假使我丈夫想跟我做爱怎么办?

访谈者:你需要使用避孕套。

当事人:但是他不想用。

---

① [美]William R. Miller、[英]Stephen Rollnick:《动机式访谈法:帮助人们改变》,郭道寰等译,华东理工大学出版社2013年版,第409-411页。

访谈者:问题在于这样容易使你重复感染。如果你想要这个孩子的话,为了宝宝的安全你需要跟你的丈夫讨论这个问题。

当事人:是的,我想要这个孩子。

访谈者:那么,如果你想要一个健康的宝宝,你需要就这个问题与你丈夫进行讨论。作为负责的父母应该使用避孕套。

当事人:但是他会发脾气,有时候会打我。

访谈者:你应该保护你的宝宝。你正在服用药物吗?

当事人:是的,在情况允许时,但有时候会忘记。

访谈者:你真的需要按时服用你所有的药物。这很重要。如果你漏服了,药物不会很好地起作用。

当事人:我大部分时间都是服药的。

访谈者:恐怕大部分时间服用仍然是不够的。你需要按照我们的要求服用。

当事人:我会努力去做的。

访谈者:你的饮食怎么样?你是不是正在为自己和宝宝吃有益的食物?

当事人:是的。

访谈者:因为你现在是为两个人在吃,所以也要注意啤酒。它对宝宝不利。你还有问题吗?

当事人:没有了。

访谈者:好的,我们三个星期后再见。

当事人:好。

咨询师 B

访谈者:早上好。很高兴今天你又能来见我。

当事人:为了我的宝宝我必须这样做。

访谈者:这个宝宝对你很重要,你希望他能健康。

当事人:是的,我告诉了我丈夫,他很支持我。但是仍然有一些事情他不是很合作。他不想使用避孕套。

访谈者:避孕套是一个问题,我们可以谈谈,关于你的用药、饮食,或是任何对你很重要的事情,我们都可以谈。

当事人:我想谈谈用药的问题。

访谈者:是的,很好,我们可以回来再谈其他问题。药物对我很重要。

当事人:我知道这对你我非常重要。如果我漏服了一些,这是不是很糟糕?

访谈者:告诉我你有什么困难吗?

当事人:我不想让我妈妈知道这件事。我把药藏起来,但是她时时刻刻都能看到我在做什么。

访谈者:于是有些时候按时服药对你来说就是一项挑战。

当事人:是的。我想为自己和宝宝这样做,但是有时候分会很奇怪地看着我。

访谈者:你怎样才能做到不在分的注视下服药呢?

当事人:当我去厕所的时候。

访谈者:这样很好。还有什么时间你能服药?

当事人:当他上床睡觉以后。

访谈者:这听上去很管用。我觉得只是在这两种情况下你可以在需要的时候服药,或许还有更多的可能性呢。你认为呢?

当事人:我不想漏服药物。我看看它们是如何起作用的。

访谈者:太好了!你说得对,按时服药真的很重要,而且这听上去像一个很好的主意。现在,我们是不是可以谈论一些如何使你丈夫接受使用避孕套的问题?

当事人:好的。

……

上述两段简短的对话有相同的长度——每段对话都有10次交流。思考下面的问题:

1. 每段对话中患者的参与程度如何?咨询师从这位女士的角度去倾听做得怎么样?在每段交流的结束分可能会有怎样的感受?

2. 关于改变的每一段对话中焦点是如何建立的,是由论语提出的?

3. 这里面有改变的语句吗?如果有,咨询师是怎样做到唤出它的,并且当它出现的时候咨询师怎样回应的?

4. 如果这名临床医师有时间继续这样的讨论,这位女士的接受度又如何?

［拓展阅读］

心理咨询与矫治语句示例①

1. 非指导性倾听

<table>
<tr><td rowspan="8">重述或内容反应</td><td>简单重述：并不是保留原话的一切；只复述来访者所述信息，不包含观点</td><td colspan="2">“你认为是你的拖延使你无法把任务完成得像你本来能做到的那样好。”</td></tr>
<tr><td rowspan="3">基于感官的重述</td><td>视觉</td><td>“我看到”“那看起来像”</td></tr>
<tr><td>听觉</td><td>“我听到”“那听起来像”</td></tr>
<tr><td>动觉</td><td>“我感到”“它感动了我”</td></tr>
<tr><td>比喻式重述：
用比喻或类比捕捉核心信息</td><td colspan="2">“处理这个问题真是一场艰难的战斗。”</td></tr>
<tr><td rowspan="3">意图指导性重述：
向积极方向引导来访者</td><td>从一般时变为过去时</td><td>“你曾想要割伤自己。”</td></tr>
<tr><td>从全面知觉变为部分知觉</td><td>“所以很多时候你都有闪回。”</td></tr>
<tr><td>从客观事变为主观知觉</td><td>“所以你确实有这种想法——因为你受过性虐待，所以你是坏的。”</td></tr>
<tr><td colspan="2" rowspan="3">澄清：使自己和来访者对刚说过的话的确切性质更明了</td><td>一句复述＋一个封闭性问题</td><td>“如果我理解得不错……最令你伤心的是……你说的意思是这样吗？”</td></tr>
<tr><td>包含复述的选择问句</td><td>“你讨厌在上班被点名……还是其他的事？”</td></tr>
<tr><td>核查自己听对了没有</td><td>“对不起，我没太听清。能再说一遍吗？”</td></tr>
</table>

① 本部分表格参照寿俊鹿：《心理咨询面谈技术（第4版）——复盘课程，复盘教课书，请叫我复盘侠》，载微信公众号“心鹿历程研究中心”2019年11月18日，https://mp.weixin.qq.com/s/9vYv7GC9PYk0HY4ILAoMpA。

续表

非指导式情感反应:通过对情绪的重述,使来访者知道你听懂了他们的情绪表达	“看来你似乎对那件事有点恼火,对吗?”
总结:以非正式、互动、支持性、积极的方式	“对你自己来说,你是最好的专家,你会怎么总结你今天谈到的最重要的东西呢?

2. 指导性倾听反应

情感证实:咨询师了认并认可来访者明确表达的情感	“你可以为自己失去母亲而感到悲伤,这非常正常。如果你想哭就哭吧。” “是啊,有时我在考试时也有这种感觉。”
解译性情感反应	“我还感到你对你老师的做法有一些其他的感受。也许你感到受了伤害,因为她不信任你。”
解译:使来访者产生顿悟或更准确的现实知觉	“所以你以愤怒面对老师对你的不信任时,几乎就像是你在父母不相信你时你对他们的反应一样。”
重构:咨询师提供对情境的另一种解释	“我想你们两个互相喜欢。你们几乎总是坐在一起。你们总是反复争吵。你们必定是真的开始在交往了。”
面质:指出来访者不一致或矛盾之外,面质不包括对作出改变的明显建议	“或多或少,你想通过和这个年轻女孩约会,而不是处理与你妻子的问题,让自己感觉好一些。”

3. 指导性行为反应

说明:提供事实信息的陈述,有助于澄清来访者的误解	“我很高兴你告诉我你的担心。这是咨询重要的一部分。我希望你一直都能感到在这里可以坦诚地说话。”
暗示:直接或间接提示或预测	“如果你仔细看看你下一周和她的互动,也许你会发现自己比她更强的地方。”
自我暴露:咨询师与来访者分享个人想法或感受。可能增进亲密感或降低来访者对治疗师的信心	“当你在这里这么生气时,我感到紧张。”

续表

赞同—不赞同:出于社会协调的愿望,显示观点一致或不一致的陈述句。重点是:来访者寻求心理健康服务的权利高于治疗师的个人价值观。	"你说的这些让我感到不舒服。你听起来有些偏颇和批判他人。我认为这不是一种很有建设性的方式。"
认可—不认可:具有更强的道德权威性。重要的三点:1. 不认可对于改变行为是无效的;2. 不认可只会使一个急需改变的人远离你;3. 除了不认可,还有其他反应来告诉来访者你认为改变是必要的	
给出建议:面谈初期要避免,是典型以咨询师为中心的指导性活动。很多人寻求建议,很少人从中获益。建议要围绕如何权衡各种选择并作出决定	
敦促:比建议更进一步。在咨询面谈中不常见,但在危机干预中适用	

4. 提问

提问的方法	开放式问题提问	封闭式问题提问
特点	回答没有框架,可以让对方自由发挥;答案是多样的,是没有限制的	提问时给对方一个框架,让对方只能在框架里选择回答;答案是唯一的,是有限制的
举例	你午餐吃的什么? 你什么时候有时间? 你的订购计划是怎样的? 你为什么喜欢这样的工作?	你吃午餐了吗? 您是上午有时间还是下午有时间? 你订购一套还是两套? 你喜欢你的工作吗?
优势	收集信息全面,得到更多的反馈信息,谈话的气氛轻松	可以引导对方直接给出自己想要的结论,容易控制谈话的时间
劣势	占用一定的沟通时间,谈话内容容易跑偏,不便于控制沟通节奏	收集信息不全面,不利于了解对方的真实意思,只能是确认信息。另外,封闭式问题有时会让对方产生一些紧张或戒备的感觉
应用	时间充裕,需要收集信息,想让对方充分参与、充分主导时用开放式问题	时间有限,需要尽快得出结论,想自己控制局面时用封闭式问题

续表

提问的方法	开放式问题提问	封闭式问题提问
提问的类型	开放式提问	“怎么样”“什么”的问句;“为什么”的问句会加重防御
	封闭式提问	“是不是”“有没有”的问句
	祈使问句	“你能不能”“你愿不愿意”“你想不想”的问句
	间接或隐含式问题:情感协调建立后使用	“我感到好奇”“你肯定”开头
	投射问题:常用于评估来访者的价值观	“如果”
	关于改变的问题:焦点解决式的反应,让来访者进入“讨论解决方法与判断”的过程	“你是怎样防止情况变差的?”
	标尺问题	“1 ~5 分打几分”
	百分比问题	“如果你的抑郁减少 10%/50% 会怎样? 看起来是什么样子?”
	聚集任何优势和成就的问题:无论多么微小的成就,咨询师都可以询问独特的结果,鼓励来访者更深入地分析成功	“你是怎样做到保持平静的?”
	预设性问题:咨询师预设积极的改变已经发生,询问对这些改变的具体描述	“听到你的成绩改善了,你家里谁会最惊喜? 谁会最不惊喜?”
	奇迹问题:帮助来访者产生和维持对未来的积极愿景,并分析什么因素能带来这种积极的未来	“假设你今晚回家,当你睡着的时候,奇迹发生了,问题解决了,你怎样知道奇迹发生了? 会有什么不同?”
	外化问题:用象征、拟人的方式描述问题,将问题和原因外化	“你会怎样对抑郁说谢谢和再见?”
	例外问题:微小的改变就能激发更大改变,证明来访者的问题并不总是巨大儿压倒一切的,从而构建来访者本身存在的优势和资源	例外发生时:“谁在场”“行为有什么不同”“在哪里发生”“什么时候发生”“怎样让例外发生”

续表

提问的方法	开放式问题提问	封闭式问题提问
提问的原则	让来访者准备好接受提问 不要把提问作为你最主要的倾听或行为反应 让你的问题符合来访者的担忧和目标 利用问题引出具体的行为例子和关于未来的积极愿景 谨慎提及敏感问题	

第七章　危险性评估口才训练

本章内容提示

监狱犯罪危险性(犯罪风险)评估,是监狱对罪犯实施“个体实施犯罪的可能性,或者再次实施犯罪的可能性”评估的一项工作,本章主要讲解监狱罪犯危险性评估概况,评估工具和评估内容,罪犯危险性评估口才表达的原则、注意事项、表达特点和要点。

训练目标与要求

1. 训练目标:了解监狱罪犯危险性评估工作,领会罪犯危险性评估目的、要点、注意事项,掌握罪犯危险性评估口才表达的原则、要点、注意事项。

2. 训练要求:一要平心静气、高度关注自身的情绪情感微妙变化;二要高度保持对访谈对象好奇、关注、以人为本、辨析人性的态度;三要注意确保评估内容的真实不虚、完整一致、及时有效、准确区分。

第一节　危险性评估概述

一、教学案例导入

我国自古以来高度重视对人的考察和识别,多采取观察和历练的方法,如孔子在《周易·系辞传》中指出:“凡《易》之情,近而不相得则凶;或害之,悔且吝。将叛者其辞惭,中心疑者其辞枝,吉人之辞寡,躁人之辞多,诬善之人其辞游,失其守者其辞屈。将叛者其辞惭,心怀异志者说话会不好意思。中心疑者其辞枝,信念不坚定,讲话就枝蔓岐出,欠缺要点。吉人之辞寡,吉人自有天相,天何言哉?四时行焉,百物生焉,为政为道皆不在多言。躁人之辞多,飞扬浮躁,言多必失。诬善之人其辞游，诬赖好人，恶意抹黑者缺乏证据，言辞必定闪烁游移。失其守者其辞屈，理不直气不壮，自然难以服众。”这些都是人心险恶，人情诡诈，由内而见诸于外的一些征兆。韩非子在《韩非子·内储说上》中指出：“主之所用也七术，所察也六微。七术：一曰众端参观，二曰必罚明威，三曰信赏尽能，四曰一听责下，五曰疑诏诡使，六曰挟知而问，七曰倒言反事。此七者，主之所用也。”

评析：大意是：君主用来管控臣子的方法有七种，需要明察的能对君主造成危害的隐秘情况有六种。在现代管理学上，同样非常重视对人的评估考察，并据此作出相应的管理举措。监狱为加强罪犯管理，预防狱内再犯罪，在罪犯管理中也引入了危险性评估工作。通过标注罪犯的危险性，开展有针对性的分类处遇措施。

二、本节知识要点

（一）罪犯危险性评估概述

犯罪危险性（犯罪风险）也称罪犯风险，主要是指“个体实施犯罪的可能性，或者再次实施犯罪的可能性”[①]；也称其为“人身危险性”，即“罪犯再次实施危害行为的可能性”。[②] 广义的罪犯危险性评估也称“犯罪风险评估”，指的是“通过一定技术，对特定对象实施或重新犯罪的可能性进行判断，从而为控制其危险行为提供根据的专门性手段”。狭义的罪犯危险性评估是监狱机关运用专门的技术和方法，对罪犯发生危及监狱及社会安全与秩序的脱逃、行凶、自杀等行为的可能性进行系统科学的预测和判断，是科学认识罪犯的一项基础性工作，是有效管理罪犯的重要依据，对于维护监狱及社会安全稳定，提高罪犯改造质量，具有十分重要的意义。

（二）罪犯危险性评估分类

罪犯危险性评估一般可以分为常规性评估和即时评估，常规性评估包括入监评估、中期评估和出监评估。

入监危险性评估。入监危险性评估是监狱对新收押罪犯开展的危险性评估，主要应用于对罪犯按危险等级分别关押。入监危险性评估应当在罪犯入监教育阶段完成。

中期危险性评估。中期危险性评估是监狱对服刑中期罪犯开展的危险性评估，主要应用于对罪犯教育矫正和动态管控。

出监危险性评估。出监危险性评估是监狱对即将刑满释放、特赦或拟提请假

---

① 乐国安、李安等：《法律心理学》，华东师范大学出版社2016年版，第178页。

② 曲新久主编：《刑法学》（第5版），中国政法大学出版社2016年版，第15页。

释、离监探亲、暂予监外执行罪犯再犯罪可能性开展的危险性评估。出监危险性评估一般在罪犯刑满释放3个月前完成。

即时危险性评估。即时危险性评估是监狱对有脱逃、行凶、自杀等征兆或出现严重对抗管理教育、被发现余罪漏罪、突患重大疾病、突发家庭变故、受到处罚、遭受伤害等情形的罪犯开展的危险性评估,主要应用于危机处置工作。

此外,根据评估对象是否有犯罪行为史,可以分为"初犯危险性评估"和"再犯危险性评估";根据评估指向的犯罪行为类型,可以分为"暴力危险性评估""性犯罪危险性评估""财产犯罪危险性评估"和广义的"反社会行为危险性评估"等;根据犯罪危险性评估工具所评估的危险性范围,可以分为服务于几乎所有犯罪行为的危险性评估的"通用犯罪危险性评估"和服务于特定类型的犯罪危险性评估的"专用犯罪危险性评估"①。罪犯危险性评估工具主要有四种形式:由临床心理学家与精神病医生主导的临床评估、统计精算评估、将临床评估与统计精算评估相结合的结构化临床评估和自评问卷评估。② 无论采用哪一种方法,都离不开罪犯危险性评估访谈,离不开罪犯危险性评估访谈技术支持,离不开专业人员对罪犯危险性访谈技术的熟练掌握和运用。

(三)罪犯危险性评估工作要点

健全评估机构及其保障体系。各单位应整合资源,建立健全罪犯评估矫治中心,负责罪犯危险性评估工作。同时健全工作制度、建设评估队伍、加强信息化技术应用等。

规范评估方法。罪犯危险性评估的主要方法有档案分析、结构性面谈、量表测试、行为观察、统计分析、综合诊断等。应当运用多种方法开展罪犯危险性评估,注重定量评估与定性评估相结合、静态评估与动态评估相结合、定期评估与即时评估相结合,以提高评估结果的可靠性、准确性。

收集评估资料。从罪犯的个人基本情况、违法犯罪史、婚姻家庭状况、财产居住状况、社会交往状况、成瘾状况、生理心理状况、犯罪思维与态度、现实改造表现及看守所羁押期间表现情况等有关资料信息中全面收集罪犯评估所需的资料,进行综合研判和分析后,确定罪犯的危险类别和危险等级。

作出评估结果并形成评估报告。评估结果包括罪犯危险类别和危险等级。罪犯危险类别依据危险行为不同表现形式与特征指向,划分为脱逃、行凶、自杀和再

---

① 马皑、宋业臻:《情感计算技术如何推动犯罪风险评估工具的发展》,载《心理科学》2020年第2期。

② 马皑、孙晓等:《犯罪危险性智能化评估的理论与实践》,中国法制出版社2020年版,第34页。

犯罪危险等类别。罪犯狱内危险等级依据罪犯存在一种或多种危险的程度，划分为极高危险、高度危险、中度危险和低度危险四个等级。罪犯危险性评估报告应包括罪犯基本信息、评估依据、评估结果及建议措施等内容。建议措施包括分类关押意见、教育管理措施、安置帮教建议等。评估报告应当及时流转、交接。

评估结果的应用。分类关押方面：极高危险等级的罪犯应分流至高度戒备监狱或监区关押；高度危险等级和中度危险等级的罪犯根据需要分流至中度戒备等级从上的监狱或监区关押；低度危险等级的罪犯可以分流至各戒备等级的监狱或监区关押。罪犯危险等级发生变化的，应及时分流；没有条件分流的，应当及时调整和变更管控措施。管控罪犯方面：根据罪犯危险等级，对罪犯实行分级管理、分级处遇。危险等级越高的，管控措施越严。罪犯危险等级发生变化的，应当及时调整管控措施和处遇。监狱应当将危险性评估结果作为狱情研判的重要内容，提高研判的科学性。教育改造方面：根据罪犯危险性评估结果，制定相应的教育改造措施，并不断调整和完善，做到因人施教，降低或消除罪犯危险。组织罪犯劳动方面：根据罪犯危险性评估结果，合理组织罪犯劳动，科学选择劳动项目，安排适宜劳动岗位，防控安全风险，促进安全生产。其他方面：根据罪犯出监后再犯罪的可能性，作出评估结果，形成评估报告，供提请假释、暂予监外执行和提出离监探亲、安置帮教等参考。经评估为再犯罪危险性较高的罪犯，一般不得提请假释、暂予监外执行和提出离监探亲。评估报告要在罪犯出监、释放前及时送达其户籍所在地或者入监前经常居住地社区矫正，安置帮教机构和公安派出所，以便相关部门结合罪犯离监后可能遇到的生活困难、家庭变化、社会交往等问题进行综合分析，做好教育、管理和帮扶等工作，有效预防其再犯罪。

[**案例欣赏**]

被评估对象热心打听评估员的信息

在一次评估过程中，出现了一种很奇特的现象，被评估对象对评估员的信息十分关心。经常中断访谈进程，有意无意地问：

“队长，你是哪个监区的？”

“队长，你的警号很特别啊，有什么意义吗？”

“队长，你多大了？”

"队长,你有电话吗?我有事能找你反映吗?"

"队长,你是哪个地方的人啊?"

……

作为评估员的你,如何应对?

评析:这是一个"二进宫"罪犯,反侦察意识很强(不排除其妄图利用套听掌握评估员信息在罪犯中做一些不可告人的事件),评估员对此类罪犯必须做到高度警惕。一般我们在评估罪犯前,有一套标准的"开场白",比如"我是某某监狱的民警,我们对每一位新入监的罪犯都要进行一次例行谈话,目的是了解你的基本情况和诉求,并结合我狱的实际情况,更好地安排和指导你的监狱服刑生活……我的话你听明白了吗?"其他额外的信息无必要不要向罪犯泄露。

三、课堂实战训练

【训练一】编制访谈提纲并开展评估访谈

两人一组,依据表7-1编制访谈提纲,并分别扮演警察和罪犯,用编制好的访谈提纲扮演访谈。

表7-1　监狱系统罪犯危险性评估表(部分)

一、三类危险史		
是	否	1. 过去实施过自杀行为
是	否	2. 最近一年内实施过自杀行为
是	否	3. 有自杀的或想法
是	否	4. 制订过自杀计划
是	否	5. 重要他人曾经实施过自杀行为
是	否	6. 曾经实施过自伤自残行为
是	否	7. 曾在押送过程中或监管场所内预谋或实施过脱逃
是	否	8. 有流窜作案史
是	否	9. 在社会上曾经实施过暴力行为
是	否	10. 在社会上实施过严重的暴力行为
是	否	11. 有暴力行为相关的劣迹或前科
是	否	12. 有过2次及以上暴力行为相关的劣迹或前科
是	否	13. 曾经在监管场所实施过暴力行为
是	否	14. 此次犯罪情节恶劣

是　否　15. 有特殊经历或技能

是　否　16."四假"信息尚待核实

二、身心疾病

有　否　17. 曾患精神障碍　精神分裂　抑郁　躁狂双相情感障碍　人格障碍　性心理障碍　创伤后应激障碍　急性应激障碍　精神发育迟滞　其他

是　否　18. 精神障碍发作

是　否　19. 患有严重损害生活质量的疾病或伤残

三、成瘾行为

是　否　20. 有物质或行为成瘾史　毒品　药品:一般处方药、麻醉类(吗啡、美沙酮等)、安眠药　酒精　赌博　上网　其他

四、家庭环境

是　否　21. 未成年时期有不良的家庭模式　家庭缺失　单亲家庭　留守型家庭

是　否　22. 有不良的教养方式 溺爱纵容　漠不关心　严厉粗暴

是　否　23. 与家人或伴侣的联系缺失

是　否　24. 与家人或伴侣有矛盾或关系疏远

是　否　25. 家人之间存在严重矛盾,影响罪犯的情绪

是　否　26. 家人或伴侣发生重大变故

是　否　27. 家人不服判决,怂恿罪犯对抗改造

五、生活经历

是　否　28. 18 岁前患有品行障碍

是　否　29. 成年后未从事过正当职业

是　否　30. 人际交往能力差

是　否　31. 几乎没有正常交往的朋友

是　否　32. 漠视社会规范

六、认罪态度及狱内表现

是　否　33. 自罪感强烈

是　否　34. 自觉刑期漫长,或不适应改造生活,感到绝望

是　否　35. 不认罪服判

是　否　36. 以不认罪为由,拒绝服从监狱管理

是　否　37. 怨视司法机关

是　否　38. 有隐瞒余罪的可能

是　否　39. 余罪爆发

有　否　40. 有狱内违纪行为　一般违纪　较重违纪　严重违纪　重大违纪
警告、记过或禁闭

是　否　41. 自认为长期受到其他罪犯欺压

是　否　42. 自认为受到监狱或民警个人不公正的对待

是　否　43. 狱内人际关系差

七、保护性因子

是　否　44. 对死亡持排斥的态度

是　否　45. 对暴力持排斥的态度

是　否　46. 对家人或伴侣负有责任感

是　否　47. 对未来生活有期待

第二节　危险性评估口才的基本原则

一、教学案例导入

平息罪犯哄监闹狱

2009 年 6 月某天，监狱正组织大批罪犯调监，3 辆大巴车刚刚停在监区楼下。我把一名身高 190 厘米，体重 110 公斤的罪犯蒋某某叫到办公室。问他：你有没有什么事情？

蒋某某犹豫沉吟了一会儿（我静静等，没有催），回答：我准备搞点事情。

我心里一沉（外面 300 多名罪犯调动，4 个监狱联合行动，出了事可不是闹着玩儿的），继续平静地问：为什么呀？（不是直接问他准备怎么闹，而是关心他的目的）

蒋某某：我好不容易才调到这个监狱，想离家近一点，没成想不到两个月，就被调走了，我心不甘，闹一闹说不定就留下来了。

我理解蒋某某的心情，但不支持他的做法，但我没有直接说教（主要是当下他听不进去），转而问了他的基本情况（转移其注意力，降低其情绪情感强度）：你余刑还剩多少时间？家是哪里的？假如你闹事达到目的会有什么后果？会不会加刑？影响不影响减刑？家人会怎么想？你感觉能达到目的吗？

蒋某某慢慢思考，一一回答我的问题，最后用恳切的语气：你看我能不能达到目的？我该怎么办？

评析：事后罪犯蒋某某主动交出了作案工具，服从了调监安排，消减了一次重大监管安全事故，关键点在于我没有高高在上、命令恐吓，反而站在他的关切，从维护他的利益出发，让蒋某某放下顾虑戒备，坦白了自己真实的想法。

二、本节知识要点

（一）保持理性客观的第三方立场

罪犯危险性评估口才训练是指为全面准确地收集罪犯人格、精神状况以及危险性程度的相关数据和信息，开展的评估访谈训练。危险性评估口才以掌握罪犯相关信息为目的，是单向沟通，并不刻意追求与罪犯建立联结、影响罪犯、改造罪犯或解决其问题。危险性评估口才的目的是要获得访谈内容的真实性，这种真实性不是客观的真实性，而是被评估访谈罪犯的自身认知、感受的真实性，是罪犯对社会的亲近、疏离自身的真实感受，是罪犯对情、理、法的自身认知（而不是真实客观的认知，无论其荒谬到什么程度，对于罪犯本人是真实的）。要做到这一点，危险性评估的工作人员需要把自己当作一面镜子、一片平整的湖面、一个无感觉的录音录像机，照清、照亮、记录下罪犯当时当刻的实际情况，即“如实观照”。因此危险性评估口才训练的要点是不主观、不评价、不指点、不干预、不回应，冷静、理性、再冷静、再理性。不对评估对象作任何的情感反应、内容反应，做一块有温度的石头。

［**案例欣赏**］

准确地表达自己的感受

晚上10点你正准备睡觉，楼上突然传来一阵叮叮咣咣的搬东西声，你忍无可忍，上楼去找他们，希望他们马上停止。一般我们会这样说：

“现在都半夜了，你们搬东西制造这么大声音，不知道会打扰别人休息吗？”

“你们这么晚搬东西，也不顾别人是不是需要休息，太没公德心了！”

很明显，你对这件事有强烈的感受，但在与对方访谈时，你却没能表达出自己的真实感受，只是在指责。如果对方是个不讲理的人，你们之间很可能会爆发一场“战争”。

那怎么访谈才有效呢？

“你们在搬东西吧？这让我感觉有些吵。”

“你们一定要今晚搬的话，如果能够轻一点儿，我觉得可能更好。”

以“我”的角度来与对方访谈，如“我觉得”“我感觉”“我认为”等，不仅能清晰地表达出你的感受，访谈效果也会更好。

评析：如日常谈话般不能准确地表达自己的感受，而只是一味地说出自己的看法。

（二）共情尊重与完成共同的目标

危险性评估的依据是事实，训练危险性评估口才的目的是获取真实准确有效的信息。在实际工作中切忌给对方形成“包打听”“探隐私”对自己毫无用处甚至不利的印象。任何一场访谈都要具备明确的目标，目标是高效访谈的起点和终点。双方只有围绕这个目标访谈，才能不偏离主题，不忘记初心。与此同时，为了让访谈更有效，你还要尽量帮助对方面对他需要解决的问题，让对方感觉到你解决问题的善意和真诚，让你们的访谈达到相互满意的结果。访谈的本质是尊重与合作。尊重是为了促进共赢。要让对方觉得：自我的需求要满足，对方的需求也要满足，自己可以与对方一起想办法。只有这样，其结果也必然会朝着共赢的方向发展，我们的访谈目的才能真正实现。

真正的尊重，应该是从他人的视角去看他们所经历的一切，也就是了解对方的“being”，哲学上称为“存在”。（见图 7－1）简言之，就是了解对方此刻存在的状态是什么。如果能从对方的视角去看待他正在经历的一切，并接纳他所做的一切，而不是不断在自己心中幻想“如果他不这样做多好”“如果他听我的该多好”，就是对对方最大的尊重。

相反，要是对方能站在你的角度，认真地向你描述你此刻的感受、想法等，你一定会产生一种“他乡遇故知”的感觉。（见图 7－2）这就是访谈过程中尊重的真正含义。要拥有高效的访谈，就必须懂得尊重自己的访谈对象，维护对方的自尊心，从对方的视角去看待他们所经历的一切，并以同理心来进行换位思考。“尊人者，人尊之。”访谈中如果缺乏尊重，不能平衡自己与对方的需要，总以一种自以为是的方式与对方交流，这样的访谈是很难进行的。只有学会尊重与合作，访谈的过程才会愉快而积极，结果才能如你所愿。

成功有效的访谈可以给人们带来鼓励、自信和快乐，也可以充分展示个人魅力，体现个人素质，缩短人际距离，打造良好的社交氛围。

访谈目的的共性应该是尊重与合作。任何一种访谈，归根结底都是为了实现尊重与合作这一目的。如果想要营造一个顺畅的访谈氛围，先要找到一个共同的目的。通俗地说，就是在访谈的时候，要让对方感觉到你们是朝着同一方向努力的，让对方能感受到你对他的关注；反之亦然，对方也能让我们感受到他真的在关注我们。

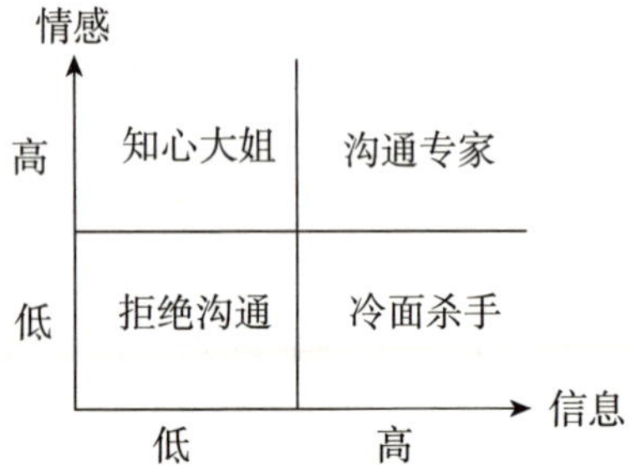

图7-1　情感信息掌握程序上的四种情形

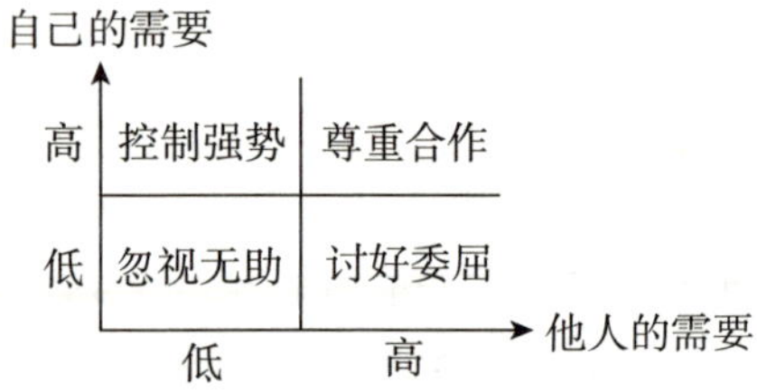

图7-2　双方需要关注程序上的四种情形

回归到本质上，访谈的艺术就是寻找共同目的的艺术。共同目的包括共同的利益、共同的认知、共同的爱好以及共同的感受等。这些共同目的可以产生安全感和亲近感，因为人是具有认同心理趋向的。当我们找到了共同目的，就能轻松解决访谈中的氛围问题，然后开始愉快的对话了。当你能够跟对方塑造出共同目的，会很容易让对方的情绪变得平缓，因为你让对方知道了你理解他，而理解是解决一切问题的前提。当双方的真实目的存在很多相似之处时，协商出一个共同方案就可以了。

这里的关键在于，你要理解对方的真实目的是什么，因为很多时候外在的目的和心里的目的并不完全一样。寻找联结，维护安全感，保持目的一致性。回过头来看，我们塑造共同目的的本质是什么？归根结底是为了"寻找联结"。什么叫寻找联结？就是你要让对方觉得你重视他的个体，而不是只重视当时谈话的目标，这才是核心中的核心。如果你能够让对方始终感觉到，你和他是有联结的，和他是一体的，而且特别希望和他一起解决问题，特别希望通过这次谈话让你们的关系变得更好，那么事情往往就会如你所愿，这其实就是在寻找联结。我们自始至终要以一颗纯正的发心去寻找这个联结，去维护对方的安全感，让对方感受到你与他的目的是一致的，如此才能唤醒对方的认知，从而使访谈顺利地进行下去。

当然，寻找联结并不是一件容易的事情。因为在与别人访谈时，总会有访谈不畅的时候，比如在谈到某个问题的时候，思维突然中断了，这时就无法让对方找到你要与他联结的感觉，你们后面的访谈也会东一榔头西一棒槌，完全不在一个频道上。所以，这种联结的感觉是非常敏感的。也许只是你的一句话，一个眼神，或者是你的发心不纯，都有可能中断访谈。需要注意的是，此处的联结是情感和态度上共振的联结，不是工作、生活、解决实际问题上的联结，不是首问负责制，不需要留下联系方式，其实际问题还是要放回监区主管民警去解决。这里联结的目的是让被评估对象放下戒备、敞开心扉，以寻求更精准的评估。

［**案例欣赏**］

聚集合作，全心全意地倾听和反映①

团辅过程，有位学员当场跳出与其他学员争辩。

培训师：你希望跟当事人开诚布公地讨论、对话。

（克制，冷静，有意通过反映性陈述来表达对学员动机的理解）

学员：对，我觉得他们应该怎么想的就怎么跟我说，不过要是说得不对，也得让他们知道啊。（学员回应认同，并重申了自己的观点）

培训师：你不希望他们留下错误的认识。

（倾听）

学员：对啊，不能让他们觉得自己现在的行为还挺合理的。（不和谐开始下降）

培训师：所以你会反驳他们，这样他们就不会抱着错误的想法越陷越深了。

（非评判立场，尝试表达对学员动机的理解）

学员：是的，这就是我要做的啊。（学员觉得被理解了，又强调了自己的观点）

培训师：所以你在用你所了解的、最好的方法来做些事，我估计，咱们班其他的学员大概也会这样吧……

（有意培养一点改变的动机，并将评论延伸到其他学员身上）

学员：是啊。（学员感到被理解、被肯定了，但他的改变动机没有多少变化）

培训师：这些方法有时很管用。

（肯定学员的观点，并寻找机会建立差距）

学员：对！（不和谐降低了）

---

① ［美］大卫·B. 罗森格伦：《动机式访谈手册》，辛挺翔译，人民邮电出版社 2020 年版，第 22－23 页。

培训师:但不是一直……

(为了建立改变的动机,大胆地试探了一下,不过这种推测也比较合理)

学员:对,不是每次都管用。有的人还没准备好改变。(不和谐降低了)

培训师:你希望他们准备好……

(该反映性陈述联结了学员自己还有他想帮助当事人的良好初衷)

学员:对,所以我过来学习,我想帮助别人。(学员探索着自己的希望与价值)

培训师:正是这种助人的心愿让你参加了现在的培训,以便丰富自己的助人技术。

(倾听学员并强调他想学新东西的积极态度,关系中更多体现出合作,也尊重了学员的自主选择)

学员:助人的心愿,还有,继续考试的学分。(学员笑了起来,感到被理解了,这个玩笑体现出他心情的变化)

培训师(也笑了):我估计咱们班很多同学也都看重继续教育学分,当然同样看重的是,对于那些质疑我们的当事人,找到帮助他们的方法。

(借助合理的推测导进学员与班上的其他学员,将他们的议题联系在一起)

学员:(和学员一样,学员们都笑了,大家都点头。学员们的赞同与参与导进)

培训师:所以,现在的问题就变成了:"咱们怎么知道,自己的做法对当事人有没有帮助呢?"

(随着挑事学员和其他学员的重新导进,培训师规划了谈话的方向,引领学员们去识别,哪些做法对当事人有帮助,而哪些没有)

(三)关注对方的需求

需求是访谈当中的重要因子,凡是访谈中出现的问题,多数是由需求不清晰或需求未能获得满足所致。这里的需求,既包括他人的需求,也包括自我需求。只要你能洞察到别人真正的需求,并有针对性地去满足这个需求,访谈就会变成一件非常容易的事。

美国心理学家马斯洛在20世纪50年代时就提出了"人类需求层次"理论,这一理论的基本点是:人都是有需求和欲望的,它们随时有待于满足;人的需求是什么,要看已获得的满足是什么;已满足的需求不再是行为活动的动力,只有未满足和新产生的需求,才会形成访谈的基础和动力。而且,人的需求是从低级到高级分为不同层次的,只有低一级的需求获得相对满足后,高一级的需求才会上升为支配人的行为的动力。

马斯洛将人的各种需求划分为五个层次,从低到高分别为生理需求、安全需求、归属与爱的需求、尊重需求和自我实现需求。另外还有求知需求和审美需求,这两种需求没被列入他的“需求层次”理论中,他认为这两种需求应居于尊重需求与自我需求之间。

马斯洛的这个“人类需求层次”理论,基本上包含了人类所共通的需求,除此之外,落实到我们每个人身上后,相信大家还可以列出许多需求。以下列出一个需求清单,相信这些需求也是绝大多数人的共同需求。

朋友、集体、归属感。就行为来说,人是一种社会性物种;就天性来说,很少有人不喜欢交流和朋友。群体为我们提供了身份上和感情上的支持,也给了我们归属感。归属的欲望又驱使我们依恋两种群体,一个是身边的小圈子,另一个是集体。身边的小圈子可以是三五个人,也可以是一二十个人,它通过友谊、共同的兴趣爱好或目的相联结,为我们提供了有具体范围的、更加公共的身份感和归属感;集体通常指我们所在的学校或工作单位等组织,是我们体现身份感、价值感和社会感的地方。

放松、休息、快乐。人的精力是有限的,大脑神经一直处于紧绷状态,神仙也受不了!所以,每个人都需要一定程度的放松,从而让身心获得适当的休息。

关注、理解、倾听。渴望得到关注、理解和倾听是人类普遍存在的心理,也是一个让访谈双方彼此受益的过程。

学习、探索、发现。学习、探索、发现都可以被称为一种实现自我价值的心理需求,它会促使我们努力提升自己的能力,获得更多的机会,做一个对社会、对他人有用的人。同时,这些需求的实现也能让我们获得更多的尊重和自我实现,从而满足我们期望获得尊重和价值的需求。

选择、自由、自我。自由、自我对很多人来说都是一件非常重要的事情,而且每个人都需要拥有自己的选择权。虽然现代社会压力大,很多人为了能拥有更好的生活不得不放弃自己的一部分自由,选择做一些自己不喜欢的事,或者从事自己不那么喜欢的工作,但是,这并不表示他们放弃了对自由、自我的追求,因为他们至少在心灵上还是会努力去追求自由、自我的。

被认可、信任感、安全感。每个人的内心都希望得到别人的认可和信任,希望自己能受到他人的重视。当获得这些后,我们的存在感、价值感、安全感等都会随之增加,同时认为自己所做的一切都是值得的、有价值的。相反,不被认可、信任,缺乏安全感的人，会生活在痛苦之中，身心饱受折磨。他们常常想要掩饰这种感觉，甚至会自欺欺人，可是又会不自觉地流露出内心的自卑、不安——至少他们的目光、肢体语言会暴露这一点。

支持、尊重、爱。我们每个人都难免会在生活中经历大大小小的失败，但大多数人能朝着积极的方面继续努力。在这个过程中，如果能有人给予我们一定的支持和尊重，无异于"雪中送炭"，不仅能安抚我们受挫的心，还能维护我们的自尊。虽然我们暂时失败了，但自尊心会因此重新建立起来，这种自尊也会让我们再次拥有自信。而对爱的需求，是人的一种本能需求，更是人类所有需求当中最为深刻的一种。爱是人类获得情感安全、个人力量和信心的最为重要的来源。

除了以上这些共通需求之外，在这张需求清单里还可以添加很多东西，比如自我表达、创造性、影响力、对新事物的体验等。

我们为什么要列这样一个清单呢？目的很明确，就是要求我们要训练自己的观察和思考能力，这样才能在人际访谈中，通过对方的一句话、一个表情、一个动作，来探寻到对方的真实需求，从而为建立良好的访谈奠定基础。

[**案例欣赏**]

站在对方角度讲话

有个朋友给我讲过这样一件事。有一次，他到一个城市出差，住进了一家酒店。等他办完事准备退房时，前台的一个服务员对他说："您在这里等一下，我们必须要先检查一下房间，看看有没有东西损坏丢失，然后才能给您办理退房手续。"退房时需要检查，这是行业规则，朋友自然欣然接受，于是便站在前台等待查房结果。这时候，前台的服务员又接着解释起来："前几天我们这就有个客人，把房间的水壶弄坏了，之前还有客人偷拿了毛巾……"朋友听完这些很不爽，感觉服务员在诋毁自己的人格，以后再没去过这家酒店。

后来，他又到这个城市出差，换了另一家酒店，却感受到了完全不同的服务。在退房时，服务员微笑着说："请您稍等片刻，我们去您的房间检查一下，看看您是否有东西落在房间里。"他一听，觉得这个酒店服务很到位。

评析：工作内容方法一模一样，但表达维护的利益方不同，效果就截然相反。

（四）关注事实与宽容对方的感受

危险性评估口才训练的关注点在事实，而不是对对方评估的判断或对方的感受。访谈过程中要注意不纠结于对对方的评估判断或对方的感受。一方面，人都希望被夸赞，被欣赏，都希望被人高看一眼。"失意人前，勿谈得意事。因为那只可能加重对方的落寞感，所以即使万事顺心，也要故意说些辛苦给朋友听。"（刘墉，《萤窗小语》）"不要在一个不打高尔夫球的人面前，谈论有关高尔夫球的话题。"失意的人总是最敏感，不管我们讲什么内容，都要注意别让他人产生自己被比下去的感觉。在失意人前谈得意之事就相当于雪上加霜，给对方带来更大的伤害。另一方面，罪犯由于其特定的社会化缺陷，形成了与现实社会严重对立的反社会人格，正是这种反社会人格，决定了他的理想、信念、人生观、价值观等一些基本的生存理念，偏离了正常的范围和轨道，形成了与主流观念相悖的歪理、无理之理。这些因某些因素极其鲜明，极端的个人主义、唯利是图的拜金主义、道德虚伪论、犯罪原因客观论、轻罪重判论等是"刻"在他的心中脑中的。当前多元文化代替主流文化，社会各种文化也更多抱有开放、宽容的态度，在这样的社会背景下，用一元文化价值观念来解释甚至代替一切，不现实，也没必要。因此，要善于从对方的视角看他的经历，能够容忍适度的谎话。"看破不说破""打人不打脸，骂人不揭短""给尴尬中的人一个台阶下""给面子"。讲求对象、场合、时机，不急于揭穿对方的谎言。

观察：只讲事实，不加入评判。所以在访谈前，我们不要评判，不要贴标签，而是要把我们看到的和听到的事实讲出来。著名哲学家克里希那穆提说："不带评论的观察是人类智力的最高形式。"只有当你不带评判地去观察，才会发现事情的真相。访谈时，开场前我们一定要学会不带评判地观察。当你把这个观察讲完了以后，要用"我看到……""我听到……"等句式把整个事情描述出来，而不是用"你很自私""你很懒"这些语句去评判对方，这样才能把访谈的序幕顺利拉开。

感受：说出真实感受，挖掘真实需要。访谈中有矛盾、有分歧在所难免，毕竟让彼此感同身受是不太现实的。虽然感同身受有些难，但是访谈双方达成理解和包容却是可行的。

我们前面说了，访谈前要不带评判地去观察，应该讲事实，接下来又该做什么呢？那就是要直接、清楚地讲出自己的真实感受。比如"我觉得很难过""我感到很失落""我很担心"等，这些都是你的切身感受和体会。相比批评和指责，很好地表达自己的感受，更容易让人接受。

行动：提出具体可执行的请求。当我们能够把所有的事情变成一个可执行的、能够有可操作性的，而且不具有特别大的攻击性，也没有特别多贬低意味的请求的时候，整个访谈过程就会顺畅很多。我们在访谈前要先观察，不加入评判，只描述事实——你最近回家有些晚；然后表达出自己的真实感受——我感到很无聊；接下去表达自己的需求——我希望你多陪陪我。这样对方更容易接受你的建议，然后你再提出一个可执行的请求——每周早回来两次，那么接下来的访谈就会变得很顺畅，而且会很有成效。

［**案例欣赏**］

长颈鹿式访谈

为什么长颈鹿是很温和的动物，从来不伤人？这与它的这三个特点有很大的关系：心大，遇事不计较；反应慢，从不觉得什么事会对自己有伤害；再加上它站得高，看得远，不会对眼前的小事斤斤计较。那么，具体来说，什么是长颈鹿式访谈呢？对此，我总结了以下几点：观察、感受、需求和请求。掌握了这几个方式，我们在与人访谈的过程中就不会偏离主题，也不会忘记最初的目的。观察到长颈鹿有三个特点：高、反应慢、心脏大，这三个特点可以巧妙地运用到我们的访谈当中。

长颈鹿的第一个特点：高。高的好处是什么？站得高，可以看得远。擅长长颈鹿式访谈的人不会因为一点小事儿而纠结，与人没完没了，他们会看到更长远的问题；他们知道自己的访谈目的是什么，不会被情绪带着走。这正如我们培养自己的孩子，绝不能因为他今天犯了一个错误，就否定了他的将来，这是不客观的，也是不公平的，我们一定要看长远。为什么蛇特别容易攻击别人？因为蛇是贴在地面上的，这使得它的视线较低，看不到远方，所以身边有任何的风吹草动，它都觉得是危险。你可能是无意识地站在了它的旁边，根本就不想伤害它，或是根本没留意到它的存在，但是从它的视角看，你是一个庞然大物，你要伤害它，所以它会毫不犹豫地咬你一口。

长颈鹿的第二个特点：反应慢。长颈鹿的反应有多慢？据说长颈鹿走过一个水坑，要过半个月才感觉到自己的脚湿了。当然，这种说法有些夸张，却形象表现出长颈鹿的反应总是慢半拍。反应慢，用一个专有名词来解释就是——钝感力，具备钝感力的人，大多会从容面对生活中的挫折和伤痛，也会坚定朝着自己的方向前进。正如渡边淳一所说：“钝感就是一种才能，一种能让人们的才华开花结果、发扬光大的力量。”钝感力与敏感力是相对的。前面我们说了，蛇之所以容易伤人，就是因为敏感力超强，所以蛇的访谈方式特别容易伤人。生活中那些“玻璃心”的人大多非常敏感，遇事总是斤斤计较，特别在意他人的评价，这样的人特别容易被情绪左右，从而让访谈陷入僵局。

长颈鹿的第三个特点：心脏大。长颈鹿长得高，所以需要一颗大心脏，这样才能把血液输送上去。心脏大，心就比较大，凡事大大咧咧的，不往心里去。有的人认为心大的人比较傻，但我却觉得心大是一种生活的智慧。因为很多时候，过于计较得失与成败并不能改变当下，还不如想开一点，看远一点，学会淡然与放下。

（五）善于提问与高效倾听

好的提问可以激发对方的行动。什么样的提问才是有效的提问，才能激发对方的内在动力和有效行动呢？这里列出一些类似的提问：你想要达成的目标是什么？具体的目标是什么？有什么指标吗？你的现状是什么？为了实现目标，你都做了哪些努力？你打算什么时候实现目的？你设想的最佳状态是什么？你认为自己还需要在哪些方面进行改进？等等。由此可见，要想让对方作出改变，就必须激发出对方的内在动力，让对方心甘情愿地为自己的目标努力，而不是你推着他去努力。

评估师应牢记一句名言：上帝为啥给我们的是两只耳朵，而只有一张嘴巴，而且耳朵的功能非常单一，就是听，倾听，就是要求我们要认真地、集中注意力地倾听访谈对象的讲述，倾听在场人士的讲述，从中获取信息，并适时探询，去伪存真。而嘴巴只有一张，发挥其讲话的功能的同时，还要承担着吃饭、咀嚼、品味等功能，即我们的嘴巴真正用于说话的比例（从其功能上看）应该只有嘴巴全部的几分之一，即我们嘴巴说话的使用率应该只有耳朵使用率的几分之一。作家莫里斯曾说：“要做一个善于辞令的人，只有一种办法，就是学会听人家说话。”很多关系的建立和问题的解决都是从善于倾听开始的，所以，要想成为一个真正的访谈高手，就要先努力让自己学会倾听，做一个善于倾听的人。

如何有效提问与倾听。巧妙地提问可以促使对方进行深入思考，唤醒对方的内在动力，使对方努力去改变自己；倾听则既能满足他人自我表达的需要，又能巩固人与人之间的联结。只有学会提问和倾听，才能成为真正的访谈高手。提问是为了引发思考，而不是要将你的答案和解决方案直接告诉他人，以展示自己的分析和方案有多智慧，哪怕你心里有更好的答案也不要抢着说，而应通过巧妙地提问让对方先说出答案。同时，恰当的提问也能促使双方共同探讨，这样的访谈才会更加有效。什么是启发式提问？就是向对方提出一些带有启发性的问题，帮助对方的大脑打开一个新的窗口,让对方感觉"我真的没有思考过这些问题",然后引导对方对这些问题进行深入的梳理,寻找能够真正解决问题的方法。觉知、接纳和改变,就是一个人改变自己现状的标准路径。由此可见,一个人要作出改变是需要动力的,这个动力就是我们说的自律,是来自较高水平的自尊。而我们在与别人访谈时,就是要帮助对方建立他的自我责任感,而不是让他不断地自责。

[**案例欣赏**]

有效的提问

三监区罪犯张某,30岁不到,余刑不足1年,天天装病号,拖延劳动,监区民警开始还苦口婆心地讲道理,张某不听,民警就开始指责、训斥,结果可想而知。一天我刚好督查路过,感觉有点意思,就请监区民警把张某带到谈话室。先跟张某东拉西扯了一些他的基本情况,看看他放松了,就问:"你对出监后有什么具体的打算吗?"

张某说:"我想当个企业家。"

我又问:"那你想当个什么样的企业家呢?"

张某说:"我就想当个马云那样,有头脑、有实力的企业家。"

我接着问:"你觉得怎么才能成为马云那样的企业家呢?"

张某回答:"我得先考上个商学院,毕业之后应该就差不多了。"

然后他又问:"那你觉得,以你现在的水平,离考上商学院还有多大差距呢?"

张某思索了一会儿,说:"我的文化课可能会差一点儿,政治课不行,我没好好背,英语和数学,我再努努劲应该能跟上,考商学院文化课要求不是太高,所以只要我努努力,考到400来分就有机会了。管理这方面我觉得应该可以;面试,我是有信心通过的。"

看到张某自己认真地分析了现状,接下来我又问:"那么你都做了些什么来实现这一切呢?"

张某回答:"我没做什么,就是天天想着这事,等我出狱后再好好学。"

我接着说:"你现在有没有哪些可供你尽快实现你目标的的方法和行动?"

张某又想了想,说:"对呀,我可以提前看看书,准备考试,再学习一些企业管理的知识。"

我接着问："你的想法很好，还有没哪些可以提高和验证你的管理知识的方法？"

张某思考了很长一段时间，说："我明白你的意思了，我会认真学习、踏实劳动的，不再浪费时间，对抗劳动了，谢谢您。"

评析：后期改造的罪犯普遍的问题是没有改造目标，给目标不如让他主动寻求一个目标，张某在最后一年的服刑期间认真参加了监狱的三课学习和函授学习，积极劳动，并向监区民警虚心请教车间管理经验，出狱后帮助父亲经营一家服装加工厂。

（六）给予营造安全的氛围

当我们按照惯性思维与别人谈话时，通常会用自己最习惯的方式，但我们的惯性思维很可能让对方感觉不安全。这时候我们就需要打破惯性思维，主动营造一个安全的访谈氛围。同样的道理，在与人访谈时，我们也可以以这种"给予礼物"的心态来进行。一是从给予中得到快乐是人类的基本需求之一。我们经常在一些书上看到这样的话：生命的意义不在于你得到了什么，而在于你给予了什么。尽管这些话听起来有些老生常谈，却不无道理。试想一下，如果我们在生活中不关心任何人，也从来不肯吃亏，只会不断索取，那我们的内心会快乐吗？这样的人不可能快乐，相反，他的内心会变得非常空虚。二是给予促进催产素分泌。催产素就是人体内的一种非常特殊的物质，也是一种联系情感的激素，我们称它为"爱的激素"。它可以使人心情愉快，并且能使我们与他人建立强烈的情感联结，从而让我们感受到爱和幸福。当你接受了他人给予的礼物，你体内分泌的催产素就会增加，你也会感受到来自他人的关爱，并愿意与之访谈。三是给予有利于形成富足心态。具有富足心态的人看到的永远是自己拥有什么，自己还有哪些可选择的空间和可能性，这也是富足心态的本质。而匮乏心态的本质就是"没的选"。四是给予可以得到更多的鼓励和愉悦，更乐意去觉察（awareness）、接纳（acceptance）、行动（action），更有力量去做内容表达和情感表达。

［**案例欣赏**］

如何做到演讲不紧张

监狱每年都要组织演讲等活动，每次调查各监区的推荐的人员，他们总觉得演讲是件非常令人紧张的事。我就问他们："你知道演讲最重要的心态是什么吗？"有人说是"重视"，有人说是"淡定"，回答五花八门，但我告诉他们，演讲最重要的心态是一种"给予礼物"的心态。也就是说,我来做演讲的目的是要给大家送一份礼物,我要把自己拥有的知识、经验、技能拿出来跟大家分享。至于你要不要,那是你的事,但给予是我的责任,这么想是不是就不那么紧张了?

(七)尊重和觉察自己的情绪

访谈需要建立在尊重他人的基础上,同样也要建立在尊重自己的基础上。很多时候,我们会生气、会发飙,甚至情绪失控,大喊大叫……为什么会这样?究其根源,一方面是恐惧,另一个更重要的方面是我们的内在需要没有获得满足,我们没有获得他人的尊重。所以在我们看来,眼前的一切都意味着失败,意味着我们一事无成,这是任何人都难以接受的。

那么在访谈中如何做到尊重自己呢?

前面提到,要做到尊重他人,我们就要学会站在对方的角度去看待他的经历和他的情感状态;同样,尊重自己意味着我们要学会从自己的角度去看待自己此刻的状态:"我"为什么会这样?"我"的哪些需要没有获得满足?比如,当你在与别人访谈的过程中出现不良情绪时,就可以这样对自己说:"我此刻有些生气,因为我感觉到了什么,我担心会发生什么事""我有些不满,因为我的某个需求还没有得到满足""但就算我生气了,我也是很棒的!"类似这样几句简单的话,往往能快速平复自己的情绪,然后继续与对方进行访谈。所以,尊重自己并不意味着超强的自律或自控,相反,一个人越是超强自律或自控,一旦爆发就会越激烈;而爱自己、了解自己、关注自己,感受和接纳自己此刻的状态,才是对尊重自己的深刻理解,也是你继续与他人心平气和地访谈的基础。

真正的坦诚,应该是既尊重别人也尊重自己,能够心平气和地将自己此刻的需求或感受说出来。尊重与坦诚丝毫不矛盾。所谓的谈话高手,并不是完全没情绪,也不是被情绪牵着鼻子走,而是由你带着情绪走,你来掌控它。当我们在访谈中遭遇不愉快,进而产生消极的情绪变化或心理状态时,最重要的是控制这种糟糕的情绪或心理蔓延,别让自己为情绪所左右,否则访谈效率会大打折扣。人类的大脑可分为三个层次,其中最核心的一层为脑干,也叫爬行动物脑,主要负责人的心跳、呼吸、睡眠等生理活动;中间的一层为脑缘部分,也叫情绪脑,主管人的情绪、记忆、体温及其他居家活动等;最外层为大脑前庭,也叫理性脑,主要负责人的语言、逻辑、认知、反射、意识等高级思维活动。当我们的大脑无法正常思考时,我们就会排斥需要缜密思维的复杂情况,从而更倾向于作出战斗或回避的简单选择,并认定这样做的理由十分正当。在这种愤怒的情绪下,我们的言行就会像一个没脑子的傻瓜,此时作出的选择就叫“傻瓜式”选择，即要么跟对方争吵下去，要么逃走，而不会去思考如何以更有效的方式与对方访谈。访谈的前提是尊重，目的是要解决问题，而不是发泄情绪，所以在访谈过程中，最重要的是控制住负面情绪，不要让情绪影响理性分析。

先关注情绪再关注内容。访谈环境是否恰当、是否安全，很大程度上决定了访谈的效果，这也是中国人喜欢在酒桌上谈事情的主要原因。人往往在喝了酒之后，整个状态都会放松下来，彼此之间也更愿意坦诚相待，更愿意进行良性的访谈。为什么很多访谈还没开始就失败了？就是因为没有关注环境，没有关注氛围。比如，你下班回到家里和妻子大谈工作，最后多是以妻子的敷衍来收场；如果妻子当天心情不好，整个访谈过程还有可能变得非常沉闷。所以，当你发现对方情绪不对或者气氛出现不利于对话的变化时，就应该马上停止内容方面的访谈，转而修复谈话氛围，这样才能营造一个安全的访谈环境。

我们的大脑中也有两个核：一个核负责管理氛围、情绪，另一个核负责管理信息、内容，即情绪脑与理性脑，日常中处理氛围的核要优先得多。因为在访谈过程中，如果我们不先把情绪和氛围处理好，不能照顾他人的情绪，也不关注他人的需求，那么访谈肯定很难成功。《关键对话》一书指出：“其实人们不会因为你表达的内容感到气愤，他们表现出抵触情绪是因为在对话中失去了安全感。因此，问题的关键并不在于对话内容本身，而在于对话的方式和气氛。实际上，我们很多人都不具备‘双路处理’能力（同时关注对话内容和对话气氛两方面），当对话风险很高、双方情绪激动的时候更是如此。我们往往深陷于对话内容无法自拔，几乎不可能腾出精力去观察自己和对方会有哪些细微的变化。”如果你不想让对方的坏情绪影响自己，首先要管理好自己的情绪，其次要学会慢慢疏导对方的情绪。当对方感受到你的信任和支持，情绪就会有所缓解，继而才能听进你说的内容，访谈才可能往下顺利进行。由此可见，当发现谈话的氛围不太对，对方情绪上有点紧张的时候，你应该先把负责谈话内容的那个核关掉，然后用负责谈话情绪和氛围的那个核来恢复气氛，当整个谈话环境恢复如初以后再开启谈话的内容，这才是进行有效访谈的方法。

［**案例欣赏**］

通过心律共鸣营造气场

我儿子小时候，有时候会哭得特别厉害，奶奶、妈妈轮番上阵，可是任谁抱谁哄都不管用，但是只要我一抱他就不哭了。

为什么会这样？因为我和我妻子工作都很忙，平时都是奶奶带孩子。奶奶抱着他的时候，他越哭奶奶就越急，奶奶越急他就越哭。奶奶每天带孩子，本来就很累，所以这时候奶奶是焦躁的，而孩子感受到了奶奶的焦躁，自然也开始变得焦躁。

那么，为什么妈妈抱也哄不好他呢？这也是很多妈妈在带孩子时面对的问题。这主要是因为，妈妈在生孩子这段时间原本就非常辛苦，心里已经很烦躁了，这时孩子再哭闹不停，妈妈的情绪自然会受到负面影响，结果就常常会出现妈妈抱着孩子一起哭的情况。这时候，必须找一个心态平和的人来抱孩子，爸爸当然是最好的人选。

我们家就是这样，每次奶奶、妈妈收拾不了局面的时候，我就会主动接手。因为我平时工作忙，难得抱一回孩子，即使儿子在我怀里哭，我也是开心的，因为这让我感受到了当爸爸的感觉。所以，尽管他在哭闹，我的心态也是平和的、幸福的。而在我的影响下，儿子很快就会安静下来。

评析：什么是心律共鸣？心理学家研究发现，一个婴儿很容易就能感知到旁边人的精神状态。当你抱着他的时候，你的心跳会直接影响婴儿的情绪。如果这时候你是安静的、平和的，那么婴儿也会特别安静；但如果你是焦躁不安的，或者一直在说："别哭了！别哭了！别哭了！"那么你的这种情绪会很快传染给他，他反而会哭得越来越厉害。这就是心律共鸣。

三、课堂实战训练

【训练一】"倾听、打断、复述、反馈"四步练习

两人一组，一人提问，一人回答。提出的问题是开放性的，目的都是诱导。

第一步：细心倾听。

第二步：合理打断。在倾听过程中，适当地提一些问题，既是对对方说话的反馈，也是对方继续表达，将内心想说的话都说出来，重点是掌握谈话的方向。

第三步：适时复述。倾听者在听完后，不妨复述一下谈话者所说的内容，以保证自己接收的信息是完整的，避免访谈中出现差错或有理解不到位之处。

第四步：给予反馈。练习情感反应、内容反应、总结整理。

【训练二】复盘并体察自己的状态

第一步：深呼吸。（重点是看是否平稳自己的情绪，将注意力集中到说话者身上，让自己能够调整心态，静下心来认真听对方说话）

第二步:复盘并体察自己在提问或回答时的自己的体态、情绪、态度是怎样的。有没有做到在传递对对方的尊重和关注。

第三步,复盘并体察自己在打断对方讲述时自己的体态、情绪、态度是怎样的(重点看是否生硬、不耐烦),被打断方的体态、情绪、态度是怎样的(重点看是否反感)。

第四步:复盘并体察自己在复述对方话语时自己的体态、情绪、态度是怎样的。

第五步:复盘并体察自己在反馈时的体态、情绪、态度是怎样的(重点看是否在说教)。

第三节 危险性评估口才的使用技巧和注意事项

一、教学案例导入

标注绑匪的情感①

"沃斯,你的儿子在我们手里。给我们一百万美元,否则他死定了。"姆努金微笑着说,"我就是绑匪,你打算怎么办?"

"来吧,把赎金给我,不然我现在就砍断你儿子的脖子。"姆努金试探性地说。

我用柔缓的目光长时间盯着他,然后露出了一丝微笑。

"你觉得我作为绑匪应该怎么说?"姆努金停顿了一下问。

"沃斯先生,如果你真的不在乎,我就杀了你儿子。"

"对不起,罗伯特,我怎么知道他是否还活着?"我说话的时候用了带有歉意的语气,并且直呼他的名字,有意在对话中植入温暖的因素,来干扰他一开始对我的恐吓,"我真的很抱歉,但我怎么才能给你钱呢?如果我都不知道他是否安好,再少的钱我也没法给啊"。

我们把它叫作"校准问题"(calibrated questions)。这一类问题能被另一方回答,但没有固定的答案。这会耗费你的时间,但这种问题让你的对手产生仍然掌控局面的幻觉——他们会觉得自己完全掌握了答案并且有生杀大权,但他们不知道自己已经被严重束缚住了。

不出所料的是,姆努金开始支支吾吾,因为对话的框架已经从我如何应对儿子

① [美]克里斯·沃斯、[美]塔尔·拉兹:《掌控谈话》,赵坤译,北京联合出版公司2018年版,第3、6、8-10页。

被杀的威胁,变成了这位大教授要如何解决获取赎金的逻辑问题。现在要看他如何解决我的问题,无论他提出什么样的威胁和要求,我都会继续追问该如何支付赎金这个问题,以及我如何能够知道儿子还安然无恙。

我们拉锯了三分钟后,加不里拉·布拉姆加入了。

“不能让他这么对付你。”他对姆努金说。

“好吧,那你来试试。”姆努金甩甩手说。

布拉姆一头扎进了这个游戏里。经过在中东那几年的历练,他的态度更加咄咄逼人。但他还在用威胁的方式应战,结果得到的依然是我原先问的那几个问题。

姆努金再次加入了战局,但仍然一无所获,因为沮丧,他的脸涨得通红。我能看出来,这种刺激已经让他无法冷静地思考。

“好了,好了,罗伯特,我们到此为止。”我把他从窘境中解救了出来。

他点点头。我儿子又可以活着看到新一天的阳光了。

“好吧,”他说,“我想 FBI 或许能够教给我们一些东西。”

我凭一己之力,对抗这两位哈佛著名的学术领袖。他们是最优秀的人,而我还是战胜了他们,登上了胜利的巅峰。

评析:在影视剧里我们经常会看到,一旦嫌犯的心理防线被突破,就会把案情完全供述出来。这时候如果警察想要更清楚地了解一些细节,就要克制,不要轻易打断他们。也就是说,这时候你要做的是倾听,这样才能获得更多想要的信息。在《掌控谈话》中,作者站在绑匪角度,分析了他们的作案动机和心理状况,标注的都是绑匪的心情。为什么有些人会以身试法?相当一部分人是因为之前遭受过特别多痛苦的经历,有特别大的心灵缺憾,所以才会走上这条道路。这时候如果你能够站在对方的角度,标注出他的情感,问题就好解决了。

《掌控谈话》中提到一个反恐专家在对付恐怖分子时,用到了一种非常重要的访谈术,就是“标注”,这是一种通过认知评估他人的情感来实现访谈目的的方法。当警察包围了绑匪,绑匪感到恐惧时,反恐专家就把他认为对方拥有的情绪用语言表达出来,“我知道你此刻可能有点生气”,“你看到了,你已经被警察包围了,你觉得很恐惧,对吗”,“我知道,你并不想进监狱”。当反恐专家将绑匪的这些情绪描述出来后,绑匪的状态开始软化,并慢慢接受了他的劝说,最终放下武器,向警方投降。如何标注对方的情感?这里我们可以运用两个工具:定位情感,了解对方最关注什么。

二、本节知识要点

(一)鼓励表达:倾听和重复对方所说的话

鼓励有两种方式:一是仅以某些简单的词语如“嗯”“噢”“是这样”“后来呢”等

鼓励对方进一步讲下去。这是一种简单的技巧,正因为简单易被人忽视,但它又是一种积极的鼓励方式,它能使访谈对象了解到治疗者在认真听他讲话,并希望他讲下去,是不可忽视的。

重复语句是鼓励对方讲话的又一有效方式,它表明对访谈对象说话中关键词语的注意,也可引导访谈对象的谈话向某一方面的纵深部位进行。这个方法非常简单,但很有效。在一些谈判性的访谈当中,由于双方的大脑都处于兴奋状态,所以情绪也特别容易激动。一旦其中的一方出现了激动情绪,另一方为了不处于下风,情绪也会被激发。这种情绪之间的相互感染,就会令谈判陷入激烈的争论之中,从而对谈判产生不利的影响。如果你不想出现这种情况,就要在对方出现激烈情绪时,想办法平缓对方的情绪,此时最有效的方法就是重复对方所说的话。我们只需要重复他的话,哪怕他说的是气话、浑话,都可以重复,然后再留一点空白时间给对方,对方自然会收敛情绪,与我们重新恢复和谐的关系,从而让访谈顺利进行。

告诉对方“你说得对”,引导对方点头。如果你在发表某种观点,并且想说服对方,就可以在阐述观点的同时多创造一些让自己和对方点头的机会,这样就会给对方造成一种心理暗示,让对方认为你的观点都是有用的、正确的。在谈判过程中,当对方说出一句“你说得对”时,表示你已经获得了对方的认同,你们的谈判也向前迈出了一大步。这种访谈方法其实就是要让自己和对方产生一种情绪联结,你在复述对方的经历、标注对方的情感后,对方就会从你这里获得一份认同感。当与一个能理解自己、认同自己的人谈话时,我们的情绪自然也会平缓下来。

如果将以上两种方法结合起来使用的话,效果会更明显。首先是倾听对方,重复对方的话,接着对对方进行一番心理告白,用你对对方的理解来标注对方此刻的情绪,将自己平缓的情绪传递给对方,这样就能很容易地获得对方的认同,访谈也会渐渐向更有利的方向发展。

［案例欣赏］

重复对方所说的话

曾有个特别有趣的统计,在国外的一些餐厅中,餐厅中的侍者都是靠拿小费赚取更多报酬。那么侍者怎样才能拿到更多的小费呢?除了必要的服务外,就是靠不断重复客人所说的话。

客人:“我要点一份牛排。”

侍者："好的，一份牛排。"

（记录下来，没有更多的话）

客人："再给我来一瓶××红酒。"

侍者："好的，一瓶××红酒。"

侍者："请问您需要纸巾吗？"

客人："不需要，谢谢。"

侍者："好的，不需要纸巾。"

评析：就是这样简单地重复客人的话，最后统计发现，这样的侍者要比其他只会默默服务的侍者多拿70%的小费。那么，为什么只是简单地重复对方所说的话，就能多拿小费呢？原因就在于，这样做会让客人觉得这是一个善于倾听的服务人员，这让他们感到很舒服、很享受，对侍者的好感自然也会倍增。

（二）内容反应（标注内容）

简言之，就是对访谈对象的谈话内容进行实质性的说明。说明语句时，可以用自己的词汇对访谈对象的话进行复述，也可用访谈对象用过的词汇进行说明。说明语句在初次会谈中对了解来访者所谈问题都极为有用，可以借此机会检查他对访谈对象所诉说的许多事实的理解程度，澄清、确认一些关键的信息与线索，为完善访谈打下基础。

（三）情感反应（标注情感）

把访谈对象所表明的情感加以把握再反映给对方。在访谈中，有时访谈对象根本说不清自己复杂的情绪体验；有时访谈对象只是叙述了某件事，并没有说出他的主观情绪体验，但访谈者却感受到了他强烈的情绪，这时，访谈者就要准确地对这些情感加以把握再反馈给对方。做到一点，访谈对象就会深切体验到被人理解的感受，产生共情，找出对方的真实目的，塑造共同目的；找到共同目的，让对方感受到理解；标注对方情感，赢得对方接纳。不知道大家是否发现这样一种情况，那就是在与人发生争执时，有相当一部分人都无法说服对方。这是为什么呢？有人觉得这是因为口才不好，有人觉得是因为对方不讲道理，其实这些都是表面的原因，真正的原因往往是我们在与人访谈或争执时只关心自己的目标和想法，却忽略了对方的目标和想法，在这种情况下，访谈自然很难进行下去。前面我们提到，尊重就是从他人的视角去看他们经历的一切。尊重就是了解到他人的"存在"，知道对方此刻的状态。当你不能关注对方的目标和想法时，对方就感受不到尊重。

想要访谈继续进行下去，我们可以用标注情感的方法。

“标注”的第一步就是探知对方的情感状态，然后再用冷静、平淡且不带有任何偏见的语言描述出对方的情感，对方就会感受到你的尊重。因为你没有用“你应该这样做”“你最好那样做”等言语来批评或教导他，虽然对方当时的状态可能很糟糕，甚至正处于情绪失控状态，如发飙、愤怒、哭泣等，但你完全接纳了他此刻的状态，没有任何批评指责、教诲建议，对方在你面前就会渐渐放松。我们每个人都是一个独立的个体，所处的立场、所适应的环境和所追求的利益都有所不同，因此我们总是希望能够按照自己的想法去成长、去生活、去工作，这也是人与人之间最大的区别。但如果每个人都要求他人按照自己的想法行事，显然就会破坏人与人之间的良性关系。所以，要想拥有高效的访谈，就必须懂得尊重自己的访谈对象，从对方的视角去看待他们所经历的一切，学会标注对方的情感。只有做到这一点，我们才能获得周围越来越多人的支持和喜欢。

［案例欣赏］

定位和标注情感

牛牛小时候非常淘气，有一次爸爸给他买回来一个玩具车，他非常喜欢。男孩子似乎天生就对机器类的东西很敏感，他坐上去之后，很快就知道怎么操作了。

于是，他开始驾驶着他的小车四处转，后来他发现开车往墙上撞很有攻击的快感，或许这也是男孩的天性吧！于是家里的墙壁成了他“攻击”的对象。很快墙面就变花了。

爸爸发现这种情况后有些生气，于是把他从车里拎起来，“咚”地放在沙发上。结果他“哇”的一声就哭了。

爸爸也意识到自己有点粗暴。这时奶奶想要过来安慰他，被爸爸用眼神制止了。

等牛牛哭声减弱后，爸爸走到他前面，蹲下来温和地对他说：“儿子，是不是爸爸刚才把你从车里抱出来放在沙发上，你觉得有点害怕？”牛牛红着眼，点点头说：“对。”然后又很委屈地哭了起来，但哭声比之前小多了。

这时爸爸继续做工作：“爸爸不是不让你玩，只是觉得咱家的墙刷得那么干净，你撞成那样子怪可惜的，但是爸爸刚才那样做有点粗鲁，是不对的，爸爸向你道歉。”

牛牛还是很委屈,坐在沙发上小声哭。爸爸走过去搂着他,没再说话,就让他在怀里哭。

过了大概5分钟,牛牛去跟奶奶说:"其实爸爸也挺好的。"然后很快他就恢复了正常状态,又开始玩起了玩具车,但是再也不撞墙了。

评析:在整个访谈过程中,爸爸没有说教,只是标注了儿子的情感——"你觉得有点害怕",就是这个方法帮助孩子改正了错误。面对罪犯,相当于面对犯了错误的孩子。

(四)及时总结

总结就是把访谈对象所讲的事实、信息、情感;行为反应等经过治疗者的分析与综合后以概括的形式表现出来。总结是会谈中治疗者倾听活动的结晶,是每次会谈必用的技巧之一。比如,在收集资料式会谈结束后,治疗者可以给访谈对象概括一下对方目前存在的几个问题,如:"从我们目前的谈话可以看出,你现在主要有这样几个问题:自己学习上感到力不从心的问题以及和女友是否继续交往的问题。除此以外,还有其他问题吗?"总结并非会谈结束时才用,在会谈中随时可以运用,只要对对方所说的某件事情的内容基本掌握即可。

(五)注意运用非语言性技巧

访谈中,除了语言的信息交流外,双方的视线和表情也是信息交流的重要手段,这些被称为非言语性技巧。脑干连接着我们大脑中的杏仁核,掌控着人类的情绪,使我们在面对外界事物时不需要进行思考就能产生最快、最原始的判断和反应。由于这种反应还没有经过大脑的深思熟虑,所以表现出来也最直接、最准确,这种反应就是我们这里说的微表情。人的肢体语言中蕴含大量信息,这些信息能够传递出来的能量同样巨大。犯罪嫌疑人可以编造出各种各样的谎言,但他们却很难控制自己的肢体语言,或许在不经意间就会把内心的秘密泄露在一个动作中,或者隐藏在一个看似没什么深意的手势里。

一要重点关注目光的接触(视线)。倾听对方讲话时,目光可直视对方,表示积极的关注,切忌目光散漫,东张西望,挠头等,在自己讲话时,目光接触可以少一些,可短时间离开对方。注意不要盯得太紧,令对方产生压力,不自在。二要重点关注面部表情。集中在五官上,但目光传递的信息最为重要。这种非言语的信息有时比言语传递的信息更为准确。三要重点关注声音特征:访谈对象音调高、语速快表明强调认知、重视和情绪激动、兴奋。音调低、语速慢表明不同意,或正在思考或谈到了使之感到痛苦抑郁的部分。在访谈过程中,不同的人所用的语气、语调不同,访谈结果也不同。四要重点关注身体微动作。通过观察对方不经意间表现出来的一些肢体语言,我们就能判断出他们的某些想法或感受,或者一些至关重要的信息。钱铭怡教授说:人处于紧张或烦躁不安时,往往出现这样的动作:身体坐不稳、膝盖或脚尖有节奏的抖动,手指不停转手里的东西,互相摩擦,摆弄衣服(小孩挨吵),乱摸头发等,这些动作往往是感情的自然流露,他们本身也不知道为何如此。监狱民警针对罪犯危险性评估时须更加关注和重视罪犯的非言语行为特点。安全性(保持安全距离、注意位置方位、环境物品摆放);教育性(大数充当教育者和批评者,注意教育不是教训);身份限制(关心不能过头,惩罚不能过头)。

有利于危险性评估工作的微动作和口才表达特点。非言语行为有:举止不能表现得过于亲近;面部表情以中为好;微笑不宜过多;语调简短有力等。具体而言有八项:一是着装整齐,警容风纪端正;二是态度端正,表情自然,不过于严肃,不嬉皮笑脸,比较愉快幽默,笑容不宜过分张扬;三是坐姿不后仰,无须前倾;四是保持安全距离,一般在 1 米左右,监狱民警靠近出入口,确保背后无威胁或有支援;坐谈时民警的坐凳应较高;五是当面不记录,事后整理记录(特定情况除外);六是目光主动与罪犯交流,不必长时间注视在一点,如罪犯回避或低头时,可适当提醒;七是耐心听取意见,不轻易打断;八是如有辩论,尽量克制,避免大声呵斥,注意保持中等语速。

可供借鉴的还有心理咨询师面谈时的五种非言语技巧(SOLER,心理学家伊根,Egan):坐的位置;身体姿势;身体前倾;目光接触;心理放松。具体而言包括以下十二种非言语行为:采用与求助者相似的语调;与访谈对象保持目光接触;不时点头示意;面部表情丰富;时不时报以微笑;时不时打手势;与访谈对象保持身体姿势相似;中等语速;身体向求助者适当倾斜;放松开放的姿势;语调自信;偶尔的抚触(心理学家奥肯,Okun)。

用缓慢的语速说话。我们应该都有这样的感受:当我们急于表达自己的观点时,语速就会加快,因为此时我们心里很紧张,生怕对方不相信自己、不接受自己的观点。但我们的这种表现在对方看来恰恰就像我们担心的那样,认为我们是在急于证明自己,而越是这样就越给人一种不可信感。如果你能放缓自己的语速,清晰、有条不紊地说话,就会给对方另一种暗示:你正在信心满满地阐述自己的观点。更重要的是,你自己也能感觉到这样说话很有自信。

［案例欣赏］

运用深夜电台主持人般的声音

有一种访谈策略，叫作“运用深夜电台主持人般的声音”。

深夜电台主持人的声音是什么样的呢？大家应该都在夜里听过一些电台节目，这类深夜节目的主持人的声音往往都特别温柔、缓慢、深沉，让人听起来感到心安和信任，因此也愿意与他（她）对话。

三、课堂实战训练

【训练一】认真倾听并练习复述内容、感受

两人一组，扮演访谈双方。访谈者尝试重复被访谈的陈述过程中的实事内容、情绪感受，注意做到不判断是否正确、不评论是否合理。访谈结束后，征询被访谈者的真实感受。注意用“你”或“您”为主语。例如：“你感觉……”“您对这件事的感受是……”“你觉得你受到了……”

同时观察自己使用倾听技术是否注意到下列问题。

（1）倾听时咨询师要认真、有兴趣、设身处地地听，并适当地表示理解，不要带偏见和框框，不要作价值评判。

（2）倾听不仅用耳，更要用心。

（3）以机警和共情的态度深入求助者的感受中，细心地注意求助者的言行，注意对方如何表达问题，如何谈论自己及与他人的关系，以及如何对所遇问题作出反应。

（4）不仅在于听，还要有参与。

（5）倾听时容易出现的错误：急于下结论，轻视求助者的问题，干扰、转移求助者的话题，作道德或正确性的评判，不适当地运用咨询技巧：询问过多、概述过多、不适当的情感反应。

【训练二】用表情和肢体动作改变情绪

每个人在人际访谈过程中都不可能一帆风顺，总会有访谈不畅的时候，这时我们的情绪就会受到影响，比如变得焦虑、烦躁，从而影响访谈的效果。而且当你情绪不佳时，还会通过一些微表情和肢体语言表现出来，被对方抓住“小尾巴”，于你更加不利。

因此，一旦出现访谈不畅，我们要及时调整自己的状态，用积极的心理暗示来取代消极的心理暗示。比如,很多人看过电影《神奇女侠》,影片里神奇女侠有一个招牌姿势,动作非常简单:双腿分开,站在原地,双手叉腰,两个胳膊肘向外,抬起头目视前方,保持两分钟。这就是一个高能量的姿势。如果你要去做一件非常重要的事情,比如参加面试,或者见相亲对象,那么在去之前可以先找个安静的地方,保持这个动作两分钟。这时候你体内的睾丸素水平就会快速上升,同时皮质醇水平会快速下降,你的自信就来了。再如,让自己嘴角上扬,来一个大大的微笑;或者舒展身体的姿势,让自己的身体占用更多的空间,在空间上呈现出扩展的状态。这些都有助于增加自己的信心,让自己的内心能量满满,同时还会给对方一种暗示:“我是自信的”“我是能够掌控局面的”“我是可以让访谈继续下去的”。

生活中还有一些高能量姿势,比如用双手抱住后脑,把两脚放到桌子上;又如站立时,双手放在桌上,身体前倾。这些状态代表着你是自信的,你是有能量的。总的来说,无论是情绪,还是气场,都与你想要的访谈效果密切相关。正如男女间谈恋爱一样,因为整个情绪和气场都是甜蜜的、高能量的,所以彼此说什么对方都会听得进去。当与别人进行访谈时,你可以想一想,你谈恋爱时是什么感觉,这有助于你营造一个良好的访谈环境。

事实上,我们远比自己想象中强大得多,只要善于运用高能量的表情、动作、语言来暗示自己,让自己的心理和情绪都处于巅峰状态,那么每个人都是一座金矿,都可以在人际交流和访谈当中获得事半功倍的效果。

第八章　司法问话口才训练

本章内容提示

司法问话的目的是查明案件事实而引出回答话语行为的问话，是指侦查人员在特定的场合下，依照我国法律的有关规定对被问话的人提出问题，并要求其如实回答的一种司法口语表达形式，主要指询问、讯问。通过询问的方式，获取相应的证人证言，证明犯罪事实的全过程；通过讯问的方式，促使罪犯放弃原有错误观念意识，主动交代自己的罪行，认罪服法。侦查人员需要秉持正确的司法问话原则，掌握娴熟的司法问话技巧和方法。本章将重点介绍司法问话的法律规定以及询问口才、讯问口才等的原则要求和技巧方法。

训练目标与要求

1. 训练目标：通过本章的要点学习和实训，使学生掌握司法问话中询问口才和讯问口才的基本原则和要求，从而能够熟练地掌握司法问话的技巧，获取相应的证人证言。

2. 训练要求：认真学习谈话的法律规定、要求、询问口才和讯问口才相关知识点，积极参与司法口才相关的训练。

第一节　司 法 问 话

一、教学案例导入

司法问话法律规范性

《人民的名义》中一名涉案的国企老总，当检察院的人员到其办公室带他去检察院调查时，做贼心虚的老总立马爬到窗户上欲跳楼，后被成功救下。第二天，在审讯室对其进行讯问。

问:刘总,昨天真是精彩啊！那我们接着昨天的继续聊,其实你昨天冷静一些就更好了。

答:(不好意思)丢人,丢人了。

问:你是大型国企的老总,又当过侦察兵。昨天你的举动就说明你知道自己做过些什么,也知道我们反贪局为什么来找你,是不是?

答:侯局长,我能说实话吗?

答:好。说心里话,这些年我知道一些人一直在不停地告我,目的是什么?就是想从我这个当秘书的身上打开缺口,给我们省委书记制造点麻烦。从秘书身上下手,这是很多人惯用的伎俩。

答:我跟他们就是一般的朋友关系,是正常的交往。

问:你和高小琴的关系恐怕没那么一般吧！举个例子,你们汉东油气集团和高小琴的山水集团每年都有合作项目,也有资金往来。你们公司每年要通过上水集团放几笔高利贷,是不是?

答:这个,企业之间相互拆借资金,这不是很正常的事吗?

问:但是放高利贷不正常啊。是不是违反国家规定呢?还有,赚到的高额利息放到自己的口袋,就更不正常了。

答:是,我承认,为了给大伙儿谋点福利违反了财务制度,这个我确实有责任,但是我没有给国家造成任何损失。

问:没有损失吗?那大风项目7个亿的资金是怎么回事?

答:……

评析:审讯国企老总、正厅级干部,就像平时的交谈,但是不失法律的威严。由此,问话语境的复杂性,决定了司法问话语言的组织和选择具有一定的规律性和复杂性。

二、本节知识要点

司法问话是侦查人员、审判人员和律师在特定的场合下,对特定的对象提出问题并要求其回答的一种工作口才,包括询问、讯问、发问三类。本章节的司法问话的目的是查明案件事实而引出回答话语行为的问话,是指侦查人员在特定的场合下,依照我国法律的有关规定对被问话的人提出问题,并要求其如实回答的一种司法口语表达形式,主要指询问、讯问。

问话的过程不是一个个问话的提出,而是从提出问题到回答问题的全过程。

在这一过程中,可能会遇到有关人员及犯罪嫌疑人不积极配合的情形,侦查人员需要借助司法问话口才,开导相关人员及犯罪嫌疑人,明清事理,打消其顾虑,以便促使他们积极配合侦查人员的工作。侦查人员与犯罪嫌疑人之间的谈话,还有一个重要的作用就是,了解其犯罪动机、犯罪原因和犯罪心理,以便有针对性地对其进行说服教育,促使其积极配合侦查人员的讯问工作,让其彻底认识到犯罪行为的危害性以及思想认识的错误性,为其彻底悔改、重新做人打下坚实的思想基础。

[**拓展阅读**]

《刑事诉讼法》第52条规定:"不得强迫任何人证实自己有罪""严禁刑讯逼供和以威胁、引诱、欺骗以及其他方法收集证据"。司法口才的主体在行使司法权的时候,承担着判断是非曲直、解决矛盾纠纷、制裁违法犯罪等重要职责。侦查办案中的调查取证,是完成这一职责的基础和关键。而在调查取证过程中,尽管犯罪嫌疑人在侦查询问中承担"如实回答"的义务,但并不意味着所有犯罪嫌疑人都会主动供述。出于趋利避害、自我保护的天性,他们往往会选择沉默、拒不供述案情。因此,司法问话是实现调查取证中必不可少的工作。

一个捡破烂的老者,盗窃集团销赃工业用铜2吨。被捕后,侦查人员问:"你涉嫌犯了销赃罪!"犯罪嫌疑人听了呆若木鸡,表明他不懂什么是销赃罪。接着侦查人员解释道:"销赃罪是明明知道是犯罪所得的赃物而你又替他销售的行为。"犯罪嫌疑人这时点点头表示懂了。

评析:侦查人员两次所说的内容是一个意思,第一种说法受文化知识的限制,犯罪嫌疑人不能理解,而换成第二种说法,侦查人员说得比较通俗易懂,被讯问者易于接受,从而完成了言语交际任务。

(一)司法问话的特点

司法问话既是司法口才主体在办案过程中的一种确证手段和获取供词查明案件事实的过程,又是一种复杂的特殊的言语交际过程。司法问话的最终表现形式是一个个具体的问话。问话语言的法律性、规范性,决定了司法问话的特点。

1. 问答的互动性

司法问话,不能仅仅理解成为是一个个问话的链条,它是由司法口才主体提出一个问题,并要求对方回答的完整过程。司法问话主体根据问话目的向问话对象提出问题,问话对象接收到信息后作出反应——回答。这一问一答才是一个完整的司法问话过程。问话引出回答,再根据答话提出问话。问引导答,答又影响问,一问一答具有很强的互动性。

[**案例欣赏**]

如某公诉人在法庭上对被告人的问话:

公诉人:车主是谁?

被告人:车主,车主,车主是……

公诉人(打断话语):是不是你的?

被告人:嗯……是。

评析:公诉人打断被告人的话,是一个问话技巧,在被告人刚刚启动答话机制提出新话题之际,公诉人打断话题,不给被告人想方设法逃避或者构思借口来应付的机会和时间。

司法问话中,问话受一些因素的制约,同样答话也受一些因素的制约。如问话的话语是否与问话的目的一致,答话人愿意不愿意回答,答话人有无回答问题的知识或信息。这些因素使司法问话的问与答在动态的状态下进行。互动,成为司法问话的一大特点。

2. 语境的制约性

司法问话的语言,在特定的受法律约束的语言环境中生成使用。司法问话语言受到如下方面的约束:

首先,受谈话双方的身份约束。司法问话的双方,按法律规定有特定的身份。司法问话的主体是指在问话过程中占主导地位的一方,是国家的法律工作者,如负责侦查工作的侦查人员、支持公诉的检察人员和法院的审判人员、担任辩护或法律咨询工作的律师等。他们担负着实施国家法律的任务,肩负着行使国家司法权的使命和职责,其身份不同于一般公民,成为司法问话特定的主体。司法问话的对象,是指在问话过程中处于被动地位的一方,其始终受谈话主体的牵制。一般是指具有特定身份的人,比如刑事诉讼中的被害人、犯罪嫌疑人;民事或行政案件中的双方当事人等。

其次,受法律约束。侦查人员在办案过程中,随着诉讼程序的转换,问话语境在不断流动变换,构成语境的因素也随之发生变化。受法律约束及这些客观因素的影响,司法问话形成了询问、讯问和发问等不同的类型。《刑事诉讼法》规定,侦查人员对犯罪嫌疑人、被告人、罪犯进行询问。讯问的目的是获取犯罪证据,问话具有强制性。按照刑事诉讼法的有关规定,侦查人员和律师对知情人、当事人、被害人或受害人、证人、鉴定人进行讯问,目的是查明事实获取证据,但其问话不能像讯问那样带有强制性,而应说服引导其讲真话讲实话。

最后,受语境因素的约束。司法问话的种类简单,只有讯问、询问和发问,但是问话的对象却是形形色色、情况不一的。同是讯问,因犯罪嫌疑人的性别、年龄、职业、文化程度等自然条件不同,问话方式方法也应有所改变。讯问知识分子犯罪嫌疑人用盛气凌人的态度恐怕不会收到良好的效果;讯问经济犯罪的嫌疑人,问话应特别掌握分寸;讯问文化较低的犯罪嫌疑人应通俗明白。

3. 内容的规范性

司法问话的规范性,包括问话形式的法律性,也包括问话言语的规范性。按照法律的规定,讯问犯罪嫌疑人必须由人民检察院或者公安机关的侦查人员进行。讯问的时候,侦查人员不得少于2人,要全程录像。询问证人应当个别进行。对所提问必须有根有据,合乎法律,“言必有据”,禁止指供、诱供、刑讯逼供。

但在实际工作中,刑讯逼供、指供、诱供等渎职行为,一直是困扰侦查机关的顽症,历来受到各级侦查机关的重视,但问题至今没有从根本上消除。原因是旧的司法观念根深蒂固,司法机关习惯于把口供当作主要证据,于是想方设法要口供,甚至不惜刑讯逼供。刑讯逼供是冤案产生的温床、土壤和根源,必须禁止。

指供和诱供也是司法文化所不允许的。这种问话貌似没有问题,实际严重违反审讯原则。这样容易使当事人顺杆爬,不由自主地提供错误的信息,很可能造成冤假错案。

[**案例欣赏**]

如一起杀人案,犯罪嫌疑人对犯罪事实作了供述,但所供作案时间总交代不清,一直供述的是9月初,而事实上本案发生在11月初,侦查人员进行了如下问话:

问:你们当天吃什么菜?

答:买了一只鸡炖着吃,另外把鸡杂炒了。

问:鸡里有没有放菜?比如萝卜之类?

答:有菜,可能是萝卜。

问:只有10月、11月才有萝卜,那么都开始吃萝卜了,是几月?

答:是11月。

评析:这段司法问话,是诱供。侦查人员凭借自己的想象和猜测,故意提到“萝卜之类”,引诱犯罪嫌疑人顺杆爬,这样得来的口供有可能不真实,要坚决杜绝。

[**案例欣赏**]

司法问话不仅要合法,也要规范。如审判人员宣布完合议庭成员后问:

被告人×××,你申请回避吗?

在一审判决结束后又问:

被告人,你要求上诉吗?

这两句常规问话,形成规范化的规范用语,任何其他问话都没有这样表述准确、规范。如果换句话问:

被告人,你还要上诉吗?

被告人,你还要申请回避吗?

评析:话语中的“还要”一词,表示出审判人员对“上诉”和“申请回避”的不耐烦,不符合法律规范,表述时要去掉。

4. 言语的策略性

策略性是司法问话的又一大特点。在刑事案件中,侦查人员获取证词、查证证词,是司法问话的最终目的。但是被讯问对象往往产生对立的心理动机,无罪的就是无罪,但是大都有罪的往往企图逃避罪行而竭力隐瞒事实。这样的情况下,问话的策略性就显得尤为重要。

“文有定则,术有恒数。”司法问话主体必须遵循一定规律,以意为经为言为纬,所讲内容合乎常规为被讯问者所理解,同时,也绝不能被固定的成法所囿,在规矩的基础上灵活运用达到策略的境界,以达到事半功倍、出奇制胜的效果。

问话的策略性,要求侦查人员的讯问语言寓未知于已知,使语义具有概括性、联想性和适当的多义性质;寓特殊语体于基本语体之中,以普通话为主,艺术地运用方言、专门术语、行业语、宗教语;艺术地运用成语、谚语、歇后语;必要的时候可以运用社会黑语。正确掌握讯问策略在讯问言语表达上的艺术运用,如言语表达的严肃性与灵活性,准确性与模糊性,委婉性与强硬性,直率性和含蓄性,有声语言和无声语言,把握其内在联系,转化关系,使它们在具体的运用中体现出高度的策略性。

[**案例欣赏**]

如某中学女学生×××与老师王×关系密切,某日王×以下棋为诱饵,对女学生×××实施强奸,然后杀人碎尸。案发后,经警方初步调查,王×被确定为重大嫌疑对象而被拘留。

讯问一开始,王×暴跳如雷,大喊大叫。

问:请你别叫喊,为了查清事实,每一种可能都要查到。讯问你,你若犯了罪就说犯了,没有犯罪就说没有,什么态度!

王×:(突然感到自己失态)我不冷静,请原谅!

问:你会下棋吗?

王×:会一点儿。

问:好。咱俩先下一盘棋,先冷静一下。(公安人员随便拿出一副象棋。棋盘是在案发现场捡到的,是用白帆布做成的)

问:(突然地)你会写棋盘上那几个字吗?

王×:(看到上面写着他的亲笔字"再来一盘,不要脸红",顿时脸色惨白)不!这不是我的棋盘!

评析:犯罪嫌疑人王×大惊失色失言的表现,为公安人员留下了把柄。公安人员抓住战机,使其不得不交代犯罪事实。与重大嫌疑人谈话,侦查人员语气较为平和,"看似无关实有关",从而取得了突破性胜利。

(二)司法问话的技巧

问话是司法工作人员在诉讼的特定场合下,依法对被询问、讯问和发问对象提出问题并要求回答的一种口语表达形式。司法问话与一般问话不同的是,它不仅是问题的提出,而且是提出一个问题要求对方回答,一直到从问话对象口中得到满意的答案,达到问话的预期目的为止的一个完整的问话过程。

从诉讼法和侦查学的角度说,司法谈话中的问话,是一种确证的手段和获取供词的过程。对每一个问题的提出,都有法律规范上的定向职能,即要求问话人必须在法律规定的范围和界限内用合法的方式去问话。

从语言学的角度看,司法谈话中的问话,是一种复杂特殊的言语交际活动。它以问话的语言形式出现,而"问"这个基本的特点始终贯穿着问话言语的始末。问话的最终表现形式仍然是具体的问话语言。为规范讯问行为、保障人权,法律规定讯问犯罪嫌疑人特别是死刑犯和职务犯罪的案件要实行全程同步录音录像。这对侦查人员的讯问行为提出了更高的要求,讯问语言不仅要规范合法,更要科学有效。由此掌握讯问的技能技巧很重要。

司法问话的过程不是一个个问话的提出,而是从提出问题到回答问题的全过程,双方处于一个动态的过程中。要想说好,首先要听好。听是为了全面准确地捕捉信息、获取信息,迅速而精确地分析信息、处理信息,及时而优质反馈信息。如审讯涉嫌职务犯罪的某女犯罪嫌疑人。

[**案例欣赏**]

侦查人员:你存那么多钱干什么?

犯罪嫌疑人:那是我儿子的钱,存在银行的。

侦查人员:钱存在哪家银行?存了多少?

评析:上例中,侦查人员的问话引出犯罪嫌疑人的托词——“那是我儿子的钱,存在银行的”。无论犯罪嫌疑人出于什么样的目的说了这句话,侦查人员会在这句话中听出新的信息:首先,她有儿子;其次,她银行里有存款。于是穷追不舍,继续盘问:“钱存在哪家银行?存了多少?”犯罪嫌疑人一旦把银行存款的信息告诉侦查人员,就等于交出了犯罪证据,对案件的进展非常有利。

由此可见,审讯活动实际上就是侦查人员不断地问、仔细地听、不断地获取新信息的过程。

侦查人员要善于倾听。侦查人员在审理案件、调查案件时听清、听准、听出对方的话,懂得话外音,有利于正确而高效地查清案件事实。

1. 慎重专注地听

对司法问话的人员来讲,慎重而专注地听,就是全心全意地倾听。这样可以迅速而准确地获取信息,而不至于听漏、听错、听“走耳”。同时,对于被讯问者来说,侦查人员慎重而专注地听,有利于他认真地说。

专注是指在进行司法问话的时候,侦查人员的眼睛要认真注视、表情姿态要全神贯注,不能因任何客观外界的纷扰而分神,也不能因自己心境不佳、情绪激动等原因而心不在焉。

慎重是指在进行司法问话的时候,侦查人员的眼神、表情所表现出来的郑重其事的神情,表示侦查人员对被询问者的话题感兴趣,并且愿意思考,而没有不屑一顾、勉强应付的姿态和神情。

当被询问者看到侦查人员目视自己、认真倾听、表情温和、姿态自然的时候,会在心理上产生亲切、舒畅、愉快的感觉,引起他的大脑皮层的兴奋,从而愿意提供更多更详尽的信息,最终达到把事实调查清楚的结果。

2. 听出“话外音”

在司法问话中,侦查人员在讯问犯罪嫌疑人、被告人时,往往会形成犯罪嫌疑人与侦查人员对抗的局面。为了开脱罪责,出于侥幸心理,犯罪嫌疑人、被告人容易出现不实口供。如果侦查人员一味相信犯罪嫌疑人、被告人的供述,而不对其所说的话进行分析,就容易使案件走向“死胡同”。

常言道:会说的不如会听的。犯罪嫌疑人、被告人供述时,为了逃避犯罪,往往会隐瞒自己的犯罪事实。如不愿意供出自己的籍贯,但是难改的乡音会露出一些破绽。有经验的侦查人员会在对方的回答中不仅听出话中话,还要听出话外音,从而找到案件的突破口。

如在审讯某家庭暴力案件时侦查人员问,嫌疑人答。

[**案例欣赏**]

问:那天晚上你有没有打他?

答:我那天晚上打他了。

单看文字看不出来什么,但是一听,就有差别了。

我那天晚上打他了。

我那天晚上打他了。

我那天晚上打他了。

我那天晚上打他了。

我那天晚上打他了。

评析:就是这么简单的一个对话,嫌疑人所说话的重音位置不同,可能会表达不同的意思,带来不同的效果。如果重音放在“我”上,这句话的意思是,那天晚上打他的是我,是犯罪嫌疑人自己;如果重音放在“那天”上,这句话的意思是我打他的时间是那天晚上,即审讯员所指的那个日期,而不是其他时间;如果重音放在“晚上”上,这句话的意思是我那天打他的时间是在晚上,而不是中午或者早上;如果重要放在“打”上,这句话的意思是,我那天晚上对他的行为动作是“打”而不是“骂”或者其他的动作;如果重音放在“他”上,这句话的意思是我打的人是他,而不是其他人,强调了打人这个行为的承受者是他而不是其他人,如果还有其他人受伤则不是我所为。

仅仅8个字的一句话,说话者的重音不同,能够表达的意思也有差异。所以在司法问话中,犯罪嫌疑人所表达的任何一种意思都能对案件的方向、进程产生不同程度的影响。对于司法问话主体来说,此时应根据犯罪嫌疑人情绪及状态的变化及时调整审判策略。

［案例欣赏］

如20世纪末，某市一起杀人案的审讯录音节选：

侦查人员：你可以回家了。

犯罪嫌疑人：回家？我？为什么？你们应该起诉我了。

侦查人员：就×××被杀一案，我们起诉的将是另一个人。

犯罪嫌疑人：不，不是别人，是我。

侦查人员：我的意思是，我们将对真正杀×××的凶手进行起诉。当然了，如果你肯实事求是地提供×××被杀那天夜里你的所见所闻，我们非常欢迎你能出庭作证。

犯罪嫌疑人：不，你说的不对！不！人是我杀的……

侦查人员：你要是再胡闹下去，我们可就不客气了。

犯罪嫌疑人：不客气吧，我等着呢！反正是我杀的×××，就是我！我告诉你们，你们要是不处理了我，我就要杀死所有的女人，一个不剩！

评析：这个例子，反映了犯罪嫌疑人一系列情绪的变化。犯罪嫌疑人说话的语气越来越强烈，音调也越来越高，最后的情绪达到了顶峰，语气达到了最高，音高也达到了最高，表达了嫌疑人对所面临情况的不满，急于想辩驳，以此改变现状。犯罪嫌疑人如此着急地想反驳侦查人员的结论，说明嫌疑人想掩盖案件的真实情况，以达到自己内心的真实目的。

3. 边听边思

所谓“听”，不仅是指耳听，它应包括口语和非口语这两大类信息，也就是说，在听话的同时，还要注意“察言”和“观色”，以此来捕捉对方的心理和发现新的线索。我国古代判案就运用了“五听”技巧。（听指处理、判断）。这“五听”是：一曰“辞听”，即“观其初言，不直则烦（啰唆）”；二曰“色听”，即“观其颜色，不直则赧然”；三曰“气听”，即“观其气息，不直则喘”；四曰“耳听”，即“观其听聆，不直则惑”；五曰“目听”，即“观其眸子，不直则目毛然（昏暗无光）”。这说明，司法工作人员在审理案件，听取被告人、犯罪嫌疑人及其他诉讼参与人陈述时，应观察对象的走姿、坐姿，观察其神情是否自然，气色好坏，穿着的华丽或朴素，是否紧张，携带物品的种类（如手机的档次、香烟的品牌等）。此外，司法工作人员还应观察对象的言辞是激烈还是温和；是夸夸其谈还是沉默不语；是强烈对抗还是冷静沉着；表达能力如何等。只有真正做到“耳听、目视、心想、脑思”，才会收到较好的听的效果。

三、课堂实战训练

【训练一】根据公平、公正、自愿供述的法律原则，侦查人员在讯问中不得诱供、骗供。但是，在司法实践中，有的侦查人员的言辞与行为违背《中华人民共和国刑事诉讼法》的规定，恐吓、诱骗被讯者，甚至与被讯者达成某种交易，这样有可能会给律师提供攻击的“炮弹”，也可能会给犯罪嫌疑人提供“翻供”的机会，更可能会出现冤假错案，给司法公正带来负面影响。

侦查人员下面的用语行为规范吗？请你分析。

(1)不说就多判你几年！

(2)不老实交代，就把你关起来！

(3)你不说，就是不老实！

(4)钱退出来就没事儿了！

(5)别人都说了，你还不说？

(6)所有的事情我们都清楚！

(7)我们调查过了，就是你干的！

(8)快说吧，不就是拿了别人一点儿钱吗？

(9)现在谁不找人办事儿？拿一点儿钱是正常的。

(10)比你拿钱多的人有的是，不都没事了吗？

(11)事情说清楚，你就可以回家了！

(12)交代清楚就给你办取保候审。

【训练二】根据司法问话的语言特点，分析此对话的问题所在。

问：你认为世界上只有有钱人才能过上幸福生活吗？

答：是的，我就是这样认为的。

问：所以你要快速地赚钱。

答：对啊，靠每个月领取的那么一丁点工资，何时才能变成富豪。

问：所以你就不安分起来，就去行窃？

答：我想你也听过“马无夜草不肥，人无横财不富”这句话吧。

问：你能真正理解这句话的含义吗？

答：我当然理解，当官的不贪怎么变富？我这平头百姓安分守己怎么可能有“横财”可发？

问：你这种理解很天真，你就没有想过你的偷窃行为会受到法律制裁？

答：当然想过。

问:既然想过,那为什么还要冒风险呢?

答:不是所有的犯罪都会被你们发现和查处的,我这次只不过是运气不好罢了。

问:你这种思想于人于己都没有好处,你得花时间好好想一想。

第二节　询问口才训练

一、教学案例导入

入室抢劫案中,被害人的简单陈述:

犯罪分子趁我不注意闯入我的家门,拿刀指着我,逼问我家现金和首饰放在哪里。我当时很害怕,就告诉他了。他接着就把我捆了起来,就这样把我家的现金和首饰全抢走了。

侦查人员深挖细节,通过询问案情全景展现出来:

问:犯罪嫌疑人是怎么进你家门的?

答:我下班回来开门后,正要转身关门,就见一个大汉猛地闯了进来。

问:你下班回来时,有感觉身后有人跟踪吗?

答:没有。

问:你忽然看见一名大汉闯了进来,你没有惊叫吗?

答:我还没叫出声,他就把刀顶住我的胸口,威胁我说:"别叫,叫,我就捅死你。"

问:你随后有什么反应?

答:我看到他凶神恶煞的样子,我吓得全身发抖,哭丧着脸哀求他放过我。

问:对方对你的哀求是怎么回应的?

答:他凶狠地说,"把你家值钱的东西和现金交出来,我就放了你。"

问:你喉咙上的血印是怎么回事?

答:我没有马上按照他说的做,他就把刀口在我的脖子上用力压,并吼道,"快说,不说就给你放血",我吓得连忙说了出来。

问:你对门没有人吗?

答:他们全家昨天就出远门了。

问:后来,你怎么被捆绑上了?

答:他怕我跑掉,就把我给捆绑了。

问:绳索是你家的吗?

答:不是,是他自己带来的。

问:犯罪嫌疑人翻完钱后,对你有什么其他过激举动?

答:没有,他翻完东西后就急匆匆跑掉了;临跑时还恐吓我说,“你敢报警,日后就要了你小命”。

问:你是怎么获救的?

答:我拼命地将身体移到门边,使劲地撞门,很久后,才被路过的楼上邻居发现了,他给你们报的警。

……

评析:侦查人员在询问时,通过细节追问,将犯罪嫌疑人犯罪前的准备、主观恶性、社会危害程度等犯罪手段和情节一一展现出来,为侦查讯问和对犯罪嫌疑人的刑罚处罚做好了铺垫。

二、本节知识要点

(一)询问的步骤

1. 打消顾虑,以求配合

在办案中,有些询问对象出于各种考虑怕对方打击报复,怕引火烧身、对办案人员的询问明知不说,躲躲闪闪,顾虑重重。办案人员应及时发现对方心理,打消对方的心理顾虑,以求得被询问者的配合。

某杀人案件的犯罪嫌疑人供述他作案的时间与发案的时间有矛盾。公安机关侦查人员向邻居调查核实,在案发的具体时间是否见犯罪嫌疑人的车辆在院里停放,邻居吞吞吐吐不肯作证。经过一番晓之以理的劝说,邻居终于敢于作证,描述她那时所见的真实情况。

2. 晓之以理,如实叙述

有些证人证言,特别是被害人、受害人的陈述,会因为各种原因出现认为的夸大、缩小、隐瞒事实真相的情况,有时也有遗忘某些情节,甚至有可能发生诬告、陷害、作伪证的情况。为了避免举报、控告失实或诬告陷害等情况的发生,侦查人员在询问时,一定要向举报人、控告人讲清法律规定,说明公民有作证的义务,对自己知道的事实应当如实提供,否则要负法律责任。

[案例欣赏]

问:您来公安局(派出所)反映什么情况?

答:我被人打了。

问:依照法律规定,您应当如实向公安机关反映情况。否则应负法律责任。

答:我知道。

问:请把事情经过详细讲清楚。

答:……

办案人员对被询问者的询问,主要是进一步了解案情、获取证据、核实证据、查明案件事实。从刑事案件来讲,是要搞清楚犯罪嫌疑人及其实施犯罪行为的"七要素";从民事案件来讲,主要是查明案件的来龙去脉。询问要符合法律的规定。《刑事诉讼法》第124条规定:"侦查人员询问证人,可以在现场进行,也可以到证人所在单位、住处或者证人提出的地点进行,在必要的时候,可以通知证人到人民检察院或公安机关提供证言。在现场询问证人,应当出示工作证件,到证人所在单位、住处或证人提出的地点询问证人,应当出示人民检察院或公安机关的证明文件。询问证人应当个别进行。"《刑事诉讼法》第125条规定:"询问证人,应当告知他应当如实地提供证据、证言和有意作伪证或者隐匿罪证要负的法律责任。"第127条规定,"询问被害人,适用本节各条规定"。

(二)询问的准备

要使询问达到预期效果,司法工作人员应做好如下准备工作:

1. 熟悉案情

询问前要熟悉案情,除了解案件的发生、发展情况外,还要掌握证人的有关情况。即有几个证人,都知道哪些情况;是在什么情况下感知案情的;通过对哪些证人的询问解决哪些问题;他们与案件是什么关系,会不会受犯罪嫌疑人或被害人和亲属的胁迫和收买,等等。

2. 拟定计划

询问前的计划,主要是找出询问的重点和难点;询问的先后次序以及询问的时间、地点;对不同证人询问的不同方法;询问中会出现哪些问题,采取哪些应当的措施;等等。

3. 做好自己仪表、语言、举止上的准备

这往往可以成为询问的一个突破手段,可使对方一开始对你表示亲近与信任。从心理学上解释,陌生人之间初见面那一刻是"高峰时刻",相互都要从双方的言语、举止乃至装束、神态中,产生“第一感觉”,形成“第一印象”。如果仪表庄重、儒雅,能使证人产生信任与尊重;如果举止轻浮、随便,会使证人产生疑虑,甚至因存戒心而影响询问效果。

4. 创造良好的询问气氛

常言道:“入境而问禁,入国而问俗,入门而问讳。”这说明了解当地风俗人情能应付各种场面,并为疏通感情、接近群众创造良好的语言环境。生活中,人对自己的事业、本职工作、所学专业等都是有爱好和兴趣的,与人沟通的最好办法,莫过于对人的了解并做到“入乡随俗”,即从情感到言谈举止都应该与谈话对象相一致。常言道“三个秀才就说书,三个农夫就说猪”“上山砍柴问樵夫,下海捕鱼问渔夫,走街串巷问农夫”,讲的都是说话对象及与人沟通的办法,通过拉家常闲谈的方式询问其个人的简历、学习经历、工作经历、生活经历、夫妻关系、交友情况、个人爱好等。“闲谈”的目的有二:一是逐步控制询问对象的情绪和情感,消除其对立抵触情绪等;二是对询问对象注入同情心,让他觉得你是为他着想。这样,询问人和询问对象就达到一定的“沟通”,从而使他认为你是“通情达理”的人,而对你产生认同和信任感。侦查人员若能抓住证人的职业特点与之交谈,比如与教师谈学生,与作家谈作品,与象棋爱好者谈下象棋,等等,都会很快达到沟通思想,创造融洽气氛,实现询问目的。

(三)询问的策略、方法

询问的对象不同,其方式、方法也不同。在一般情况下,询问对象有两类:一是证人;二是被害人。其中,证人又大致有两种类型:一类是与案件无关的证人;另一类是与案件有牵连的证人。在询问中,可针对不同类型的证人,采取不同的方法。

1. 与案件无关的证人

这类证人,因为他们与案件没有利害关系,一般来说,比较容易如实作证,能客观地提供案件事实和情节。但也有少数人或因有“事不关己高高挂起”和“多一事不如少一事”的错误思想;或因有怕打击报复的恐惧心理;或因对侦查人员的调查访问活动产生反感而有不满情绪;或者出于对犯罪嫌疑人的同情或怜悯等种种原因而不愿作证。在询问过程中,侦查人员要认真研究证人拒证原因,并设计询问策略。一方面要有针对性地进行疏通、开导,做好法制宣传和思想教育工作,说明知情不举的社会危害性,帮助他们解决各种思想顾虑,启发和提高他们敢于同犯罪作斗争的积极性。另一方面侦查人员要尽快与证人沟通思想感情,在环境气氛上让对方感到融洽。

[案例欣赏]

例如,在一起伤害案中,女证人李某是单位有名的"事不关己高高挂起"的人,保卫科的同志找她两次,她都以"不知道"和"没看清楚"加以拒绝。侦查人员在询问她时,针对她爱跳舞的特点,从舞姿谈到跳舞有益于身心健康及当地的几个舞厅,使证人逐渐有了亲和感,形成了初步的心理接触,随后办案人员就近转移,话题自然而然地引到作证上,没费什么口舌,便顺利地向她取得了证言。

此外,侦查人员可以采取直插疑点的询问方法。所谓疑点,是指与定罪量刑至关重要的难点。直插疑点就是在询问过程中,跳过证人预测到的主体询问问题的环节而直接问主要问题,使其措手不及,打乱其心理防御体系,迫其说出真情。例如:李氏兄弟殴打郭×致死案,证人外科医生黄××从事件一发生就在场,并参与拉架。前两次对其询问,他却一再推脱说没看清楚。其中一拳是本案定罪量刑的关键问题,也是本案的疑点。办案人员经过认真分析,第三次询问便直截了当地发问:"你是医生,由于职业的缘故,对要害部位的打击你是不会不注意的,而且根据当时的情况,你也会看清的,请你配合我们弄清这个问题。"

2. 与案件有利害关系的人。这类证人又分为两种:一种是与案件有牵连或曾参与其中的人。他们担心案件的发展会牵连到自己,为了庇护犯罪嫌疑人和保护自己而拒证。对这一种证人,应向他们讲明作证的义务和作伪证或隐匿罪证应负的法律责任,鼓励他们积极揭发犯罪分子,争取立功,将功赎罪。另一种是犯罪嫌疑人的亲朋好友、街坊邻居。他们因与犯罪嫌疑人有特殊关系,往往会从家庭利益或私人感情及哥们儿义气出发而不愿作证。对这一种人,应向他们宣传党的教育改造罪犯的政策,鼓励他们分清是非,以国家利益为重而积极举证。

[案例欣赏]

在一起金融诈骗案中,被告人汪×冒充副总经理使用虚假的购销合同向A银行申请承兑300万元的汇票用作流动资金。A银行行长赵×因与被告人汪×关系密切,曾向他提供了数十万元的用于承兑汇票的保证金。案发后,汪×被逮捕。在侦查人员向行长赵×调查取证时,赵×因害怕自己受牵连,拒不提供汪×冒充某公司副总经理和使用虚假合同之证词。侦查人员不仅掌握了上述事实与证据,而且看透了他的恐惧心理,为使他尽快地主动提供证词,将功赎罪,便对他进行了询问。

问:赵×,你是银行行长,对银行的各项管理制度都很清楚吧?

赵:都清楚。

问:你向被告汪×提供用于银行承兑的保证金是否符合银行规定?

赵:……(不语)

问:现在汪×已被逮捕,你作为银行行长又是共产党员,大概不会包庇他吧?

赵:不会。

问:现在不是追究你的问题,而是调查汪×以什么身份和采取什么手段进行诈骗的,你若能积极主动地提供线索,为侦破此案尽到自己的职责和义务,对你今后的前途是有好处的。

评析:侦查人员的这些问话,涵盖内容很多,也很有分量,不能不触及行长赵×的心灵,他经过认真的思考后,终于提供出侦查人员所需要的证词。

(四)询问口才的表达技巧

1. 直奔主题

在询问对象与犯罪嫌疑人或者案情之间存在某种利害关系时,询问对象因某种不合理的顾虑,对侦查人员的询问可能不予以积极配合,有意闪烁其词,故意躲闪侦查人员的询问。侦查人员在询问前应当考虑这种情况,对这类询问对象进行询问时,应当机立断,直奔主题,单刀直入地进行询问,不要留给询问对象过多的思考空间,避免其寻找托词,心存侥幸地规避侦查人员的询问。

在一起交通肇事案中,警察很好地运用了这一询问技巧对肇事司机所属单位领导进行了非常有效的询问。

[**案例欣赏**]

问:上个星期六,你们车队的一个司机开车撞人后驾车逃跑的事你知道吗?

答:不知道(对交警的直入主题的问话显得不知所措,很是惊慌)

问:26岁左右,身高在175厘米到180厘米,国字脸,大眼睛,你们车队不是有这个人吗?

答:(注视了交警一会儿,然后答道)有这个人。

问:他叫什么名字?

答:陈××。

问:他开的是草绿色解放牌汽车,对不对?

答:对。[①]

评析:整个过程前后仅用了20分钟就取得了预期的效果。在适用这一技巧进行询问时,侦查人员必须要对有关情况有着基本的把握。对有所顾忌的询问对象来说,他们通常抱着一种"他人对情况不了解,我不说谁也不知道,只要不说就能躲过麻烦"的侥幸心理,当侦查人员在询问对象面前彰显出其对情况可能有一清二楚的把握时,在惧怕作伪证的法律责任或不诚实的道义责任心理驱使下,询问对象只能如实说出其知道的事实真相。如本案中,面对交警的直奔主题的问话,车队领导一开始还是作了否定的回答,但交警随后的一番话彻底击垮了其侥幸心理,只得如实陈述。

2. 追问

侦查人员在询问过程中,运用追问这一技巧,能够帮助侦查人员有效地发现疑点或破绽,及时地帮助询问对象纠正问题,或者揭露询问对象虚假陈述,最大限度地寻找案情真相。如在一次对证人的询问过程中,侦查人员对证人进行追问,发现并及时纠正了证人的问题。

[**案例欣赏**]

问:你说你看到了犯罪嫌疑人殴打被害人的经过,你是从哪里看到的?

答:我是透过我家厨房窗户看到的。我家住在一楼,我家厨房外有一块空地,当时我在厨房干活,突然听见哭叫声,我扭头一看,就看见了凶手在殴打被害人。

问:你家厨房窗户有多高?

答:有一米六五到一米七吧。

问:你身高有多少?

答:大约有一米六三吧。

问:你这样的身高,能够回头一看就能看到窗户外发生的事情吗?

---

① 杜国胜:《司法口才理论与实务》,中国政法大学出版社2015年版,第167-168页。

答:不对,我记错了,我是踩着凳子往外看的。

问:那你的凳子是从哪里搬来的?

答:我是从客厅搬来的。

问:可是,犯罪嫌疑人当时是追着被害人打的,并且是沿着你家厨房后外墙跑过你住的那栋房子拐角的。你觉得等你搬来凳子再爬上去往外看,还能看到吗?

答:……(沉默)

问:你听到你家厨房外的哭叫声,这一点是真实的,可是,你不能夸大了你了解的事实,看到了就是看到了,没看到就是没看到,可不能添油加醋,这样会严重误导我们的侦查工作,造成社会危害后果,是要负法律责任的。

答:可事实就是受害人丈夫(犯罪嫌疑人)干的呀。

问:不错,她丈夫确实是犯罪嫌疑人,可是,你讲的是事实吗?如果在法庭上,你这种行为属于作伪证,就你本人要承担相应的法律责任不说,你无形中为凶手开脱罪责提供了机会,你知道你是在帮谁吗?

答:原来是这样,我以为亲眼看到比亲耳听到更有说服力,真是很对不起。

问:你知道错了就好,要记住:事实胜于雄辩。

[**案例欣赏**]

在一起继母杀害继子案中,侦查人员对接受审查的继母进行追问,结果发现继母有重大的作案嫌疑。

问:你7月15日上午去了哪里?

答:我去了市中心。

问:你是怎么去的?是走去的还是乘车去的?

答:我是坐摩的去的。

问:你在哪里下的车?

答:我是在十字路口转角处下的车。

问:你下车以后去做什么?

答:我下车后去逛市场了。

问:你有带着孩子一起去吗?

答:有,我带着我女儿去的。

问:你儿子没有和你一起去吗?

答:没有。

问·你儿子那时在哪儿?

答:不知道去哪儿了。

问:你儿子失踪了,你知道吗?

答:我知道,我也一直和我老公在寻找。

问:你继子和你关系怎样?

答:一般吧,不是很好,也不是很差,不过他平时还是比较黏我。

问:(一个"黏"字引起了侦查人员的警觉,她继子的失踪一定和她有关,不过没有充分证据,侦查人员不便打草惊蛇,她去市场后的行踪必然有问题,于是问道)你去市场后又去了哪里?

答:我回娘家去了。

问:你是怎么去的?

答:我是坐公交车去的。

问:你在你娘家待了多久?

答:我在我娘家吃过中午饭后就回来了。①

评析:侦查人员通过追问和事后细心地侦查,发现受审查人在编造故事,事实情况与受审查人的陈述有很多出入。侦查人员在掌握一系列证据证明受审查人当天行踪后,对受审查人进行了再次询问,并对其谎言一一进行了驳斥。在证据面前,受审查人只能承认杀害其继子的事实真相。

三、课堂实战训练

【训练一】

中央电视台《社会与法》栏目曾经报道过一则"入室盗窃"案。在这个案例中,记者与此案中一名犯罪嫌疑人有过下面一段谈话:

问:你有过工作吗?

答:有过。

问:你的工资不是很高?

答:不算低,中等水平。

问:中等水平的工资应当能够维持你不错的生活水平。

---

① 杜国胜:《司法口才理论与实务》,中国政法大学出版社 2015 年版,第 166-167 页。

答:是这样。

问:那你为什么要实施盗窃?

答:我想过有钱人的生活。

问:你就是羡慕有钱人?

答:人们说:“好死不如赖活着”,而我不这么想,我要”好活”,不想“赖活”。

问:……(无语)

针对这次谈话,你是侦查人员,应该如何开展问话促使此人的思想转换,认识到自己行为的社会危害性。

【训练二】根据下列伤害案件,拟定询问提纲,然后涉案的相关人员进行司法问话。

犯罪嫌疑人刘某于2017年左右通过互联网结识倪某甲,二人产生婚外恋情,刘某要求倪某甲离婚并与自己结婚,遭倪某甲的拒绝,刘某心生怨恨。2018年5月,刘某在倪某甲经营的干洗店内与倪某甲的妻子彭某某发生争吵,被倪某甲当场殴打,刘某为此产生报复之念。2019年3月23日,刘某在互联网QQ空间“漂流瓶”上发布“谁帮我毁掉一个女人的容貌”的信息,寻人报复彭某某,陈某某(同案被告人,已判刑)见此信息,回复刘某表示愿意帮忙,刘某遂与陈某某通过互联网联系商议报复之事,刘某许诺事成之后给付陈某某1万~2万元好处费。同年6月,陈某某从外省来到江西省鹰潭市与刘某会面,二人再次商议认为报复成年人费用大,转而决定报复倪某甲之子倪某乙(被害人,时年8岁)。并决定用硫酸搞瞎倪某乙的眼睛。之后,刘某出钱,陈某某买来硫酸。刘某多次带陈某某到江西省余江县倪某甲家和江西省南昌市倪某甲经营的干洗店进行踩点、指认,经跟踪获取了倪某甲租住处的具体位置。同年7月7日上午,刘某在倪某甲经营的干洗店附近观察倪某甲夫妇的举动,陈某某则携带硫酸来到倪某甲租住处外等候,伺机作案。当日12时许,陈某某通过刘某发来的手机短信得知倪某甲夫妇在干洗店后,便进到倪某甲租住房,将所带的一玻璃瓶的硫酸泼向倪某乙的面部及身上,致倪某乙全身大面积烧伤,构成重伤甲级,二级伤残。

第三节　讯问口才训练

一、教学案例导入

荷兰著名反间谍专家奥莱斯特·平托上校在第二次世界大战期间审讯的一个

纳粹间谍案就值得我们借鉴。当时盟军部队已经进入比利时,德军正仓皇溃退。一天,两名士兵在驻军附近逮捕了一个名叫埃米里约·布朗格尔的人。平托上校凭直觉感到:这个人的穿着和谈吐虽然完全像个典型的北方农民,口音也是地道的瓦隆地区的土音(比利时某地区名),但他粗壮的颈部和魁梧的运动员体型与当地常见的惰性十足的人截然不同,于是决定对他进行审讯。

第一次审讯:

问:你是农民吗?

答:过去是,现在不是。德国鬼子抢走了我的牲畜,杀死我的家人。

问:会数数吗?

答:1、2、3……(慢慢用法语数)

在第一次审讯中,平托上校未发现对方有任何值得怀疑的地方,但他仍不气馁,决定对其进行第二次审讯。

在第二次审讯前,平托上校让人在这个人的住处放了几捆草,一个士兵点着火后,烟从门的下面进到屋里,执勤的士兵用德语大声喊:"着火了。"布朗格尔醒了,动了动,又睡了。于是,平托上校大声用法语喊道:"着火了。"布朗格尔一下子跳起来,绝望地敲打着门,与第一次一样,平托上校独特的审讯方法仍未发现任何破绽。

第三次审讯,平托上校与同事制订了一个小方案。在布朗格尔被带来时,平托上校拿起一支从他身上搜出的铅笔。

问:你带这个干什么?

答:不就是支铅笔吗?

问:用它给敌人写情报?

答:(流露出不屑的样子)

问:可怜的家伙(用德语跟身边的军官说)。(军官也用德语反问)为什么?他还不知道今天上午就要被绞死,已经11点了。他肯定是个间谍,他不会有别的下场。

平托上校一边说、一边用眼睛斜视着布朗格尔,特别注意他的眼睛和喉头。但布朗格尔没有任何表示,他用神态证明他不懂德语。很明显,第三次审讯仍无法证明布朗格尔是一个纳粹间谍。平托上校至此为止,几乎绝望了,他开始怀疑自己以前的判断。他准备对布朗格尔进行最后一次审讯——第四次审讯。

最后一次审讯是这样进行的:当布朗格尔像平时一样走进平托上校的办公室时,平托上校正在看一份文件,看完后拿起笔在上面签了字,然后抬起眼睛用德语说道:"好啦!我满意了,你自由了,现在就可以走了。"平托上校发现布朗格尔长长地舒了一口气,动了动肩膀,像是卸下一个沉重的包袱。他仰起脸,愉快地呼吸着自由的空气,当他发现平托上校的嘲笑时,已经晚了,身后的两名士兵紧紧地抓住了他。①

评析:当纳粹间谍埃米里约·布朗格尔坚决否认其间谍身份时,平托上校在第一次对其审讯中,用数数的办法发掘了此案的关键信息——是否懂德语,在第二次审讯中,这一关键性矛盾凸显出来。在接下来的二次审讯中,平托上校的审讯着重揭示了这一关键性矛盾,并合理运用,促使布朗格尔现出原形。

二、本节知识要点

从人际交往角度来看,讯问是发生在侦查人员与犯罪嫌疑人之间的一种特殊交流活动。参与的一方是侦查人员,另一方是犯罪嫌疑人。不仅参与主体特殊,而且发生在特定的交际环境中,交流的目的和交流的话题也是特定的。侦查人员与犯罪嫌疑人之间的交流和互动,既包括言语交流,也包括非言语交流,掌握讯问的技巧是与犯罪嫌疑人进行沟通和交流的基本条件,也是提高讯问效率的重要途径。

(一)讯问三步走

对犯罪嫌疑人的讯问,主要应当查明犯罪嫌疑人犯罪作案的时间、地点、作案人、作案的动机目的、手段、情节、结果。具体要了解犯罪构成的四个要素:犯罪主体、客体、主观方面、客观方面。

1. 对犯罪嫌疑人主体身份的讯问

这是侦查人员和犯罪嫌疑人的第一次语言交锋。其实在侦查人员与犯罪嫌疑人第一次四目相对时,较量就已经开始了。侦查人员应当树立良好自我形象和权威,在犯罪嫌疑人心中形成权利、威望、信誉和敬意的第一印象,对审讯工作的顺利进行大有裨益。

2. 过渡性讯问

在了解了犯罪嫌疑人的基本情况后,接着就该查明案件事实了。在这两者中间,有一个过渡环节。过渡性讯问的法律依据是《刑事诉讼法》第120条第1款:"侦查人员在讯问犯罪嫌疑人的时候,应当首先讯问犯罪嫌疑人是否有犯罪行为,让他陈述有罪的情节或者无罪的辩解,然后向他提出问题。犯罪嫌疑人对侦查人员的提问,应当如实回答。但是对本案无关的问题,有拒绝回答的权利。"对犯罪嫌疑人进行是否有罪的讯问,有利于对真假案的甄别,有利于对无罪的犯罪嫌疑人和

---

① 由文平:《公安司法口才学》,南海出版公司1992年版,第203-204页。

犯罪嫌疑人的甄别。

过渡性讯问的内容，一般是根据犯罪嫌疑人如何到侦查机关接受讯问入手。根据不同的法律规定，将犯罪嫌疑人带交侦查机关接受讯问的法律措施也不同，如进行盘问（留置）、传讯、拘传、刑拘、逮捕等。

［**案例欣赏**］

过渡性讯问的方式一般有下列几种：

问：因何将你带到公安机关？

答：因为打架。（或……）

或问：因何将你传唤（拘传）到公安机关？

或问：因何被刑事拘留（逮捕）？

过渡性讯问提出后，如果犯罪嫌疑人拒不供认犯罪行为或进行辩解时，侦查人员可掌握火候，暂不讯问。

过渡性讯问有承上启下的作用。如果过渡性讯问顺利，侦查人员便可以开始对犯罪嫌疑人进行实质性的关于犯罪事实的讯问。

3. 实质性讯问

实质性讯问是对犯罪嫌疑人犯罪行为的讯问，这是讯问的重点环节。侦查人员对犯罪嫌疑人进行犯罪事实的讯问，一般情况下可按下列方式提问：

［**拓展阅读**］

《刑事诉讼法》第 120 条第 2 款规定："侦查人员在讯问犯罪嫌疑人的时候，应当告知犯罪嫌疑人享有的诉讼权利，如实供述自己罪行可以从宽处理的法律规定。"司法问话可以这样表述：

问：根据法律的有关规定，如实供述自己的罪行可以从宽处理。

或问：依法律的有关规定，你应如实把问题讲清楚，不得隐瞒。（讲法律）

或问：把你的问题如实讲清楚（讲法律）。

讯问时，一般要讯问犯罪嫌疑人实施犯罪行为的时间、具体地点、参与犯罪的犯罪嫌疑人、被害人等与案件相关的人员，实施犯罪行为的原因，在何种情况下实施的犯罪行为，实施犯罪行为的经过及所造成的结果。这就是讯问犯罪嫌疑人犯罪事实的“七要素”,即作案的时间、地点、作案的人、作案的动机目的、手段、情节、结果,是讯问的核心所在。

(二)讯问口才的表达技巧

讯问策略是指在法律允许的范围内,根据案件的实际情况,为实现讯问的目的与要求而制定的讯问方式和方法。讯问时要注意不要将两个以上的被讯问人召集到一起进行讯问,以防止他们相互影响,从而确保证言的真实客观。讯问者的语气要恰当,不能过于生硬或委婉,对于不同性格、不同情况的人要采取不同的方法。由于案件形形色色,讯问的对象成分复杂,而且,讯问人所追求的目标,正是被讯问人所竭力回避和隐瞒的犯罪事实,因此,要顺利完成讯问任务,不仅要靠事实材料和正确适用法律,而且要有丰富的审讯经验和问话策略,并依靠相应的语言形式完成讯问任务。

1. 说服教育

说服教育是在讯问中通过语言、书面材料、视听资料等形式对犯罪进行政策、法制等内容的教育,帮助其弄清是非界限和权衡利弊得失,促使其转变错误认识和不良态度,如实供述罪行的一种讯问方法,是讯问中最基本、使用最广的一种方法,贯穿于审讯活动的始终。它是一个交互式、渐进的过程,在此过程中,侦查人员要根据犯罪嫌疑人的态度、行为改变的程度及时调整说服教育的内容与方法,推进犯罪嫌疑人向良性转变的纵深发展。

近年来,国家反腐取得压倒性胜利,很多高官因贪污入狱。如中央纪律检查委员会找某某谈话时,让涉嫌职务犯罪的官员宣读入党宣誓词,读着读着,痛哭流涕深刻反省自己。

[案例欣赏]

某银行出纳员王×,利用其职务上的便利,提取现金不入账,先后挪用本单位公款人民币20万元,交给其未婚夫蔡×进行营利活动。王×多次向蔡×催还,蔡×没有归还。经银行其他工作人民举报,检察机关初查后决定立案,并对王×进行了讯问。

问:王×,经你手的钱少了20万元,有这么回事儿吗?

答:(低头,默不作声)。

问:王×,那20万元你拿去做什么了?这可不是一件小事,你有义务向我们检查机关说清楚。

答:(仍低头不作声)

问·(拿出法律条文)这样吧,你既然不愿意回答问题,就请你给我们读读第384条。

答:(声音很小)国家工作人员利用职务的便利,挪用公款归个人使用,进行非法活动的,或者挪用公款数额较大,进行营利活动,或者挪用公款数额较大、超过3个月未还的,是挪用公款罪,处5年以下有期徒刑或者拘役;情节严重的,处5年以上有期徒刑。挪用公款数额巨大不退还的,处10年以上……(声音逐渐颤抖,读不下去了)

问:你知道你读的是什么吗?

答:(强作镇静,略等了几秒钟后才回答)知道,是刑法。

问:你怎么知道这是刑法?

答:(略微迟疑)是……是单位组织普法时看到的。

问:那你能看懂吗?

答:能。请……请问你们,2……20万元算不算数额巨大?

问:你自己觉得呢?

答:我……我……

问:王×,那20万元现在到底在哪里?我们希望你能主动跟我们说清楚。

答:(忽然哭起来,一边哭一边说)别问我了,我什么也不想说,反正钱现在是拿不回来了,我就等着坐一辈子牢好了……

评析:侦查人员的讯问何言细语又柔中带刚,进行说服教育,使犯罪嫌疑人如实供述了自己的罪行。

2. 利用政策及证据攻心

犯罪嫌疑人在实施犯罪后,一般不会轻易交代其罪行,而是千方百计地抵制和对抗讯问,他们赖以对抗的精神支柱来源于其心理上的自信。因此,破除犯罪嫌疑人心理上的自信,摧毁其赖以抵抗的精神支柱的有效策略,就是攻心战。这是一种心理斗争策略,侦查人员要以正确的思想观念、道德意识、客观事实、证据、利害关系等,直接对犯罪嫌疑人施加心理影响,冲击其心理上的抵抗自信。利用政策攻心不等于空泛的说教,而是随时判断被讯问人的思想变化,摸清其心理状态,有的放矢地进行政策教育。要讲清道理,晓以利害,指明出路,使之打消幻想,正视现实,看到生机,转变态度,配合交代。

［**案例欣赏**］

问:是你指使张某(案发时年仅14周岁)实施盗窃的吗?

答:是的。

问:盗窃成员就你们两个人吗?

答:是的,就我们两个人。

问:有没有其他人了?

答:没有。

问:张某偷电视机时候,你参与了吗?

答:没有,我当时在一家宾馆里等他。

问:电视是多大的?

答:22寸的。

问:张某盗窃后是怎么将电视搬到你那里的?

答:他是骑着三轮将电视运送到我那里的。

问:你们是怎么销赃的?

答:我俩在第二天早晨8点将电视卖给了一家个体商户。

问:真的就你们两个人吗?没有其他成员了?

答:真的只有我们两个人,我发誓。

问:你不要发誓了,你以为你发誓就能掩盖你那犯罪团伙的其他成员吗?你以为我们公安都是一群白痴吗?你说张某骑着三轮车将电视送到你那里的,可据我们调查,张某根本不会骑三轮;据张某交代,他那天晚上盗窃后,是步行去你那里的,一个身高仅155厘米、年仅14岁的少年怎么能拿得动,难道不怕引起他人的怀疑吗?你说你们是第二天早上8点销赃的,除了你的同伙以外,有谁敢在早晨8点从一个来路不明人手中买下这种贵重物品(彩电在当时属于贵重物品)?你满嘴都是骗人的谎话,不要再自欺欺人了,赶紧如实交代你们盗窃团伙的事实吧!

评析:侦查人员在掌握案情一些基本事实基础上,对犯罪嫌疑人的谎言了如指掌,但是,没有在每次谎言后戳破,而是抓住时机利用证据攻破。

使用攻心政策时,语言应该委婉、含蓄些,语气应该和缓、平静些,态度应该中肯些。同时,语言的表达要富有启发性,具有说服力。在使用迂回上,语言上或委婉或明确;语气上或平缓或强硬;态度上或柔和或严肃。总之,不同的讯问策略,必须注意运用与之相适应的语言形式。比如受贿案件,对于“某时某人在某地点送钱给某人(讯问对象)”这一证据,其内容可分解为“某时”“某人”“某地点”“送钱”四个部分。侦查人员在运用证据时,可以运用这样的语言发问:“某人与你有什么来往?”……上述问法比“某时某人在某地送钱给你,有无此事?”这样的问法好。又如贪污案件,“对于他用虚假发票贪污公款5万元”的证人证言,讯问人可发问:“你用什么虚假发票报销过?”这比“你是否报销虚假发票贪污公款5万元”的发问形式好。

3. 利用矛盾,各个击破

抓住被讯问人供词中的矛盾或同案犯之间的矛盾加以利用,使其承认罪行。一方面,要利用被讯问人供词中的矛盾,这种矛盾通常表现为:供述前后矛盾;供述不符合客观规律,如自然条件、客观环境等;供述与其他证据相矛盾等。针对上述情况,讯问人不要立即批驳,而应让其把假话讲完,充分暴露,在关键和细节问题上还可以让其讲得更具体、更明确,使其作茧自缚,无法解脱。此时,侦查人员再将矛盾供述与出示证据相结合,可以更直接点到其痛处,让其更深刻地认识到事已至此,唯有如实供述,方可宽大处理。另一方面,要善于利用同案犯之间的矛盾。在团伙作案的案件中,尽管有同案犯信誓旦旦表示:“有福同享有难同当”,甚至订立攻守同盟,但是由于他们在案件中的地位不同、目的不同、行为各异、利益不同、罪责也不同,在这种情况下他们也不是牢固的铁板一块,加上人类天生的趋利避害的心理,侦查人员要充分利用他们人生观、价值观的不同之处,以及他们各自的利己思想,选择薄弱环节作为突破口,孤立主犯、首犯,分化从犯以达到各个击破的目的。

[**案例欣赏**]

审理一个黑社会性质的犯罪案件:

问:买车分钱,你分了多少?

答:无可奉告!

问:你倒是很仗义,可他们却把你往火坑里推!这次卖车得赃款8万元,是不是?

答:(不语)……

问:是你摸黑把车盗来的,可你得了多少钱?7000元。×××得了多少钱?5万元。现在人家说盗车的主意是你出的,盗车的行为是你干的。主要罪责在你这儿!你还蒙在鼓里啊!

答:他真是这样说的?

问:有笔录在此。

答:×××呀,×××,你不仁,我也不义了。……

后来,该犯罪嫌疑人作了如实供述。

[**案例欣赏**]

对一起连续抢劫杀人案的审讯,犯罪嫌疑人刘某某拒不交代犯罪事实,而且气焰非常嚣张。经过反复讯问后,刘某某仅交代了一般的盗窃、抢劫案,对于重大的抢劫杀人案却不交代。于是,侦查人员便针对刘某某争强好胜,号称"亡命英雄"和"吃软不吃硬"的性格特点,接连不断地发出如下问话:

问:你不是说连命都不考虑了吗?那你为什么不敢把自己的犯罪事实说清楚呢?

答:我怎么不敢,只要我做了,我就敢说。

问:你敢说为什么不先说?你的同伙已作了交代,他们都走在你前面了。

答:我现在头疼,肚子也饿。

问:渴了给你水喝,饿了给你馒头吃,至于头疼嘛,可以请医生给你看看。

答:好吧,好汉做事好汉当,就是死,也给你们说清楚。

为了证实持枪杀人的事实,侦查人员又追问刘某某:"昨天晚上你干啥去了?"这没头没脑的一句模糊问话,使刘某某产生了错觉,以为是自己作案后被公安机关发现跟踪而将其抓获的,于是交代了抢夺枪支、枪杀两名军人的重大罪行。

在这个案例中,侦查人员根据刘某某的性格特点及其在审讯过程中的心理变化,先后采用了多种讯问策略:当刘某某避重就轻,拒不交代主要罪行时,适时地采用了激将策略。在语言表达上,侦查人员将刘某某的"不怕死"和"不敢交代"作对比,并运用反诘句式,加强对刘某某的心理刺激,这一刺激又是通过侦查人员轻蔑的语气、激烈的言辞打击刘某某的虚荣心等策略来实现的。为了打消刘某某的侥幸过关心理,侦查人员又运用了"分化瓦解、攻心为上"的策略,用简洁明快、富有暗示性的语言告诉他:"你的同伙已作了交代,他们都走在你前面了。"为消除其抵触情绪,又不失时机地抓住刘某某说头疼的话,关切地说:"至于头疼嘛,可以请医生给你看看。"并且,侦查人员还运用"模糊语言"造成刘某某错觉的策略,完成了讯问任务。

使用攻心策略的另一方面是围绕犯罪事实精心设计问话言语链,使问话言语环环相扣,简洁、严密。

[**案例欣赏**]

关于讯问张××拦路抢劫一案的问话。

问:被告人张××,你刚才说是“拿了女青年的手表”,那么,我问你,手表是哪里拿的?

答:是在女青年手腕上拿的。

问:你怎么拿的?

答:拉的。

问:被害女青年叫你拉的?

答:没有。

问:那你是怎么拉的?

答:硬夺的。

问:手表带怎么断的?

答:我抢断的。

问:怎么抢的?

答:夹着她的头颈抢的。

评析:被告人在回答侦查人员的讯问时,多次回避供述抢劫手表的暴力情节,带着侥幸心理,在词语选择上下功夫。如:说拿——不是抢劫,接话人显然存在着隐瞒的思想。说拉——也构不成抢劫,仍然存在侥幸隐瞒的思想。说硬夺——情节轻微,侥幸心理下降。说抢断——暴力不大,侥幸心理动摇。说夹着头颈抢——暴力抢劫,侥幸心理完全破灭。

这里由拿、拉、硬夺、抢断再到夹着头颈抢,问话人的目的非常清楚。问明抢劫罪的主要特征——“暴力手段”时,便终止了问话。问话人的言语链就是沿着抢劫罪的特征设计的。这是一次相当成功的问话。

三、课堂实战训练

【训练一】

于某贪污案审讯片段

问:你们厂买那么多塑料薄膜,没有入库、出库的手续,导致大量实物不知去向,你作为一个会计人员,为什么不履行监督责任?

答:(自以为追查其职务上的责任)制度混乱,我应负全部责任。因为我们厂的资金不足,有时为了生产上的需要,就到离厂较远的四门孙商店去赊账,只要厂里一有活动资金,就马上去还账的。那商店是在我回家必经之路上的,所以也方便。

问:你怎么去算的账?

答:我开好转账支票去结的账,根本不动用现金。

问:你没记账,开转账支票怎么填写金额多少呢?

答:我估量着填写,一般我怕不够,所以都多填一些金额在上头。

问:你结账时,支票上多出来的金额怎么处理?

答:(一愣不敢说余额现金被拿回)余额当时又买东西了。

问:既然你当时又买了东西,为什么在同一个店里买东西不用一张支票结账而要返回现金以后再买呢?

答:……

问:为什么支票上剩余款能与你再买的东西正好在数额上一分不多一分不少呢?

答:……

问:为什么你在同一天同一个商店买同一种东西又是同一个单价,偏偏要开两张发票呢?

答:……

问:为什么在你厂边上的又和你厂有供销关系的商店你不买东西,非要到离厂十多里地的与你厂并无长期供销关系的商店买东西呢?

答:我交代,我……我隐瞒了……

被告人很快将贪污的几笔主要现金作了供述,同时供述了用贿赂等十多种手段进行贪污的犯罪事实。

问题:

1. 侦查人员用了什么审讯方法?

2. 侦查人员第一个问话是否与本案贪污案有关?第二、三、四问的作用是什么?

【训练二】

侦查人员抓获1名涉嫌抢劫、抢夺、诈骗、盗窃娱乐场所服务小姐财物的犯罪嫌疑人王某,目前掌握的证据有3名女受害人的证人证言以及她们的指认。后来在核实、调查王某的身份时,发现王某有3次前科,曾因盗窃被判刑,是个“大事不犯,小事不断”的老手。

问:知道我们为什么抓你吗?

答:不知道。反正你们抓错人了！你们把坏人放跑了,把好人抓起来。

问:是吗?

答:是的。他们抢劫、敲诈我,我是受害者。你们却把我抓了(歪着脑袋)。

问:谁抢劫、敲诈你了?

答:就是那些服务小姐。她们嫌我付的嫖资不够,就雇人敲诈、抢劫我,还诬陷我抢了她们的东西(一副很不服气的样子)。

问:我们说了你抢了他们东西吗?事情的来龙去脉你给我老实交代。

答:哼！你们别装了。你们不就是因为她们说我抢她们东西才抓我的嘛。我冤枉啊!

问:你说你被冤枉,那你就说说你被冤枉的证据。

答:那她们说我抢了她们的东西,她们有什么证据(斜视着侦查员)?

问:王某,给我坐正了。你不要执迷不悟了……(思想教育)。

答:反正你们抓错人了。我是好人,她们才是坏人。

……

讯问陷入僵局。

针对本案案情及第一次讯问情况,下一步讯问应如何展开?根据案件的情况,组织进行模拟讯问。

第九章　其他常用口才训练

本章内容提示

俗话说:“良言一句三冬暖,恶语伤人六月寒。”一个人的口才可以产生巨大的力量和影响,有口才的人就能充分展现自己的才华。当今社会纷繁复杂,小到邻里纠纷,大到国际争端,都需要好的口才去化解。一个长袖善舞、精通言辞的人谈笑间让樯橹灰飞烟灭,著名的烛之武退秦师、诸葛亮舌战群儒皆来自口才的威力。

但是好口才绝非天生具备。实践证明,掌握了一定的方法、技巧和策略,通过训练口语表达能力是可以提高的,也能让自己少走些弯路。然而在监狱人民警察的学习成长过程中,口才的培养和提高经常会遇到各种各样的问题和困难,所以我们要在学习生活工作中熟练自如地运用和掌握这些技巧,就必须在实践中勤加练习。

本章主要是针对监狱人民警察在日常学习、工作和生活中所经常能接触到的会议主持、沟通汇报、演说发言、论辩分析、谈判等口才类型的基本技巧进行探讨。

训练目标与要求

1. 训练目标:(1)通过讲授,使学生能够了解各种口才类型的定义及语言特点,掌握其使用的主要规则和要求,丰富自身的表达方式;(2)使学生可以就特定问题展开辩证思考,提出自己的有效观点及佐证素材;(3)通过口才训练,使学生具有沟通思维,形成以理服人的表达习惯;(4)通过对口才语言技巧的学习与训练,构建辩证思维,自觉弘扬社会正气,提高对罪犯的教育改造质量。

2. 训练要求:要求监狱人民警察能够较为熟练地使用多种多样的口才技巧开展工作,处理好日常学习、工作和生活中的各种沟通交流问题,不断提高自己的口语表达能力和水平。

第一节 会议主持口才训练

一、教学案例导入

在一场会议刚开始不久,连接大屏幕的一根线路出现了一点故障,除主持人话筒外,所有音响屏幕处于瘫痪中,现场突然陷入了一片沉默。白岩松急中生智为大家讲了一个故事:“有一次,一个著名的教授在大学讲课,当课讲到一半时,教室里突然停电了。按理说,这是让人感到烦恼和尴尬的时候,谁知这位教授却说:‘本来我长得就不够好看,光线再亮,赋予我的脸庞也毫无意义,这下好了,我终于可以从自卑中走出来、在黑暗里找到我的全部自信,因为我要讲的东西才是最重要的。’后来点上两根蜡烛,那个时刻是当晚经历了的人们感到最精彩的一幕。”这个故事经过白岩松的表述,变得非常精彩,还恰当地契合了当时的情况,赢得了现场观众热烈的掌声,不知不觉工作人员抢修好了故障,白岩松又不失时机地幽默了一句:“有时候,一点点挫折能够让你的感动更长久,请用掌声鼓励一下我们的工作人员!”①

评析:台上一分钟,台下十年功。主持人是舞台上的焦点,是备受人们关注的职业。一个杰出的会议主持人往往魅力四射,他们亲切诚挚而又热情谦虚,深沉大方而又可亲可爱。他们像一条无形的纽带,把会议和观众连接起来,他们掌握着现场的进度,控制着整个会议的节奏。

二、本节知识要点

(一)主持人的定义

所谓主持人,就是引领推动活动进程的人。主持人具有采集、编辑、播音、控场等多种业务能力,在一个相对固定的活动中,作为主持人需要集编辑、记者、播音员于一身。

根据主持的内容,主持人可以分为很多种,有电视主持人、婚礼主持人、会议主持人、演出主持人等,本节主要提到的为会议主持人。

按照主持者的数目,有单人主持、双人主持和多人主持三种。一人主持多用于政治性活动和时间短的活动,多用于严肃的场合。双人主持一般是一男一女搭配,运用于文体活动较多。主持者有三人或三人以上的,多用于气势宏大的大型活动

---

① 邹秋珍、胡伟:《演讲与口才》,清华大学出版社2013年版,第184-187页。

或者大型晚会。

按照口语表达方式，又可以分为报道性主持人、议论性主持人和夹叙夹议性主持人。报道性主持人在进行主持时主要以叙述为主。主持会议的主持人一般只需要介绍发言人的姓名和发言题目等简单情况。议论性主持人以评议说理为主，相当于是进行议论文叙述。主持演讲和竞赛的主持者总是随时表达本人的现场感受。议论性主持人主持时一般以褒奖为主。夹叙夹议性主持是叙议紧密结合，在群众活动、文艺活动往往采用此种方式。

（二）主持人应具备的素质和能力

1. 敏锐的观察力

主持人要求具有敏锐的观察力，在主持的各种活动过程中，面对各种临时复杂的情况，需要能够准确察觉并能够迅速地作出判断，这样才能够掌握作为主持人应具有的话语主动权。

2. 明快的语言表达能力

作为一名能言善辩的主持人，语言通顺流畅是对其最基本的要求。主持人要求可以做到口齿伶俐，表达简洁，较长篇幅的冗词堆砌是大忌。主持人要勤于锻炼自己语言上的严谨性，要学会把话说得简练，把话说通顺、说透亮。

另外，根据主持活动的内容不同，主持人的语言也要发生变化，懂得什么该讲，什么不该讲。主持人要懂得自己只是活动的陪衬，主持的主要目的是烘托活动效果。

3. 临场发挥能力

主持人语言上的任何一点失误都会给活动的效果带来不必要的瑕疵，都会直接影响观众的视听效果。因此，主持人不仅需要尽量避免自己言语表达上的失误，更要能做到灵活应变，即兴发挥。要活跃自己的思维，培养自己的临场发挥能力，这样面对各种突发情况，才能够发挥自己的主观能动性，迅速调整语言，巧妙避免尴尬。

4. 较高的知识储备能力

主持人应具有一定的知识储备，这样面对观众才可以侃侃而谈。不仅应该在工作中积累知识，在平时也应该勤奋地学习。身处在一个不断变化进步的社会中，作为一名主持人，要不断充实自己所学的知识，活跃自己的思维，这样才可以更好地抓住机会，把握时代主题，贴近人民群众的生活。

5. 积极向上的精神面貌

主持人的精神面貌会贯穿于主持人的言谈举止之中，从而影响观众对活动的第一印象。精神面貌往往会通过主持人的语言、动作、风度、气质等状态反映出来。

孔子说,“志于道,据于德,依于仁,游于艺。”一个人的精神面貌体现在工作中的点滴,一个优秀主持人的一瞥一笑都应该起到示范作用,许多人把主持人作为自己的生活标杆,这就需要主持人可以严于律己,具备良好的精神面貌。

(三)会议主持口才及技巧

会议主持分为商务会议主持、洽谈会主持、新闻发布会主持、日常工作会议主持、茶话会主持等。会议都具有明确的议题,是在组织下有步骤、有计划地进行研究讨论。会议主持人必须精心安排会议的内容,并需要采取一定的措施,按照会议的程序主持,以确保会议能够井然有序地进行。

1. 开场技巧

会议主持人的开场白要立足会议的主题,开发观众的思路,将他们自然地引入会议所预设的环境中。

[**案例欣赏**]

如在纪念抗战胜利周年的一次会议上,主持人这样开始:亲爱的观众朋友,您是否还记得那段悲惨的历史?那时日本帝国主义的铁蹄踏进我泱泱国土,山河被毁坏,村庄被烧光,兄弟被虐杀,姐妹被蹂躏,多少人家破人亡,多少人妻离子散。今天回顾这一悲壮的历史,重翻这痛心的一页,您的心情如何呢?

这段诉说像一个巨大的情感炸弹,是真诚的。台上台下情感相通,观众心灵共鸣,确立了整个会议的基调。

2. 串联技巧

主持人只有对所主持的会议内容了解透彻,对上下衔接把握熟悉,做好充分的准备,并形成自己的总体看法,才能够讲好串联词,把握会议的进程,调动听众的情绪,将一切纳入自己的控制之中。分为承上启下法、制造悬念法、问答对话法、介绍点评法、轻松聊天法。

[**案例欣赏**]

《海外博览》中的一段串联词:“发明和创造有时是两个意思相通的词。今天,我们将介绍一位有史以来最有创意,让我说是最具有发明才能的人物。他是艺术家,也是科学家。在研究音乐、绘画时,他的大部分时间都在探索植物学、解剖学、光学、数学和航空学的未来。他就是生活在15世纪的达·芬奇。”

这段介绍语虽然不多，但是蕴含了主持人对所介绍人物的评价，确定了其应有的定位。听众会怀着敬佩的心情去欣赏接下来的会议内容。

3. 引导技巧

主持人应注重自己的沟通交流方式，避免灌输和说教的方式，以免让观众厌烦。具体来说，主持人在传递会议内容时要通过理性沟通，引起观众的共鸣，增强观众和主持人的互动效果。尤其是在某些会议上，由于双方缺乏了解，往往会影响主持的进程。这些问题更加加大了主持人主持的难度，也考验了主持人的思维能力与和语言表达能力。

因此，主持人要做到可以及时控场，妙语生趣，巧做铺垫，适时暖场，最终把会议推向高潮。

4. 缓解尴尬技巧

人非圣贤，孰能无过。主持人面对会议可能出现的各种错误，要学会利用自己的智慧和才华，以不变应万变，把不利转化为有利。主持人自己的语言失误，嘉宾或者观众出现问题，或者突发事件的发生都是场上困境出现的原因。

主持人应当做到能够缓解尴尬气氛，使会议可以正常进行，并帮助尴尬者挽回面子，树立良好的公众形象。

5. 访谈技巧

主持人在进行访谈时，应当做到迅速、得体、有效，对访谈的对象要提前了解，访谈时临场镇定自若，具备强大的心理素质。做到有问有答，切合情景；以简化繁，一针见血；语意变通，机敏应对；晓之以理，动之以情。

6. 结束技巧

当会议进入尾声，仍然要讲究会议技巧，切莫匆匆收场。

［**案例欣赏**］

会议主持结尾：“今天的会就开到这儿，希望会上的决定能变为会后的行动，各位在工作中要身先士卒，吃苦在前，享乐在后。但愿下一次，再在这里开的是一个庆功会、表彰会。好，散会！”

这段结尾用词精练，亲切感人，令人回味无穷。

三、课堂实战训练

【训练一】新浪网与国内17家媒体共同推出的大型公众调查“21世纪文化偶像评选”活动于2021年6月20日正式落下帷幕。根据新浪网友和多家报纸读者的热心投票,综合统计出的十大文化偶像排名。

要求:由一人主持,2～3人参加。会议主持人必须有开场语、引导语、结束语,也可参与讨论。会议的内容是怎样看待这种排名,每人发言3～5分钟,轮换进行。

【训练二】假如在会议过程中,投影设备突然坏了,你会怎么做?如果是突然停电,现场一片漆黑呢?

【训练三】作为会议主持人,应如何介绍自己?

第二节 求职面试口才训练

一、教学案例导入

美国电影《当幸福来敲门》中的故事取材于美国著名黑人投资专家克里斯·加德纳的真实人生经历。在经济萧条时期,因为事业失败、穷困潦倒而无家可归的他,还要独自担起抚养儿子的重担。为了儿子的未来,他重新振作,处处向机会敲门,终于皇天不负苦心人,他最后成为成功的投资专家。这部影片中有一段精彩的面试对话,令人回味无穷。加德纳经过重重考验、种种艰辛,获得了一家投资公司的面试机会。但一向衣冠楚楚、西装领带的加德纳面试时却不得不穿着一身又脏又旧的衣服走进公司大门。公司办公区域内,人人都穿着整齐的制服套装,这使他紧张和不安。

在影片中,加德纳走进面试室。主动向每一个人打招呼:“我叫克里斯·加德纳,早上好!”他边说边主动向面试官伸出手,并向每一个人都自我介绍了一次:“我叫克里斯·加德纳,很高兴见到你。”

下面的这段面试对话非常精彩:

加德纳:“我坐在那半个多小时,一直想编出个故事来解释我为什么到这里却穿着这身衣服。我想编出个故事来,证明我拥有你们期待的品质,如诚实、勤奋、团队精神等。但我什么也没有想出来。事实上,我因为没有付清停车的罚款被拘捕了。”

面试官:“停车罚款单?”

加德纳:“是的。确切地说,我是从警察局一路跑过来的。”

面试官发话:“在被拘留时,你正在干什么呢?”

加德纳:“我在给房间刷油漆。”

面试官:“那么,你身上的衣服现在干了吗?”

加德纳:“应该是吧。

”面试官:“杰森说你非常有决心和毅力。”

杰森插话:“他拎着一个重40磅的什么新鲜发明在我们办公楼前徘徊了一个多职场口才技能实训月呢。”

主面试官:“他还说你很聪明。”

加德纳:“我同意他的判断。”

面试官:“你真的想学学这个行业?”

加德纳:“没错,先生,我想学学这个行业!”

面试官:“你已经开始自学了吗?”

加德纳:“绝对的,已经开始了。”

此时,面试官转向杰森问道:“杰森,你见过克里斯·加德纳几次?”

杰森:“不记得了,不过肯定不止一次。”

面试官:“他穿成过这个样子吗?”

杰森:“没有过,一直都是西服、领带,整整齐齐的。”

面试官转向加德纳,一边翻阅眼前的简历,一边问道:“在班里是第一名?中学也是?高中也是?”

加德纳:“是的,先生。”

面试官:“班上有多少学生?”

加德纳:“12个。”接着补充了一句:“那是一个小城。”

面试官将手里的纸张放下,失望地嘟囔道:“原来是这样。”

加德纳抢先一句:“不过,在海军雷达兵我也是第一,那个班有20个人呢。”

(面试官手里拿着铅笔在眼前的纸上随意涂鸦,心不在焉,也没有正眼看加德纳。)

加德纳:“我能说一点我的想法吗?我是这样一种人,如果你问的问题我不知道答案,我会诚实地说不知道,但我发誓,我肯定知道如何找到答案,并且最终我确实肯定会找到答案。这样的人您满意吗?”

此时,主面试官抬起头,皱着眉,提高音调问:“加德纳,如果有一个应聘者连正经的衬衣都没有穿,而我却录取了他,你会怎么解释呀?”

加德纳稍微沉思,迅速回答:“那他肯定是穿了绝对优雅的裤子!”

他的这个回答引发了主面试官以及另外3个面试官的笑声,这是一种自发的、仿佛听到了机智的笑话一样的笑声。仅仅3分5秒的对话就让加德纳通过了面试,获得了实习的机会。

二、本节知识要点

(一)求职口才的定义

求职面试是面试官通过与应聘者进行面对面的观察、接触和交流,对其素质、能力与应聘动机进行考察的一种选拔技术。

1. 求职面试的特点

作为最传统且运用最广泛的人员选拔方式,面试具有以下特点:

第一,直接性。面试官与应聘者直接接触,通过面对面的互动,了解应聘者的举止仪表、语言表达能力、人际交往能力、情绪控制能力和思维逻辑能力等。

[案例欣赏]

韩某去应聘一家公司的前台接待。整个面试过程,她的声音都细如蚊蝇,满面通红,特别是谈到自己时,更显得羞于张口。后来她打电话给公司秘书,公司秘书非常为难地告诉她,面试考官说,你那么小的声音,显得对自己不自信,缺乏活力,也缺乏必要的应酬能力,怎么能胜任得了代表公司形象的前台接待呢?

介绍自己、推销自己本来是可以谈得很好的话题,但是许多人却在推销自己上缺乏自信和勇气,这或许是怕引起别人反感的缘故。而在平时生活中也常常听他们说:“我有什么好说的,你们天天不都看见了吗?”这就使他们养成从不自我评价、自我展示的习惯,可到了要谈论自己时,免不了有些害羞、胆怯、难以开口。自我介绍,不管你措辞多么恰当,内容多么丰富,语气一定要自信,说话的速度不要太快,口齿一定要清晰。千万不要使面试考官觉得你的声音发颤、胆怯。声音是很具有感染力的,一旦你的声音中注入了活力和自信,对面试考官的感染将是非常强烈的。

第二,双向性。面试官通过面试了解应聘者,同样,应聘者也通过面试了解企业的情况。

第三,主观性。在面试过程中,尽管面试技术应用得越来越广泛,结构化和规范化程度不断提高,但面试官在面试过程中占有重要地位,面试的结果或多或少地会受到面试官的经验、主观爱好和价值观等因素的影响,因此会存在主观性。

追根溯源,求职面试的最主要目的对于面试官来说,是筛选出合格的应聘者;对于面试者而言,是寻找合适的工作岗位。

[**案例欣赏**]

某电视台招聘记者,小郑前去应聘。面试中,面试考官指出:"你说你爱好写作,可是我看了你填的报考表,在'自我评价'栏中居然出现了三处语法错误,现在既没有多余的表格,也不准涂改,你怎么办?"小郑听罢吃了一惊,心想填表时自己是字斟句酌的,怎么会有三处错误呢?但时间不允许他多想。他当机立断,回答说:"为了弥补失误,我可以在表后附一张更正说明,上面写上:'某某地方出现了三处语法错误,实属填表人的粗心,特此更正,并向各位致歉。'不过……"他停顿一下说:"在发出这份更正说明之前,我想知道是哪些错误,因为不能无的放矢,错误地发出一份更正说明,我不愿意再犯这种错误。"

他的机智应对令面试考官们笑了,其实他的报考表并没有错误,这不过是面试考官设的一个圈套,用以考查他的自信心和反应能力。从表达角度看,他的得分主要在于后半部的补充说明。这一段内容的表达十分完满,滴水不漏,印证了他机敏全面,认真仔细,一丝不苟的品格,赢得了好评。

2. 求职面试的主要类型

关于面试,有不同的分类标准和不同的分类方法。

根据面试官与应聘者的人数来分,有个别面试、小组面试和集体面试。个别面试即面试官一对一地对应聘者进行面试。小组面试可以是一名面试官对数名应聘者进行面试,也可以是数名面试官对一名应聘者面试。集体面试是由多名面试官组成面试团队对多名应聘者进行考察的面试方法。

根据标准化程度,面试可以分为结构化面试、非结构化面试和半结构化面试。结构化面试是指面试内容、面试方式与程序、面试官构成以及面试结果评定等要素均采用统一的标准与要求的面试方式。非结构化面试是指没有固定的面试程序,也不会事先设定面试问题的面试方式。此类面试中,面试官鼓励应聘者多谈,面试的综合性强、随意性大。半结构化面试是介于结构化面试与非结构化面试之间的一种面试类型。招聘方对部分面试内容、面试程序作统一规定,面试官常常采用追问技术。

根据面试中提问的类型,面试可以分为压力面试、行为描述面试和情境式面试。

压力面试是指在面试的过程中,面试官向应聘者提出一些直率的、生硬的甚至是不礼貌的问题,要求其回答,并不断进行追问以刻意制造紧张氛围,从而观察应聘者在一定压力下的心理承受能力与应变能力。

行为描述面试是一种特殊的结构化面试方法。面试官通过向应聘者询问过去的行为来对其未来的行为表现进行预测,进而作出是否聘用的决定。面试前,招聘人员进行工作分析以确定工作任务和岗位胜任素质要求。面试时,针对这些素质要求,面试官要求应聘者描述过去的工作经历中相应的关键行为,并可采用 STAR 工具对应聘者进行细节追问以确定真实性。面试后,面试官客观地对各个应聘者的回答进行量化评定。

情境式面试是结构化面试的另一种重要形式。面试前,招聘人员需要进行工作分析以界定需要考查的能力与素质,在此基础上设计面试问题。在面试中,面试官为应聘者提供假设性模拟情境,要求应聘者在情境中担任一种角色,完成一定的任务,面试官对其行为与反应进行观察,评定应聘者所表现出来的能力和素质与岗位要求的相符程度。

(二)求职面试口才技巧

从容应对求职面试不管是何种类型的面试,作为应聘者都需要提前做好充分的准备,应做到以下几点:

1. 克服自卑心理,做好充分准备,表现沉着自信

作为初出校门的毕业生,在求职面试的时候,不可避免地会产生胆怯、羞怯和紧张感,这些不良情绪都是正常的。但面试是推销自己的方式,只有在面试时做好充分的心理准备,克服自卑和紧张,冷静沉着地积极表现自己,才能抓住机遇,从面试者中脱颖而出。

首先,求职者须摆正心态。对于求职者而言,面试是获得工作机会的途径。而对于面试考官而言,面试则是发现满足任职资格、符合公司发展所需人才的机会。因此,面试过程中,求职者须摆正心态,了解面试官寻找人才的初衷,坦然应对,真实而自然地展现自己,而无须刻意为了表现而表现。

其次,树立信心,充分肯定自己。面试者在面试过程中,要树立自信心,内心充分肯定自身的优点和特长。

最后,面试前须做好充足准备。在面试前,为了克服胆怯心理,可以与同学、有求职经验的朋友模拟面试场景,对面试官常问的问题提前准备合适的答案。在面

试时，以饱满的热情、积极的心态面对，才能获得比别人多的机会。

2. 展现自我，发挥自己的专业特长和优势

在面试环节，充满自信、思路清晰、口齿清楚、声音响亮地回答面试官提出的问题，有助于赢得面试官的认同。针对面试官所提出的问题，要听清或看清题意，把握关键问题，根据题目的针对性准确回答，抓住重点，不偏离问题的中心。扬长避短，调动自己的生活积累，充分发挥自己的特长和优势。

3. 灵活应对，给面试考官留下深刻印象

鉴于招聘的工作流程，面试的时间一般比较短，长的可能数小时，短的甚至只有几分钟。要想在短暂的接触时间里给面试官留下深刻的良好印象，就需要灵活应对各种职场口才技能实训问题和状况。有的面试官会故意出难题刁难应聘者，这就需要应聘者机智地回答问题。有的面试官会多方面、多角度地观察应聘者的反应，考查其仪容仪表、言谈举止等。这些都需要应聘者注意自身素养的体现，灵活机智、从容不迫、不卑不亢地应对。

[**案例欣赏**]

应届毕业生小林到一家外资公司应聘，他顺利地通过了笔试和前两轮面试，这一天是最后一轮面试了。小林前面已经有5名面试者，他们先后沮丧地走出面试室，从他们的面部表情可以得知，面试情况不太理想。小林进入面试室前敲了敲门，得到允许后，进门后坐在人事经理老邓对面。老邓不动声色地问了几个问题，突然，他将小林的简历递过来说："你的专业与所申请的职位不对口。"小林一愣，招聘启事上明明写了"专业不限"，而且自己的简历也通过了筛选。他接过简历，认真地望着老邓的眼睛，回答说："公司有很多专业人员，如果进入公司，我会学得很快。同时，21世纪最抢手的就是复合型人才，而外行的灵感也许能超过内行，因为他们没有思维定式，没有条条框框。"

老邓的眉头拧紧了，紧接着他一连指出小林身上好几个不足，如工作经验不够丰富、性格内向、不善于与人沟通。老邓的说法相当准确，他几乎一眼看穿了小林。面对老邓表示面试就此结束的冷漠表情，小林不卑不亢地说："您说得很对，我身上有很多缺点，但也有很多优点。我相信，即便不能得到这份工作，在以后的日子里，我也会在发扬自己优点的同时，努力去弥补自己的不足！当然，我还是非常期待能在贵公司谋得一个职位的。"

说完，小林准备起身离开，不料老邓却热情地伸出了手："恭喜你，年轻人，你用你的自信通过了我们最关键的一次面试。"原来老邓的步步紧逼是他面试的一种方式方法。前面5名应聘者就是因为禁不住接二连三地否定，情绪陷入低落沮丧而被淘汰。①

（三）求职面试过程中语言表达的基本要求

求职面试过程中，语言表达有三个层次的要求：其一，声音清晰，充满自信，抑扬顿挫，富有一定的美感；其二，尽量做到表达流畅，重点突出，表意准确，通俗易懂；其三，音量大小要适中，语速要恰当，语气、语调要自然，注意使用礼貌用语。

求职者在面试中的语言表达应着重把握以下基本要求：

1. 态度谦和、语速适中

求职面试时需要作自我介绍，谈自己的基本情况，不可一味地只谈自身优点而忽略缺点，也不可一味地只谈自己，应时时注意与对方互动，或者站在对方或他人的立场上来谈自己，做到谦恭有度。如面试官问道："你怎样评价自己？"求职者可以从学校、以前的单位所给的评语出发，尽量客观、简要地概述以前所取得的成绩，并兼顾自身存在的缺点与不足，不可过分炫耀以前的光辉业绩。在回答问题时，语气要谦虚有度，并控制好情绪，语速不可过快，也不可过慢，过快会让人感觉你语言表达不清晰，语速太慢又会令人感到你思维反应不够敏捷。

2. 措辞得当、表达准确

参加面试时，正确地理解面试官所提的问题，在回答问题的过程中能注意表达方式，以简要的话语、得当的措辞表达想法，都能赢得面试官的好感。如果面试前对某一职位的职责了解甚少，在面试时"无备而战"，可能会陷入被动境地。求职者应尽可能表现出自己的求职热情，而不能简单地说"好，明白"。有时适当地提一些问题或是具体地就某一问题与面试官展开讨论，将给面试带来极大的帮助。面试不同于闲聊，语言表达必须讲究一定的策略和技巧，每个求职者都应该对用语有所选择，对每句话、每一个词甚至每个字都应有所挑选。

3. 简明扼要、重点突出

面试主要是求职者和面试官面对面的交谈，一般来说，面试时间都不会太长，要求求职者在较短的时间内简洁明了地介绍自己，准确地回答问题，言简意赅，使面试官迅速地了解并作出好的评价。面试时，语言应简明扼要，突出重点和亮点，这

---

① 邹秋珍、胡伟：《演讲与口才》，清华大学出版社2013年版，第232－235页。

不仅反映出求职者的表达能力和逻辑思维能力良好，更能让面试官迅速得知求职者擅长的技能和其他与工作有关的优点。在面试过程中，切忌离题万里、不着边际的高谈阔论和犹豫不决的拖沓重复。同时，面试时，过多或过少地使用专业术语都不恰当，可在必要时简洁地引用一些专业术语，以证实自己的专业知识背景。

4. 真诚朴实、扬长避短

面试时，用人单位很看重求职者是否具有诚实的品质，因此会从求职者的简历、回答问题的情况等各方面加以考察。面试时，求职者难免会遇到一些自己确实回答不上来的问题，甚至有的面试官会故意出一些难度较大的专业性问题来考验求职者，这时求职者应“知之为知之，不知为不知”，切忌不懂装懂。招聘单位心仪的求职者应该是能坦率地承认自己的能力有限，并及时表明会努力完善自己、提高能力。这种真诚坦率地回答和合理的解释一定会给招聘单位留下好印象，他们喜欢并愿意录用的，就是这种坦诚、不隐瞒、不掩饰，并会努力完善自己的求职者。“金无足赤，人无完人”，每个人都有短处，如果对方有意揭短，或遇到自己根本不懂的问题时，就应该勇敢地承认。从某种意义上说，求职面试既要真诚朴实，又要扬长避短，两者不但不矛盾，反而相辅相成。

5. 展现自我、表现个性

展现稳重踏实的个性特征在面试时固然重要，但在应聘需要创新、创意思维的岗位如广告策划、创意设计时，需要展现自我，表现出一定的符合工作岗位需要的个性，而且在相对严肃紧张的面试过程中，个性鲜明的回答往往容易给面试官留下深刻的印象。

三、课堂实战训练

【训练一】个体在能力、兴趣、个性、知识、经验等方面存在差异，能够发挥作用的领域及效能的大小并不相同，只有将职位的要求与个体的人格和能力特征相结合，才能使个体的才能得到充分发挥，这就需要借助人力资源管理中的人员素质测评。请同学们阅读相关参考书籍，查找网络资源，运用一些测评工具，了解和判断自身的个性特征、职业兴趣、职业能力、职业个性及职业倾向。

【训练二】小组成员可以选择一种测评工具，如明尼苏达多项人格测验（MMPI）、卡特尔16种人格因素测验（16PF）、艾森克人格问卷（EPQ）等，进行人格测验，结合自身平时的日常行为和心理特征，判断自己的职业倾向。每组选取一名同学作为代表，制作一份调研报告；派1名代表登台演讲，时间不超过5分钟。

第三节 沟通汇报口才训练

一、教学案例导入

《三国演义》中刘备逃离蔡氏兄弟的“鸿门宴”。跃马过檀溪，到南漳水镜庄，得遇水镜先生，玄德视其人，松形鹤骨，器宇不凡。慌忙进前施礼，衣襟尚湿，水镜曰：“公今日幸免大难！”玄德惊讶不已。小童曰：“此刘玄德也。”水镜请入草堂，分宾主坐定。玄德见架上满堆书卷，窗外盛栽松竹，横琴于石床之上，清气飘然。水镜问曰：“明公何来？”玄德曰：“偶尔经由此地，因小童相指，得拜尊颜，不胜万幸！”水镜笑曰：“公不必隐讳。公今必逃难至此。”玄德遂以襄阳一事告之。水镜曰：“吾观公气色，已知之矣。”因问玄德曰：“吾久闻明公大名，何故至今犹落魄不偶耶？”玄德曰：“命途多蹇，所以至此。”水镜曰：“不然。盖因将军左右不得其人耳。”玄德曰：“备虽不才，文有孙乾、糜竺、简雍之辈，武有关、张、赵云之流，竭忠辅相，颇赖其力。”水镜曰：“关、张、赵云，皆万人敌，惜无善用之人。若孙乾、糜竺辈，乃白面书生，非经纶济世之才也。”玄德曰：“备亦尝侧身以求山谷之遗贤，奈未遇其人何！”水镜曰：“岂不闻孔子云：‘十室之邑，必有忠信。’何谓无人？”玄德曰：“备愚昧不识，愿赐指教。”……水镜曰：“今天下之奇才，尽在于此，公当往求之。”玄德急问曰：“奇才安在？果系何人？”水镜曰：“伏龙、凤雏，两人得一，可安天下。”玄德曰：“伏龙、凤雏何人也？”水镜抚掌大笑曰：“好！好！”玄德再问时，水镜曰：“天色已晚，将军可于此暂宿一宵，明日当言之。”……候至天晓，玄德求见水镜，问曰：“昨夜来者是谁？”水镜曰：“此吾友也。”玄德求与相见。水镜曰：“此人欲往投明主，已到他处去了。”玄德请问其姓名。水镜笑曰：“好！好！”玄德再问：“伏龙、凤雏，果系何人？”水镜亦只笑曰：“好！好！”玄德拜请水镜出山相助，同扶汉室。水镜曰：“山野闲散之人，不堪世用。自有胜吾十倍者来助公，公宜访之。”

刘备虽胸怀高远，为皇室后裔，但内在的智谋和外在沟通上还是略欠一二。试看他问计司马徽，便略知一二。反过来看司马徽这等真正的高人，虽身处江湖之远，却心怀天下，尽知天下事，话虽不多说，但对天下大事却心里有底，且深知话不在多而在妙言。他和刘备的沟通，处处占据主动，时时引导话语，皆因话有玄机，留有余地，即使他人相求，也只点到为止，关键处让对方自己定夺，不到万一时机不倾泻而出，不指名道姓或言之凿凿，不轻于允诺。司马徽推荐卧龙、凤雏，既对刘备有相助之心，又稳妥地轻轻点染，是真正的沟通妙言。

二、本节知识要点

(一)汇报沟通口才的定义

1.汇报口才的定义

与上司沟通又叫上行汇报,是指下级向上级报告工作、陈述意见、提出问题和建议,甚至抱怨和批评的一种沟通方式,目的是下情上达。与上司的沟通大多数与工作有关。

建立并保持良好的上下级关系,对一个人在组织中的成功与发展具有重要意义。只有讲究方法,运用技巧,才能达到沟通的目的。

2.沟通口才的定义

口才沟通和书面语言一样包括叙述、说理、状物、抒情等方式。口才沟通中的叙述是指运用口才讲述事态的基本过程和人物的基本经历。所讲述的可以是自己的亲身经历,也可以是所见所闻,还可以是书籍报刊上报道的文字材料。而且,由于受口才交际的目的、对象、场所的制约,可以简略讲述,也可以详细讲述,可以只讲大概,也可以绘声绘色、讲得活灵活现。

叙述可以及时传播信息,还可以为说理提供依据。说理要想通俗明白、深入浅出,具有一定的可感性,就需要在说理的过程中融理于事、融理于景,或者由事生理、事理结合。

说理就是讲道理,就是运用概念、判断进行推理的过程,用于揭示事物的本质特征及本质规律。在论辩、学术性发言、论说性演讲、辩护、谈判以及一些社交谈话等中,一般都需要说理。与书面说理不同的是,口才交际说理比书面说理更简洁明快,更通俗易懂,这是由口语不具备保存性所决定的,口才交际说理的针对性比书面说理更强,这是由口语交际特定的对象、特定的场所、特定的交际目的所决定的,口才交际说理的形式没有书面说理那么完整、严密,这是由口才交际特定的语境所决定的。

状物是具体形象地描绘人物和事物的状貌的一种表达方式,是“情景再现”,能给对方如见其人、如闻其声、如临其境的逼真感。状物的基本特点是形象性,描述的客观对象主要是人物和事物的外部状态,在口才交际表达中常与叙事一起运用。其难度在于绘声绘色、恰到好处地描述所见所闻的人与事。

恰当的状物能加深对方对其人、其景、其事的印象,也可以对叙事进行补充,将人和事情的细节进行渲染强化,还可以直接塑造审美形象,如描摹出一幅幅意境深邃的生活图画,口述出一个个栩栩如生的人物形象,活灵活现地再现生活中的各种场景。

（二）汇报口才的特点和技巧

1. 汇报口才的特点

内容的汇报性：一切报告都是下级向上级机关或业务主管部门汇报工作，让上级机关掌握基本情况并及时对自己的工作进行指导，所以，汇报性是“报告”的一大特点。

语言的陈述性：因为报告具有汇报性，是向上级讲述做了什么工作，或工作是怎样做的，有什么情况、经验、体会，存在什么问题，今后有什么打算，对领导有什么意见、建议，所以行文上一般使用叙述方法，即陈述其事，而不是像请示那样采用祈使、请求等法。

行文的单向性：报告是下级机关向上级机关行文，是为上级机关进行宏观领导提供依据，一般不需要受文机关的批复，属于单项行文。

成文的事后性：多数报告是在事情做完或发生后，向上级机关作出汇报，是事后或事中行文。

双向的沟通性：报告虽不须批复，却是下级机关以此取得上级机关的支持指导的桥梁；同时上级机关也能通过报告获得信息，了解下情，报告成为上级机关决策指导和协调工作的依据。

影响与上司沟通的因素有很多，在不同的团体中，团体领袖性格特点迥异，要与上司顺畅沟通，首要是了解他的性格特点和个人心理。除此之外，还有一些因素不能忽视，适当的时机、适当的地点、提供极具说服力的事实依据、预测质疑、准备答案。

2. 汇报口才的技巧

秘书汇报工作时，说话既清楚简练，又分寸得当、逻辑性强，令人信服，领导一听就会明白，且容易产生心理上的共鸣。否则，漫无边际、逻辑混乱，领导就会不知所云，产生反感。如果你与领导关系密切，汇报工作可能变得简单；如果你是新手或与领导关系一般，就一定要注意汇报工作的时机和方式。通常要先在汇报之前准备相关资料，把汇报的主题以及相关情况掌握清楚了，相关资料准备齐全了再找领导。要留意汇报的现场反应，人的心理过程具有外显性，通过语言、姿态、脸色、眼神等流露出来，汇报者应分析对方的心理、情绪，调整语音语调，调整汇报内容或语言，或长话短说，或转移话题。

汇报时禁用不紧不慢，节奏单调呆板、没有变化的语音语调，禁用口头禅“这个”“那个”“然后”“嘛”，更不能说话啰唆，颠来倒去。汇报时应该精神饱满、语言连贯流畅、节奏适当。

(1)告知性汇报

告知性汇报的汇报内容为应该让领导知道或掌握的情况，如综合情况、专题情况、工作动态、活动安排及突发性事件的汇报等。对于这类汇报，秘书要运用逻辑性较强的语言进行客观表述，将时间、地点、人物、事件、原因、背景、开始、发展、结果以及利害关系等，实事求是、原原本本地汇报清楚，让领导一听就明白。切记：一是不要含糊其词，表意不清，“据说”“估计”“也许”“可能”之类的模糊语言要避免；二是不要烘托渲染，不要在汇报中添加任何感情色彩和描绘成分；三是不要妄加评论，更不能将自己的分析猜想作为事实汇报，要谨防出现“我认为”“我考虑”“我想”等字眼；四是不要遗漏重点，要讲究一定的逻辑层次，不可“眉毛胡子一把抓”，讲到哪儿算哪儿。

(2)请示性汇报

秘书要经常就工作中的问题向领导请示，这就是请示性汇报。请示与告知性汇报的区别在于：请示性汇报不仅要领导掌握情况，还要领导给予明确的答复。因此这类汇报要注意：一是陈述要全面，让领导通晓情况便于决策；二是陈述与请示二者要有因果关系；三是请示要具体、简洁，请示的问题不宜太笼统、范围不宜太大，宜简短、精练。

(3)建议性汇报

建议性汇报是在日常工作中，领导有时会就秘书所汇报的事情征求秘书的意见和看法，这时秘书可以视情况而定。有把握时，秘书可以直截了当地将自己的建议和意见一条条地罗列出来，供领导参考，但一定要注意用语如“您看这样行不行”“可不可以”“好不好”“是不是这样办”等设问句，没有把握时，秘书可以对领导说：“我对这事不是很清楚，所以我说的意见不一定正确……”措辞得当、用语稳妥、谨防出现偏激的用语是给领导提建议的关键。提意见时，最忌讳的用语就是“你应该……”“你必须……”

(三)沟通口才的特点和技巧

1. 沟通口才的特点

目的性。在人际沟通中，沟通双方都有各自的动机、目的和立场，都设想和判定自己发出的信息会得到什么样的回答。而双方的动机、目的和立场可能相同也可能不相同。

象征性。沟通可能是语言性也可能是非语言性，如面部表情能够表现出你的非语言沟通，或者用文字沟通，如书信，或文章文摘等，能够传达出其表征的含义，均有一种象征性的作用。

关系性。其意指在任何的沟通中，人们不只是分享内容意义，也显示彼此间的关系。

互动性。形成一个良性的双向互动沟通，必须包含三种行为，就是有说的行为、听的行为还要有问的行为。一个有效的互动沟通技巧就是由这三种行为组成的。

2. 沟通口才的技巧

要形成一个双向的沟通，必须包含三种行为，包括说的行为、听的行为和问的行为。一个有效的沟通技巧就是由这三种行为组成的。

一家著名的公司在面试员工的过程中，经常会让应聘者在一个空荡的会议室里一起做一个小游戏，很多应聘者在这个时候都感到不知所措。做游戏的时候主考官在旁边看，他不在乎你说的是什么，也不在乎你说的是否正确，他是看你这三种行为是否都出现，并且这三种行为是否按一定比例出现。如果一个人要表现自己，他的话会非常多，始终在喋喋不休，可想而知，这个人将是第一个被淘汰的。如果你坐在那儿只是听，不说也不问，那么，也将很快被淘汰。只有在游戏的过程中你说你听，同时你会问，这样才意味着你具备一个良好的沟通技巧。

所以说当我们在沟通的时候，一定要养成一个良好的沟通技巧习惯，说、听、问三种行为都要出现，并且这三者之间的比例要协调。如果具备了这些，将是一个良好的沟通。沟通者要做到事前准备、确认需求、阐述观点、处理异议、达成协议、同实施。

沟通的黄金定律用一句话总结就是：你想怎样被对待，你就怎样对待别人。沟通的白金定律则是：以别人喜欢的方式对待他们。

三、课堂实战训练

【训练一】小顾在亨通公司见习两个月，很敬佩秦秘书的职业能力，觉得秦秘书平易近人，但他平时并不喜欢多说话；而张科长则跟什么人都自来熟，似乎更容易接近；李部长则只有一次把小顾叫去送文件，他十分严肃，小顾在他面前简直什么话也不敢说。一天小顾见秦秘书不忙，便想问问他：怎样才能从容地跟不同的领导沟通？秦秘书没有就事论事，而是教给小顾规律性的应对方法。

秦秘书说，见什么人说什么话是沟通成功的法宝之一。人人都知道见什么人说什么话，但未必人人都了解交际的对象是什么人。所以，你首先要了解对方的交际风格，才能知道他与人交际的习惯是什么，才能进一步找寻与之沟通的合适方法。

如果你是小顾,你会如何向不同的领导汇报工作呢?

【训练二】学生4~8人为一组,以"咖啡撒到顾客身上后"为情景,自创一个2分钟的西餐厅沟通片段,自行设计矛盾冲突和人物关系,要求表演者设计符合人物形象的肢体语言,并进行演练和展示。

演练时间为10分钟,逐个小组上台展示。

【训练三】以疫情防控为主题,自拟一篇疫情情况汇报稿。

第四节　演讲口才训练

一、教学案例导入

一人之辩,重于九鼎之宝;三寸之舌,强于百万之师。

古今中外无数的演讲家、雄辩师凭借敏锐的思维,犀利的目光,在洞察历史的真谛以后,驾驭声遏行云的口语艺术,以其一言九鼎之力,推动历史前进的车轮。像战国时的苏秦依仗三寸不烂之舌,游说东方六国,促成合纵抗秦联盟;三国时诸葛亮出使东吴,舌战群儒,终于说服吴主孙权联刘抗曹,大破曹操于赤壁;戊戌变法中的梁启超面对国难大声疾呼,唤起民众投身革命;美国黑人领袖马丁·路德·金以演讲为武器,反对种族主义,获得1964年诺贝尔和平奖……

无数事实证明,演讲在历史的时空中发挥着惊天动地的巨大作用。①

评析:运用比喻、排比等方法,吸引了听众的注意力,激起了听众心中感情的火花。

二、本节知识要点

(一)演讲概述

演讲在《现代汉语词典》解释为:演说,就某个问题对听众说明事理,发表见解。《辞海》解释为:演说,在听众面前就某一问题发表自己的意见或阐述某一事理。这两种解释,都说明了演讲指演讲者在特定的环境中,借助一定的语言艺术方法,公开向听众传达信息、交流情感、表述看法、阐明事理,从而达到与观众产生共鸣并促使观众行动的一种信息交流活动。演讲要求演讲者既要"演"又要"讲",演讲是"演"与"讲"密切结合的口语表达的高级形式,是一种社会实践活动。

---

① 邹秋珍、胡伟:《演讲与口才》,清华大学出版社2013年版,第122-125页。

演讲按照内容划分,可分为政治演讲、经济演讲、法律演讲、宗教演讲、文化演讲、学术演讲、礼仪演讲。演讲按照表达形式划分,可分为即兴演讲、命题演讲,论辩演讲。

演讲具有客观现实性,表达艺术性、综合性、感召性、临场发挥性的特点。演讲的主题大多是社会现实问题,所举的例子大都是身边的真实例子,演讲者跟舞台演员不同,都是以真实姓名生活在我们身边的人。演讲需要借助有声语言和态势语言的艺术手段来达到向观众传递信息的目的。它是一门艺术,它的艺术性表现在语言、声音、面貌上。演讲是演与讲综合,是演与讲密切联系的产物,更是演讲者与听众思想的交融碰撞。演讲的目的在于鼓励观众,并促使观众产生一定的行动。所以,为了达到这一目的,要求演讲者的演讲必须具有感召性,可以引起听众的心灵共鸣。同时,面对不同的现场条件、不同的听众,演讲者应当发挥自己的主观能动性,对演讲内容、结构等作适当的变更,以达到更好的现场效果。

(二)演讲前的准备

1. 充满信心

演讲者要充满信心,要相信自己的演讲会取得成功。有研究表明,由自我启发、自我暗示而产生的动机是导致良好效果产生的有力手段。因此演讲者可以通过反复的自我暗示来激励自己。

2. 调整精神状态

饱满的精神状态可以更好地影响听众、感染听众、打动听众。因此,在演讲以前,一定要调整好自己的情绪,给听众留下好的第一印象。

3. 准备材料

演讲的选题应该体现时代精神,把握时代脉搏,符合听众的演讲要求,要结合自身实际,考虑现场的环境条件。选材应该真实、客观、严格,力求典型、新颖。选题应该抓住人们普遍关心的当下问题,抓住社会热点、焦点问题,例如,在当前疫情防控下,可以选取疫情相关的主题。

(三)演讲稿的写作技巧

1. 演讲稿的开头

演讲稿的开头又称开场白,他虽然不是演讲稿的主体,但是却有非常重要的作用。一段好的演讲稿的开头,可以抓住听众的注意力,为整场演讲打下坚实的基础。正所谓良好的开端是成功的一半。演讲稿的开头可分为提问式、悬念式、故事式、揭题式、名言警句式、即景主题式。

[案例欣赏]

有人曾预言中国是一头睡狮,就这样我们被人家当了一百年睡狮,我们也把自己当睡狮自我陶醉了一百年。狮子是百兽之王,但一头酣睡的狮子能称得上百兽之王吗?一直睡而不醒的狮子,一个名义上的百兽之王,并不值得我们为之骄傲。如果我们为这样一直睡而不醒的狮子而骄傲,为这样一个寓言而陶醉,就好比陶醉于"人家说我们祖上也曾阔过"一样,真是脆弱而又可怜。我们不要伟大的语言,我们只要强大的实力,我们不要做睡狮,只要我们觉醒着,前进着,就比睡着的什么都强。

评析:这个演讲稿采用揭题式的方法,开头就催人深思,引人奋发,将演讲在一开始就推向了高潮,使听众产生共鸣。

2. 演讲稿的主体

演讲稿的主体是演讲稿的中心,演讲稿的主体应坚持一个中心原则,反复解释要点,加强综合性的阐述。演讲内容应该充实,有说服力,层次清晰,要精心设置高潮,使演讲具有强大的感染力。

一篇演讲可以构建多个高潮,如果只有一个高潮的话,可以将高潮设置在结尾。有多个高潮的演讲稿,大多是一些思想内容层次较多的演讲。这样,随着高潮一个一个地提出,感情也会越来越强烈,会给听众留下难以忘怀的印象。

3. 演讲稿的结尾

演讲稿的结尾应当做到出人意料,耐人寻味,这样就会有锦上添花的效果,给听众带来一种精神上的愉快和满足。如果演讲稿的结尾索然无味,缺乏新意,那么就会使听众留有遗憾,失望而归。因此,演讲稿的结尾,可以说是整场演讲走向成功的最后一步,在整场演讲中起着不可或缺的作用。

演讲稿的结尾应该总结全篇,强化演讲主题,同时提出希望,发出号召,抒发演讲者的情怀,使演讲的意境更加深远,也可以引用一些哲理名言,深化演讲主题。

4. 演讲稿的语言

在演讲稿的语言方面,演讲者应当注意用自己口语化的语言去表达整篇演讲稿的思想感情,这样可以使演讲听起来更加具有真实性,更加平易近人。演讲者应当首先做到思想明确,才能够使自己的语言更加准确。演讲者应做到用词精练,简明扼要地表达自己的意思,应当注意自己所使用的词语的感情色彩,不同词语所含有的感情色彩是不同的。

[案例欣赏]

我有一个梦想

马丁·路德·金

一百年前，一位伟大的美国人签署了《解放黑奴宣言》，今天我们就是在他的雕像前集会。这一庄严宣言犹如灯塔的光芒，给千百万在那摧残生命的不义之火中受煎熬的黑奴带来了希望。它之到来犹如欢乐的黎明，结束了束缚黑人的漫长之夜。

然而一百年后的今天，我们必须正视黑人还没有得到自由这一悲惨的事实。一百年后的今天，在种族隔离的镣铐和种族歧视的枷锁下，黑人的生活备受压榨；一百年后的今天，黑人仍生活在物质充裕的海洋中一个穷困的孤岛上；一百年后的今天，黑人仍然萎缩在美国社会的角落里，并且，意识到自己是故土家园中的流亡者。今天我们在这里集会，就是要把这种骇人听闻的情况公之于众。

……

当我们行动时，我们必须保证向前进。我们不能倒退。现在有人问热心民权运动的人，"你们什么时候才能满足？"

只要黑人仍然遭受警察难以形容的野蛮迫害，我们就绝不会满足。

只要我们在外奔波而疲乏的身躯不能在公路旁的汽车旅馆和城里的旅馆找到住宿之所，我们就绝不会满足。

只要黑人的基本活动范围只是从少数民族聚居的小贫民区转移到大贫民区，我们就绝不会满足。

只要密西西比仍然有一个黑人不能参加选举，只要纽约有一个黑人认为他投票无济于事，我们就绝不会满足。

不！我们现在并不满足，我们将来也不满足，除非正义和公正犹如江海之波涛，汹涌澎湃，滚滚而来。

……

朋友们，今天我对你们说，在现在和未来，我们虽然遭受种种困难和挫折，我仍然有一个梦想。这个梦想是深深扎根于美国的梦想中的。

我梦想有一天，这个国家会站立起来，真正实现其信条的真谛："我们认为这些真理是不言而喻的——人人生而平等。"

我梦想有一天,在佐治亚的红山上,昔日奴隶的儿子将能够和昔日奴隶主的儿子坐在一起,共叙兄弟情谊。

我梦想有一天,甚至连密西西比州这个正义匿迹,压迫成风的地方,也将变成自由和正义的绿洲。

我梦想有一天,我的四个孩子将在一个不是以他们的肤色,而是以他们的品格优劣来评价他们的国度里生活。

……

如果美国要成为一个伟大的国家,这个梦想必须实现。让自由之声从新罕布什尔州的巍峨峰巅响起来!让自由之声从纽约州的崇山峻岭响起来!让自由之声从宾夕法尼亚州阿勒格尼山的顶峰响起来!

评析:马丁·路德·金在演讲词中运用多种修辞手法来增强演讲的文采和艺术感染力。该演讲意在改变当时美国黑人的悲惨现状,演讲词中观点鲜明、逻辑性强,演讲者运用了排比、比喻和对比等多种修辞手法来鼓舞听众情绪,唤起观众共鸣。

(四)演讲语言的表达技巧

1. 有声语言表达技巧

演讲者应该注意,在演讲过程中不能够机械地背诵演讲稿,应当根据当时的现实情况,适当地对演讲稿作出变通。

演讲者应该发音准确,吐字清晰,如果发音不清楚,听众就不知道演讲者在说些什么,应该分清前鼻音、后鼻音、平翘舌。演讲稿还应语言流畅,避免冗长句子的堆砌,多使用一些通俗易懂的词语和流行词语,使语言更加富有生机活力。演讲者应语调、语速贴切,善于运用不同的语调、语速来表达出不同的情感思想。

2. 无声语言表达技巧

根据实验研究表明,在交际中人们所获得的感觉印象77%来自眼睛,14%来自耳朵,9%来自其他感觉器官。心理学家有一个有趣的公式,一条信息的表达=7%的语言+38%的声调+55%的表情动作。这表明,无声语言在演讲中具有十分重要的作用。

当我们在演讲中要敢于和善地同别人进行目光接触,这既是一种演讲礼貌,同时又可以帮助你与听众维持一种联系,使演讲在频频的目光交接中持续不断。更重要的是,眼睛可以帮助你更好地表达演讲稿的内容,听众也可以通过你的眼神来更好地与你的演讲稿产生共鸣。

此外,微笑对于演讲的作用也十分重要,微笑可以给人以幸福感、自由感,它既是一种高级表情语言,也是一种艺术。一个和善的微笑可以使听众缓解紧张的情绪,更好地沉浸在演讲中,调节演讲者与听众的关系。

同时,我们还应该注意让自己的姿态和声音、语言配合自然,应当做到动作明显,虽然适当的动作可以吸引听众的注意力,但是过高的动作频率会影响演讲者的语言表达,影响听众的体验感,分散听众精力。

(五)竞职演讲技巧

1. 仪容仪表要整洁

干净整洁的仪容会给印象加分,不妨在登台演讲之前整理衣领和头发,不要过于凌乱。登台以后站有站相,挺拔站直不要乱动乱晃,给人眼前一亮的感觉。

2. 声音要洪亮

洪亮有力的声音有益于提高评选老师对演讲者注意力,尤其是竞职顺序靠后的人,在前面N名同事演讲后,评委肯定有些疲劳,洪亮的声音相当于一剂提神剂,让评委可以格外地关注到演讲者。即使演讲者的音量天生就很小,音色很高也没关系,只要说话有底气、有力度,同样能让别人觉得演讲者是个很沉稳的人。

3. 语气表情要到位

微笑是必需的,别笑太大,自然些。站在台上要放松,这里的放松是指不要让别人觉得演讲者很紧张僵硬,但是也要不失严肃。语气要温和且谦逊。目光与台下的人们交流。眼神交流会让所有的人看到演讲者的自信,体现演讲者的沉着和自信。

4. 演讲时间不宜过长,三四分钟为最佳

言简意赅不重复,少说官话套话。用最清晰明朗的语言把所有的闪光点都展现在别人的面前,别人会觉得演讲者是一个思路清晰、办事利落的人。

5. 预则立,不预则废

做任何事我们都要事先准备,更何况是参加一场演讲,只有准备充分我们才可以大放异彩。

三、课堂实战训练

【训练一】尝试朗读以下案例。

遵义会议‖纠正了|在第五次反“围剿”斗争中所犯的“左”倾机会主义性质的严重的原则错误,团结了|党和红军,使得|党中央和红军主力胜利地完成了长征,转到了|抗日的前沿阵地,执行了抗日民族统一战线的新政策。

“遵义会议”之后没有标点符号,但是为了突出“遵义会议”的地位,强调“遵义会议”在我党历史上的伟大意义，就应有一个停顿，而且比下面的其他强调停顿时间要长一些。

“纠正了”“团结了”“使得”“转到了”“执行了”这些词语后面也没有标点，但为清楚显示“遵义会议”的伟大历史意义，应用停顿，句中画“‖”和“|”的都表示强调停顿。

如果不仔细揣度作品而任意作强调停顿，容易产生错误的理解。如贺敬之《雷锋之歌》中的一句：“来呵！让我们紧紧挽住雷锋的这三条刀伤的手臂吧！”有人在“三条”之后略作停顿，就会给听众造成“三条手臂”的错觉，影响理解的正确性。

【训练二】以疫情防控为主题，自拟一篇演讲稿。

第五节 论辩口才训练

一、教学案例导入

1993年首届国辩在新加坡隆重举行，来自世界各国名校的华语辩手同场竞技，被人们称为“狮城舌战”。在决赛相遇的复旦大学与台湾大学，为全球华人呈现了堪称辩坛经典的“人性辩”。比赛中，复旦大学四辩蒋昌建的结辩更是成为几乎所有辩手都会反复观看学习的经典。

复旦大学四辩蒋昌建：谢谢各位，一个严肃的辩论场需要一个严肃的概念。对方多次问我们人性怎么样？人性怎么样？始终没有问我们人性本怎么样？我想请问对方，人性是什么和人性本是什么是同样的一个概念吗？你们如果连这个概念都没有根本建立基础的话，那你们的立论从何而来呢？我们多次问对方的善花里面如何结出恶果，对方说要浇水，要施肥呀。那我就不懂了，大家都承蒙这个阳光雨露的话，为何有那么多罪行横遍这个世界呢？难道这个水，那个肥还情有独钟吗？为何要跟恶的人作一个潇洒的“吻别”呢？（笑声、掌声）

今天我们本着对真理的追求来同对方一起探讨这个千年探讨不完的话题。无论是从性善论的孟子也好还是性恶论的荀子也好，又有哪一家哪一派不要我们抑恶扬善呢？抑恶扬善是我方今天确立立场的一个根本出发点。下面我再一次总结我方的观点。

第一，只有认识人性本恶，才能正视历史和现实。回顾历史的时候，我的内心总感到痛苦而颤抖。

从希波战争到十字军东征，从希特勒的奥斯维辛集中营到日寇在华北的细菌试验场,真可谓“色情与贪婪齐飞,野心共暴力一色”。以往的人类历史,可以说是交织着满足人类无限贪欲而展开的狼烟与铁血啊!可见,本恶的人性如果不加以控制的话,将会给这个世界带来什么呢?

第二,只有认识人性本恶,才能重视道德、法律教化的作用,才能重视人类文明引导的结果,培养健全而又向上的人格。在历史的坎坷当中,人类并没有自取灭亡。尤其是在面对彬彬有礼、亲切友善的新加坡朋友面前,我们更有理由相信,人类明天会更好,其中我们要感谢新加坡孜孜不倦地建立起他们优良的社会教化系统。人类文明是在人类智慧之光照耀下不断茁壮成长的。饮水思源,借此我们要感谢那些在人类教化路途中洒进他们含辛茹苦汗水的这些中西先哲。正因为从他们的理论智慧当中,从他们的身体力行当中,人们才有可能从外在的强制走上理性的自约,自约人的本性的恶,从而培养一个健全而又向善的人格。

可见,人性本恶,并不意味着人终身成为恶,只要通过社会的教化系统就可以弃恶扬善,化性起伪啊!

第三,只有认识人性本恶,才能调动一切社会教化的手段来扬善避恶。光阴荏苒,逝者如斯,在物质和科学技术突飞猛进的同时,而人类的精神家园可谓花果飘零。在这个时候,我们要警惕,人性本恶这个基本的命题。可喜的是,在东方的大地上,我们说传统文化的发扬光大,已经从一阳来复开始走向了新的春天。我们也相信,通过传统文化的精华,必将使人类从无节制的欲望中合理地扼制并加以引导,从他律走向自律,从执法走向立法。人类才可能挽狂澜于既倒,扶大厦于将倾。“黑夜给了我黑色的眼睛,而我却要用它来寻找光明!”谢谢各位!

评析:此篇结辩,先破后立,先是指出对方辩友只谈人性善恶,未论证人性本来是善是恶,此为离题。又从逻辑上拆解了对方对人性的善花结出恶果的解释,从而论证,对方辩友的人性本善论无法解释世间种种恶行。而后,从应然层面论证,只有认识到人性本恶,才能够正视残酷历史,反思人性,并积极通过教化等手段存善去恶。逻辑严密,语言优美大气,可谓价值辩的经典。

二、本节知识要点

(一)论辩口才概述

论辩又称辩论,是见解不同的人彼此阐述理由,经过辩驳,分清是非的语言活动。需要指出的是,辩论不仅发生在辩论赛场,它在日常生活中也非常普遍,小到生活中受到了不公待遇时的据理力争,大到外交家们在国际舞台上为了维护国家利益与尊严所进行的论辩,都属于辩论的范畴。

[**案例欣赏**]

有人说:“辩论是文明的争吵。”如何辨析辩论和争吵呢?《资治通鉴》记载:战国谋士邹衍路过赵国,平原君让他和公孙龙辩论“白马非马”的观点。邹衍说:“不行。所谓辩论,应该区别不同类型,不相侵害,排列不同概念,不相混淆;抒发自己的意志和一般概念,表明自己的观点,让别人理解,而不是困惑迷惘。如此,辩论的胜者能坚持自己的立场,不胜者也能得到他所追求的真理,这样的辩论是可以进行的。如果用繁文缛节作为凭据,用巧言饰词来互相诋毁,用华丽辞藻来偷换概念,吸引别人视之不得要领,就会妨害治学的根本道理。那种纠缠不休、咄咄逼人,总要别人认输才肯住口的做法,有害君子风度,我邹衍是绝不参加的。”在座的人听罢都齐声叫好。所以辩论中辩手应注意谈吐风雅,不可对他人进行人身攻击。而争吵则相反,常常漫无边界、口无遮拦。

(二)论辩口才的特点

1. 论辩有明确的对立主张

每一次辩论都有一个明确的议题,如校园辩论中的“知难行易还是知易行难”“人类社会需不需要超级英雄”等,而在联合国大会的一般性辩论环节,会出现诸如“伊拉克是否持有大规模杀伤性武器”“是否需要向叙利亚派遣维和部队”等议题。在这些特定的题目中,辩论双方需要有明确的主张,而这些主张一定是明确且对立的,不能是模棱两可或者和稀泥的态度,辩论才能够事实上成立。

2. 论辩要以依据支撑论点

不同于吵架、抬杠和伦敦段,辩论要随时以事实与理据来支撑自己的论点,要就事论事。不能胡搅蛮缠,要用事实说话,而非一味抒发主观情绪。

比如,在辩论赛上,为了证明己方立场的正确,双方需要提出若干论点。比如对“真理会不会越辩越明”这一问题,在国辩赛场上的一支反方队伍就提出了三个论点来论证己方立场:首先,真理的明朗化要靠经验积累,实践领悟。其次,辩论行为由于有了人的介入,使得存在了种种局限。最后,实然上很多问题并没有也不会越辩越明。其中每一个论点又需要举出依据支撑。

再如,在第74届联合国的一般性辩论发言环节,王毅外长说道:“70年来,中国从一穷二白到解决温饱,从积贫积弱到总体小康。8.5亿人摆脱贫困,数亿人迈入中等收入群体,创造了人类历史的发展奇迹。”这些坚实的数据有力地支撑着王毅的观点,也赢得了在场国家代表的赞同。

3. 辩论以中立的第三方为对象

在传统观念中，辩论时是辩论双方的争斗，其目的就是通过语言、案例和技巧将对方说得哑口无言、理屈词穷。事实上辩论并不是针对辩论的对手，而是针对第三方的评委或观众展开，其目的在于说服第三方，争取更多人的支持。以美国大选中的候选人辩论为例，决定辩论胜负的上帝是第三方的观众，而进行辩论的目的也是争取更多人的支持，驳斥对手只是手段。

（三）论辩口才的准备

辩论前双方应首先准备己方立论，立论包括己方主张，辩题中关键词的概念，用来论证己方主张的若干论点，及支撑每个论点的论证依据。其次，应准备好翔实的相关数据、事实及其他依据，只有准备充分在辩论过程中方可肆意挥洒。同时，攻辩问题也应提前有所准备，以便在辩论过程中随时进攻。结辩方面，也可视情况作一定的提前准备工作。

另外，在准备辩论时应有“对手视角”，切不可把头一味埋在己方立场中，要将自己置身于对方立场上，设想如果自己是反方，会作何立论，进行怎样的进攻，以此来提前准备应对措施。

[**案例欣赏**]

以下是2002年国辩赛场上，武汉大学的一篇立论：

谢谢主席。各位评委，各位观众，大家晚上好。《圣经》中“失乐园”的故事和中国先贤孟子的教诲都说明了人之为恶并非本性使然，而是外在的诱惑使人迷失了自己的良知。那么，外在诱惑如此之多，为什么偏偏是钱成为万恶之源呢？

第一，钱具有与任何商品进行等价交换的现实合法性。一方面，钱既是财富的象征，又是一般等价物。它具有无限的效力，因此能煽起人的无穷贪欲。另一方面，每个人对于金钱的占有又都是有限的，无限的欲望根本不可能得到满足。正是金钱这种效用无限性和占有有限性之间的矛盾，使它比其他任何物品都更能激起人们心中的非分之想，从而使人迷失良知，堕入邪恶。

第二，钱不仅可以在商品领域呼风唤雨，而且可以使非商品也商品化。它不仅是物质财富的象征，而且成为精神价值的筹码。权力、地位可以用钱购买，贞洁、名誉可以公开出售，人性、尊严被待价而沽，甚至天理、良心也染上了铜臭之气。莎士比亚早就揭露道：金钱可以使黑的变成白的，丑的变成美的，错的变成对的，卑贱的变成尊贵的。正因为金钱具有如此混淆是非，颠倒乾坤的无边法力,它才成为滋生种类繁复,数量极多的罪恶肆意蔓延的深刻根源。

第三,人对钱的崇拜还异化了人与钱之间的关系。钱本应是促进社会经济发展的一种工具,但在现实中,却被人们当作了顶礼膜拜的上帝。因为钱,人们迷失于这光怪陆离的物欲世界;因为钱,人们丧失了内在良知却还浑然不觉;还是因为钱,人生价值和人性尊严都被当作了牺牲品(时间警示)供奉到了拜金主义的祭坛之上。钱作为工具,的确可以促进社会经济的发展,但问题就在于现实中,它已经被人们当作了目的本身在看待。但是,当崇尚自由的人类精神已经被缚上了黄金锁链的时候,他还能自由飞翔吗?谢谢。

(四)论辩口才的技巧

1.立论的技巧

立论应从定义、比较标准、论点、价值四个层面入手。其中,定义的界定应客观公正,与辩题契合,圈定合理的讨论范围,同时应符合基本语言的常识习惯,符合基本的字面出处。

确定定义的方式有:诉诸学理文献、诉诸生活常识、诉诸辩题之意义、诉诸价值等。

论点则像是支撑己方立论之桌的桌腿。如论证顺境更有利于人的成长,就可以从顺境有利于人的生理成长,有利于心理成长,有利于人的社会化发展三个论点来展开。

2.反驳的技巧

上文我们为了证明自己的持方,辩手会提出论点,而每一个论点又需要依据来论证。如果将持方性观点定义为A,论点命名为B,依据命名为C,则不难发现,论证的结构无外乎:C→B→A,举例而言:禁枪对治安的利好案例→禁枪有利于治安→国家应该禁枪。

因为论点B本身就是辩手提出以论证A立场的,所以从B推导到A的逻辑关系往往较为紧密,不易破坏,所以一般情况下反驳的入手点在于由C到B之间的逻辑关系。

反驳方法无外乎:(1)C不能推出B,例如通过数据论证禁枪并未对治安情况发挥明显作用;(2)没有C也有B,即B出现的根本原因并不在C,如论证治安变得良好是因警队培训的收效,并非禁枪;(3)C并不存在,数据C反映的情况并不存在,因为C数据已经被证伪。A不重要,不禁枪是因为能够获得比A更重要的利好。

其中辩论攻防中的常见定式有:(1)反例:以与对方观点相悖的材料来对对方

观点正确性进行挑战;(2)拉平:时刻对照双方立论,当对方提出优势利好时,论证己方也存在这一利好,当对方提出攻击时,论证对方也同样存在同等缺陷;(3)归谬:演绎对方的观点,导出荒谬的结果,以寻找其正确性;(4)质疑霸道:针对对方提出的不合理的标准与定义,证明其标准下论证义务的划分有违辩论常识;(5)受身:承认对方的推论,切割其推论与结论之间的关系;(6)切割:将对方论证的利好切割出去,证明该利好为其他主体享有或不属于他方立场。

3. 结辩的技巧

结辩一般分为两个部分:处理战场以及价值升华。处理战场,即梳理双方立论及冲突焦点,并总结为什么己方观点更好。而价值升华则需要论述出己方观点背后的价值观为何者,并与对方相比较。如果说大部分辩论赛场上的攻防都围绕着实然层面,那么在结辩环节应然层面的价值探讨则逐渐浮出水面,并使得辩论真正获得人文情怀与动摇人心中桎梏的作用。

[案例欣赏]

企业竞争的实质是文化的竞争还是人才的竞争

正方:企业竞争的实质是文化的竞争。

反方:企业竞争的实质是人才的竞争。

正方陈词:

企业文化是社会主义先进文化的重要组成部分,是企业的灵魂和精神支柱,具有强大的导向功能、凝聚功能、激励功能和教育功能。它体现为企业价值观、经营理念和行为规范,渗透于企业的各个领域。通过企业文化的建设和实施,企业人文素质得以优化,归根结底是推进企业竞争力的提高,促进企业经济效益的增长。

正方攻辩:文化不好,留不住人才,还谈什么竞争?

正方论据:首先,企业文化建设是企业赖以生存的法宝;其次,企业文化建设是企业发展壮大的内在驱动力量;最后,企业文化建设是企业核心竞争力的关键因素。

正方结辩:当今企业文化越来越成为企业凝聚力、创造力的重要源泉,越来越成为企业特别是大型企业竞争较量的着力点。美国兰德公司的专家通过对全球优秀企业的研究得出结论,胜出的公司强于其他公司的根本原因,就是这些公司善于给它们的企业文化注入活力。

反方陈词:文化是人创造的,只有优秀的人才,才能创造出优秀的文化。优秀的人才创造文化,文化又在培养人才。就像辩证法上说的,人是主要因素,企业文化只是在发展过程中把好的总结起来的文字说明,人是具体的实施者,没有了人,再好的企业文化也是空谈。理论与实践的关系,企业文化就是理论,人是负责具体实践的主体,企业文化对人只有指导的作用。

反方攻辩:没有人才,谈何文化的创造和实现,企业如何发展?

反方论据:企业竞争的实质是人才的竞争,在这场竞争中取胜的关键在于拥有高素质的人才队伍。

反方结辩:建立以人为本、以绩效为基础的企业文化和考核制度,对表现突出的员工不仅委以重任,更要细心、耐心、长期培养,不断予以精神和物质激励,是企业战胜对手、永葆成功的重要因素。人才是企业永恒的核心竞争力。拥有一批优秀的管理人才,企业才能在激烈的商战中基业长青。企业产品、服务、技术竞争的核心和实质,归根结底是人才的竞争。

评析:上述案例是比赛辩论类型。辩论赛也叫论辩赛,还称作辩论会。它在形式上是参赛双方就某一问题进行辩论的一种竞赛活动,实际上是围绕辩论的问题而展开的一种知识的竞赛、思维反应能力的竞赛、语言表达能力的竞赛,也是综合能力的竞赛。拿到辩题后首先要审题,剖析题目中各类名词的内涵与外延,其次要寻找论点和论据,且注意分析对方能够支撑的论点和论据,做到"知己知彼、百战不殆",然后要注意提炼数据和例子,并用通俗的语言表达出来,最后还要梳理整个辩论赛需要的逻辑顺序、可能出现的突发情况、查漏补缺。辩论赛最有挑战性的地方可能就是"计划赶不上变化",辩论现场的情况变化万千,需要辩手做好临场应变和快速反应,调控个人情绪,始终保持冷静地思考,发挥出各种辩论赛技巧,这就更要注意团队合作,做到攻守结合、张弛有道。

三、课堂实战训练

在以下几组观点中选择一句作为自己的观点,重点批驳另一句,要求批驳有事实依据,注重逻辑,时间 3 分钟。

1. 老马识途;老马未必识途。
2. 班门弄斧不可取;班门弄斧未尝不可。
3. 爱比恨更刻骨铭心;恨比爱更刻骨铭心。
4. 人生在世,拿起更难;人生在世,放下更难。

第六节 谈判口才训练

一、教学案例导入

"暗战"

几个匪徒打劫珠宝公司,并挟持了人质。以下是匪徒在挟持人质与警方和谈判人员的对话:

匪徒:我需要一辆加满油的直升机。

谈判人员:我可以给你准备一辆直升机,但首先我要看一下人质是否安全。

匪徒:回去,5分钟之内我看不见直升机的话,我就杀一个人质。

谈判人员:我是来帮你们的,我的责任是和平解决这件事。还有,我的身上没有武器。

匪徒:回去。(朝地面放了一枪)

谈判人员:兄弟,这样吧,你先让我把受伤的人质带走,他们正在流血,随时可能有生命危险,如果有谁死了,那就不是打劫,而是谋杀,要严重得多,警方是不会在这种情况下跟匪徒妥协的。

匪徒:不行。

谈判人员:我知道不是你开的枪,你可以作为污点证人,即使法官判刑5年,我保证你两年多就可以出狱,别那么傻被利用了。只要再开一枪,警察就会进来,那你们就完全没有退路了。

此时另外一个匪徒内心开始动摇,两个匪徒开始争执。便衣警察趁其不备将匪徒射杀。

评析:谈判人员利用主犯和从犯的心理承受力和对犯罪结果的心理预期不同,通过论辩"抢劫"和"谋杀"两罪可能产生的不同结果,让两个绑匪之间生成隔阂,从而让被挟持人员获得被救助的可能。

二、本节知识要点

(一)监狱谈判工作概述

1. 谈判的概念

谈判由"谈"和"判"两个字组成,其中"谈"是指双方或多方之间通过话语表达自己的意向,了解对方需求。"判"是指就一件事情作出决定。综合来看,谈判就是指双方或多方以话语为载体，对双方共同关心的问题进行磋商、意见交换，从而寻求最为合理的解决途径和谋求达成协议的过程。

需要注意的是，谈判与辩论不同，在目的上，辩论是一方必须赢过另一方，而谈判则是要求双方达到互惠互利，建立长久的良好、稳定关系；在技巧上，辩论是抓住对方弱点进行掷地反击，而谈判则是要善于发现对方的需求，寻求能让对方获利的途径。

2. 监狱谈判的特点

谈判具备目的鲜明、应变灵活、策略巧妙、反应迅捷几个特点，除此之外，监狱谈判还具备其独特之处：

突发性。监狱工作中的谈判具有时间、空间上的突发性，负责谈判工作的监狱民警很难知道和防御罪犯的袭击。

强迫性。监狱工作中的谈判不同于普通的商业谈判，关系到人的生命安危和监狱的管理秩序，罪犯可能通过限制他人人身自由，侵犯他人人身安全等手段，强迫负责谈判工作的监狱民警满足其愿望或要求。

野蛮性。野蛮性这一特点主要体现在罪犯劫持人质案件中，在罪犯情绪失控的情况下，很有可能将其他无辜人员作为人质，以此威胁恐吓谈判者。

冲动性。情绪冲动是大部分犯罪罪犯的共同性格特点，在自杀、破坏监狱管理秩序、劫持人质等案件中，常常能听到罪犯对谈判者高声吼叫的声音，如果谈判者未能掌握良好的谈判技巧，认清罪犯的情绪特点，不能让罪犯及时恢复理智、保持镇定，可能会导致罪犯的情绪被多次激怒，酿成惨剧。

3. 监狱谈判的阶段

正式谈判中一般存在六个阶段：导入阶段、概说阶段、明示阶段、交锋阶段、妥协阶段和协议阶段。

导入阶段。这是谈判中一个短暂的阶段，其目的在于为谈判正题提供一个良好的氛围，为双方建立关系提供基础。即便如此，导入阶段在整个谈判中也起到至关重要的作用，在导入阶段，双方都会形成对彼此的第一印象，而第一印象一旦形成则很难改变。在导入阶段，双方可以聊关于个人经历、对方感兴趣的新闻、双方共同的经历等，所谓“知己知彼，百战不殆”，这些都需要谈判者在谈判前做好充足的准备。需要注意，在监狱谈判工作中的导入阶段，谈判者的重心应当放在让对手建立信任心理，稳定对手情绪，保证被劫持人质、财产安全上，对于情绪暴躁、大喊大叫的罪犯要避免争执，以防作出进一步的伤害行为。

概说阶段。这是谈判中的探索阶段，其目的在于摸索对方谈判脉络，探测对方意图。既要简单明了地向对方说出自己的大概需求，又要抓住对方话语中的重要信息，并对其进行快速分析，为进一步谈判创造条件。需要注意，在监狱谈判工作的概说阶段，双方应当秉持简明扼要的原则进行陈述，谈判者要快速抓对方的需求和作出该行为的原因，这需要谈判者具有敏锐的察觉能力和较强的信息获取能力。

明示阶段。这是谈判中的磋商阶段，其目的在于进一步明确各自的利益、立场和观点。主要围绕“提出问题”和“提出方案”两个内容进行。提出问题是指双方在这一阶段应尽可能表达与对方不同的观点；提出方案是指双方在磋商讨论后，求同存异，制订一个初步可行方案。

交锋阶段。这是谈判的核心阶段，其目的在于运用谈判的技巧和手段，讨价还价，使谈判结果尽可能朝着对自己有利的方向发展。需要注意，在交锋阶段，谈判者应当冷静且果断，态度既不能过分强硬，也要注意坚定自己的目标。要注意找出双方或多方在观念上的差异点，如果无法求同存异，应在保有自身底线的前提下，能进能退。

妥协阶段。这是谈判中必不可少的阶段，谈判者应当在坚定原则性问题的前提下，与对方作出妥协让步，为以后的合作建立感情基础。需要注意，在妥协阶段，谈判者应秉持不轻易让步，如必须让步，先就小问题让步的原则进行妥协，同时还应把握好让步的尺度，以保留自己回旋的余地。①

［**案例欣赏**］

“我们可以少赚些，但不能亏本”

甲国：我们现在外汇货币有限，能不能再优惠些？

乙国：贵方是发展中国家，外汇储备有限。拿有限的外汇办尽可能多的事，我方十分赞同，也极为理解。可是，我方不是政府给钱，是企业、各股东的钱，不可能作为政府间援助免费给贵方。我们可以少赚些，但不能亏本。贵方不能拿买棉袄的钱去买皮袄穿。贵方可否告诉我方有多少预算，准备达到什么程度效果，我方可以试着配一配货。②

---

① 关彤主编：《大学生口才训练》，北京大学出版社 2011 年版，第 155 – 167 页。

② 关彤主编：《大学生口才训练》，北京大学出版社 2011 年版，第 155 – 167 页。

评析:妥协阶段要求谈判双方坚守底线、有退有进,乙国提出"我们可以少赚些,但不能亏本"。即是在坚定"不亏本"这一原则下,对原定价格进行妥协。在监狱谈判中,对于罪犯提出的要求可以部分满足,但不能盲目无底线地满足,因为这有可能导致罪犯内心更加狂妄肆意,提出更多无理要求,极大影响监狱内部管理。

在监狱工作中的谈判主要是指对罪犯轻生自杀者的救援谈判、制止监狱暴动的救援谈判、反劫持人质和场所的救援谈判,具体应用于劝阻罪犯自杀,平稳破坏监管秩序、聚众斗殴和绑架人质等危险突发状况。[1] 综上,监狱谈判工作不同于普通的商业谈判,监狱谈判人员应当以"生命至上"为原则,将谈判的重心放在维持监狱秩序的稳定,保障监狱其他人员的生命安全与财物安全上。

(二)监狱谈判的原则

1. 知己知彼,准备充分

主要是指监狱谈判工作人员在谈判前要做好准备工作,包括信息准备、谋略准备、组织准备、心理准备。

一是负责谈判的监狱民警在谈判开始前应尽可能多地掌握罪犯的信息资料,广泛收集与谈判对象有关的信息资料,比如罪犯的行为风格、性格特点、兴趣爱好等,对于不同性格特点、行为风格的罪犯应采用不同的谈判方式,面对情绪激动、态度强硬的谈判对象,采用简明干脆、坚定自信的语言能让谈判者从心理上压制对方;面对情绪稳定的谈判对象,可以先从对方的观点出发,先发挥、引申其观点,突出体现其观点的荒谬性,让对方产生反思,进而醒悟;面对社会经验少,较为感性的谈判对象,谈判者可以采用激将的手法,借助语言对对方的精神世界进行刺激,并持续诱导,引导对方的情绪和心态朝着自己预期的方向发展。总之,谈判者应当注意以对方知识水平、社会经验能够接受的方式和逻辑进行谈判。

二是负责谈判的监狱民警在谈判开始前应做好对谈判目标的可行性、合理性分析,明确己方可以作出的最大让步,能够满足的最高要求,充分估计对方可能会产生的反应以及发生的情况。

三是负责谈判的监狱民警之间以及民警与其他救援人员之间应明确好分工,相互打气,坚定信心,做好应对各种突发情况的准备,特别是在监狱谈判中,谈判者可以请对该罪犯较为了解的监狱民警参与谈判。

---

① 王莉、陈碧红主编:《监狱工作口才》,中国政法大学出版社 2020 年版,第 231 - 242 页。

2. 客观冷静,理智问答

作为负责谈判工作的监狱民警,很多时候面对的谈判对象都具有情绪激烈、暴躁的问题,此时,谈判者更不能意气用事、充满敌意损害双方关系,不要奢望对方一下子就能接受己方提出的要求,要耐心、锲而不舍地重复、强化己方提出的要求,增加信息的输出强度,确保罪犯能够冷静思考自己表达的信息。

作为谈判者,要始终秉持正确的谈判动机和自我判断能力,不要为对手真真假假、虚虚实实的手腕所迷惑;坚持就事论事的谈判原则,切忌意气用事把情绪发泄到对方身上;当发现自己心绪不宁、思路不清、反应迟钝时,应设法暂停谈判,通过休息、请示领导意见等理由让自己恢复到最佳状态。比如:对方要求谈判者对其提出的要求予以表态,而作为谈判者内心摇摆不定,可以回答:"待我向领导汇报情况后,才能答复你。"

[**案例欣赏**]

"我得出去一下……"

谈判中当遇到对手逼你立刻作出选择时,你若是说"让我想一想""暂时很难决定"之类的语言,容易让对方认为缺乏主见,不够真诚,从而让自己在心理上处于劣势的地位。此时你可以看看表,然后有礼貌地告诉对方:"真对不起,9点钟了,与一个约定的朋友通电话,请稍等5分钟。"于是,你便很体面地赢得了5分钟的思考时间。

谈判是双方运用语言攻心斗勇、施计用策的过程。谈判者应当注重策略的研究和运用。谈判的过程常常是风云变幻,复杂无常的,具体的策略选择和言语运用往往需要谈判者针对现场氛围、谈判对象、突发情况等适时进行调整。

(三)监狱谈判的语言技巧

前文指出,谈判是由"谈"和"判"两个部分组成,语言是谈判者开展谈判工作的基本载体。

1. 表达技巧

开诚布公。谈判双方的关系认知逐渐从简单的敌对者向竞争者或者合作者的关系变化,"开诚布公"的策略越来越被广泛运用,尤其是在监狱谈判中,部分谈判者会以帮助者的身份出现,其语言要亲切又有力量,比如:"你需要我为你提供什么帮助吗?""我是能为你提供帮助的警察,我们能好好聊聊吗?"等等。作为监狱谈判工作人员，要学会在用简单凝练的语言给对方施加压力的同时，又让对方看到生的希望，监狱谈判最好的结果就是通过谈判让对方服理、服气、服人，自愿停止违法犯罪行为。

强化。当面对情绪极其狂躁的对手时，模糊啰唆的语言有可能会让对方产生更加张狂的心理，从而增加人质的危险系数，此时，谈判者应当在自身情绪稳定的情况下，义正词严地向对方表达出："请不要忘记，这是在谈判，你只有一半的发言权，如果继续这么专横武断，作出其他伤害无辜人员健康或破坏监狱秩序的行为，你将获得更为严厉的惩处"的意思，从而达到在心理上压制、威慑、打击对方的效果。但应当注意的是，谈判者对犯罪者不能使用带有恐吓、威胁、鄙视的口吻或字眼，比如："你知道外面有多少警察吗？开枪射击能把你打成马蜂窝。"另外谈判者不能过分强调犯罪行为的后果，比如："你这辈子都别想走出监狱！"等等。

激将。"水激石则鸣，人激志则宏。"应当注意的是，这种技巧并非在所有情况下都可以使用。当对方是经验老到的罪犯时，这种技巧容易被看穿；当对方是自卑心理较重、性格懦弱的人时，容易让对方产生消极悲观、放任结果的心态，因此，这种技巧适用于社会经验较少的罪犯。

反说。即正话反说，通过夸张、引申等方式，让对方自我意识到其观点的荒谬性。这种技巧仅限于在对手情绪相对稳定、谈判气氛相对友好的情况下使用，否则，容易让对方产生被挑衅、讽刺、挖苦的心理，从而造成矛盾的激化。

2. 回复技巧

正面答复。谈判中涉及的原则性问题需要谈判者在第一时间予以正面答复，当罪犯提出的要求过于不合理时，谈判者应当针锋相对、据理力争，正面答复自己的观点和原则，让对方放弃挑战谈判底线的念头。

[案例欣赏]

1982年9月24日的香港回归谈判上，撒切尔夫人提出"有关香港的三个条约仍然有效"的主张，并以威胁的口气说："要保持香港的繁荣，就必须由英国来管治。如果中国宣布收回香港，就会给香港带来灾害性的影响和后果。"显而易见，这是对中国对香港地区行使主权的公然挑战。邓小平寸步不让，毫不含糊地回应道："我们对香港问题的基本立场是明确的，这里主要有三个问题。一个主权问题；再一个问题，是一九九七年后中国采取什么方式来管理香港，继续保持香港繁荣；第三个问题，是中国和英国两国政府要妥善商谈如何使香港从现在到一九九七年的十五年中不出现大的波动。"

评析：邓小平通过正面回复撒切尔夫人，中国一定要恢复行使对香港地区的主权，清晰地表明了我方的立场与底线。

监狱工作中的谈判 1

孟某，诈骗罪，刑期 9 年。该犯在监狱服刑期间，由于及时阻止一名罪犯自杀，监狱对该犯进行了表扬，但该犯认为他应该有重大立功表现，并因此在监狱公开辱骂民警，甚至试图对民警行凶，之后又要求直接与监狱长谈话，否则就自杀。孟某在严管队伍绝食了 3 天，目的是要找监狱长谈话。一位普通心理学专业的民警对他说：第一，想和监狱领导谈话可以，但是以绝食来要挟我达到目的，绝对不可能；第二，必须先停止绝食的严重违规行为，我才有可能帮助你向领导反映问题，否则我将采取强制措施；第三，调整好心理使自己情绪恢复平静，通过正确的途径反映问题才是唯一出路。

评析：在这个案例中，民警一次性彻底打消了罪犯的幻想，没有留下一丁点儿余地，否则很有可能让他继续抱有侥幸心理。

模糊。谈判者如何表明观点在监狱谈判工作中十分重要，如果一味地坚持直接表明观点，很有可能与对方形成对抗局面，反而不利于谈判工作的展开。而模糊的语言能够让双方谈判更具有弹性且留有余地，所以，负责谈判工作的监狱民警应当善用“答非所问”“拖延答复”“模糊答复”等谈判技巧，避免与罪犯产生正面冲击，即似乎在回答某个问题，实际并未针对性表态。比如在监狱罪犯企图采取进一步的危险行为时，谈判者不应再采用过于强硬的态度，这可能会导致罪犯情绪不稳，负责谈判工作的监狱民警可以从其危险行为可能造成的后果和要承担的责任等方面对罪犯进行劝说，令其幡然醒悟。

拖延。谈判者应时刻警惕可能会暴露己方意图、目的的问题，在未到表态时机的情况下，可以采用拖延答复的方式，甚至还可以让对方为你找到问题的出口，比如：“在回答你的问题之前，我想先听一听你想让我们怎么做。”

3. 说服技巧

寻求共性，消除戒备。寻求双方共性在谈判中尤为重要，无论在何种谈判中，谈判者都应秉持诚恳、友好的态度，认真倾听对方提出的问题、要求，并及时予以回应，对于无法当下作出的回应，可以采用“模糊”战术。同时，谈判者要学会发现和抓住双方的共同点或相似点，淡化双方的差异性和矛盾点，设身处地站在对方的立场上谈问题，用朴实、亲切的话语循循善诱、因势利导罪犯。

[案例欣赏]

分 橙 子

张阿姨送给邻居家双胞胎姐妹一个橙子,两个孩子都想要这个橙子,吵来吵去,最终达成的一致意见是,由姐姐负责切橙子,妹妹选橙子。结果,这两个孩子按照商定的办法各自取得了一半橙子。第一个孩子把半个橙子拿到家,把皮剥掉后扔进垃圾桶,用橙子的果肉榨汁喝。另一个孩子把橙子带回家果肉挖掉扔进垃圾桶,把橙子皮留下来磨碎了,混在面粉里烤蛋糕吃。

评析:这是一个在谈判界广为流传的小故事,两个孩子盲目追求形式上的公平却忘记沟通各自的需求,导致双方并未在这场谈判中实现利益最大化。因此,好的谈判者并不是固守立场、寸步不让,一味地追求形式上的公平,而是通过“谈”对双方的需求进行充分了解,从而制订一个能让双方利益最大化的方案。

先顺后逆,刚柔并济。在监狱谈判工作中,负责谈判工作的监狱民警的态度要做到既不过分强硬,也不过分软弱。过分强硬容易造成罪犯情绪激化,增加被胁迫人员的危险系数,过分软弱容易让自己陷入受制于人的尴尬境地。先对对方的合理需求进行肯定,再阐明自身观点。必要时可以采取多人相互配合的方式,一人秉持强硬态度,一人展现温和秉性,在不同局面下斡旋、反转。

以退为进,留有余地。是指在谈判中,谈判者最好先诱导对方开口,在了解清楚对方的诉求后,再进行有针对性的进攻。同时,谈判者可以通过满足罪犯一部分需求换得罪犯的信任,从而让对方在重大问题上让步。如果对方狮子大开口,以胁迫、逼迫的方式强制谈判者答应其全部要求,此时负责谈判工作的监狱民警要在留有余地的前提下,有选择性满足其要求,以备讨价还价。

[案例欣赏]

监狱工作中的谈判 2

罪犯陈某(强奸罪,被判刑 10 年)劫持了一名下监室的女民警,用一把私自带进监室的“钻子”,一手对着女民警的颈部,一手从背后搂着女民警,扬言要让